U0801622

建筑房地产法实务指导丛书

工程合同造价法律实务

（第三版）

姚　捷 / 著

法律出版社 | LAW PRESS

北京

图书在版编目(CIP)数据

工程合同造价法律实务 / 姚捷著. -- 3 版. -- 北京：法律出版社，2023
(建筑房地产法实务指导丛书)
ISBN 978-7-5197-7826-2

Ⅰ. ①工… Ⅱ. ①姚… Ⅲ. ①建筑工程－经济合同－合同法－基本知识－中国 Ⅳ. ①D923.6

中国国家版本馆 CIP 数据核字(2023)第 065116 号

工程合同造价法律实务(第三版)
GONGCHENG HETONG ZAOJIA FALÜ SHIWU(DI-SAN BAN)

姚 捷 著

策划编辑 朱轶佳
责任编辑 朱轶佳
装帧设计 汪奇峰

出版发行 法律出版社
编辑统筹 司法实务出版分社
责任校对 王 丰 郭艳萍
责任印制 胡晓雅
经 销 新华书店

开本 710 毫米×1000 毫米 1/16
印张 22 **字数** 346 千
版本 2023 年 7 月第 3 版
印次 2023 年 7 月第 1 次印刷
印刷 天津嘉恒印务有限公司

地址：北京市丰台区莲花池西里 7 号(100073)
网址：www.lawpress.com.cn
投稿邮箱：info@lawpress.com.cn
举报盗版邮箱：jbwq@lawpress.com.cn

销售电话：010-83938349
客服电话：010-83938350
咨询电话：010-63939796

版权所有·侵权必究

书号：ISBN 978-7-5197-7826-2
定价：78.00 元

凡购买本社图书，如有印装错误，我社负责退换。电话：010-83938349

第三版序言

建设工程法律实务主要解决工程实践中的各种法律问题。本书此次修订是第三版,距第一版写作已经过去了将近20年的时间,距第二版出版也已逾10年。其间,作者从司法机关工作人员转任律师,分析工程法律问题的视角相应地有了变化,同时,也办理了更多的工程类案件,有了更深厚的工程法律实践积累。由此,想将更多的思考与读者分享,进而有了《工程合同造价法律实务》第三版的修订。

本次修订体现了变与不变的结合。首先,不变的是分析建设工程合同纠纷的基本框架。从本书第一版出版以来20年间建设工程合同争议解决的实践来看,以工程造价统摄建设工程合同法律实务,得到了法律界相当的认可。自本书提出从工程造价角度分析建设工程法律实务后,一批类似视角的优秀法学理论及实务作品涌现,丰富了建设工程合同纠纷解决的实践。继续以工程造价统领建设工程法律实践,是本书的初衷。其次,变化的是对新颁布法律的理解适用和对新增典型案例的解析。我国法律界近年来最大的事件就是《民法典》的制定及相应司法解释的废止和重新颁布,这些法律文件的修订极大地影响了建设工程法律实践。本书的第三版修订,结合了《民法典》的颁布及近年来各级人民法院新发布的典型案例,对建设工程合同法律适用问题进行了全面系统的梳理。

本书依旧分为上下两编,上编论述工程造价计价方式及其法律意义,下编按照合同效力、工程质量、工程进度、工程价款等主要问题进行专章论述,对工程鉴定、实际施工人、工程价款受偿权等问题也进行专门讨论。可以说,本书涵盖了工程合同法律问题的方方面面,可以有效帮助广大读者。

此次修订依旧得益于众多师友无私的帮助,团队同仁曹管律师、高子茜律师给予了专业意见。在此,对他们的辛勤工作致以诚挚的谢意。

姚　捷

2023 年 5 月 8 日

第二版序言

市场经济条件下，市场是经济活动的最佳评判者。当得知本书第一版上市后读者反映良好，所有图书售罄时，笔者感到了一种由内而外的清爽。带着这样一种喜悦，笔者开始了新版的修订。

新修订的内容主要是增加了一章——案例分析。虽然本书的下篇实际上都是由小案例构成的，通过对小案例的分析阐述具体问题，但整体展现一个诉讼过程、分析实际案例才是最能体现事物全貌的途径。这如同房屋的构件，要相互结合在一起，方能实现房屋作为一个整体的作用。

本次修订选择的案例全部来自司法实务部门的真实案件，其中不乏笔者本人办理的建设工程类纠纷案件，并且在写作中力求体现诉讼的实际状况，期望这些案例能够对读者理解此类问题有所帮助。

姚　捷

2011 年 6 月 27 日

第一版序言

中外各国的法治发展均表明，法律是一门实践性很强的科学，是一门紧紧跟随社会经济、政治、文化发展的科学，经过30年的“黄金发展期”，中国的法治进步明显，且意义会更加重大，作用会更加明显。政治学中有制度学派，其核心理论即主体的行为被制度制约，制度影响人乃至决定人的行为。用该观点来解释法律的作用也相当贴切，正是由于法律制度预测了公民、法人及其他社会团体行为的法律后果，影响、规范、约束各法律主体的行为，从而体现了法律的预示作用，使公民、法人及其他社会团体明了自己行为的法律意义，使法律职业集团对各种行为的法律后果达成共识，使法律发挥为社会主义经济建设保驾护航的作用。但是，微观社会关系是复杂多样的，经济关系是变化无穷的，抽象的法律、纸面上的法律规范应对千变万化的大千世界，体现的是人认识世界的有限性和客观世界的无限性之间的矛盾。

但是，解决问题的办法还是有的。

沿着某个领域的逻辑顺序展开，研究该领域各个环节的法律意义，应当是可行的方式。首先，对基本法律制度、司法制度有全面的了解；其次，对所要研究的领域进行梳理，厘清其关键步骤在法律上的意义；最后，对案件进行归纳整理，发现实践中的典型法律问题。所谓的专业化，应当就是指这三点。

本书试图从另一视角研究工程法律问题，一方面分析造价原理，另一方面分析造价的法律意义。从事工程实务者，可以了解每种计价方式的法律特点，了解各种计价的法律风险；其他法律工作者，可以明了工程计价的流程方式。并且,本书对常见的工程法律纠纷进行了归类整理分析,相信具有一定的现实意义。

姚　捷

2008 年 10 月 13 日

前　言

建设工程合同属于法律关系比较复杂的合同。首要原因在于工程建设的过程复杂。较大规模的工程建设,可能涉及众多人员,占用大量资金,跨越很长时间,客观上使建设工程合同的履行比较复杂。另外,由于工程建设不仅涉及承发包双方的利益,还会涉及国家、集体、个人和其他组织的合法权益,在建设工程合同履行过程中,国家行政机关将介入合同的履行,行政权对合同双方的影响非常大。建设工程法律关系,是民事法律关系与行政法律关系交织在一起的法律关系。但分析建设工程法律问题,可以找到合适的“钥匙”。

工程造价、工程质量、工期是建设工程合同涉及的三大主要问题,其中工程造价纠纷是最为常见和复杂的,也是最需要着力研究的问题,并且质量、工期的纠纷最终会体现在造价上。所以,抓住造价问题,就抓住了建设工程合同纠纷的关键,厘清造价问题,可以起到纲举目张的效果。

本书从分析工程造价的计价方式入手,首先,简述工程造价的基本方法;其次,界定各种计价方式的法律意义,确定各种计价方式的法律后果;再次,讨论建设工程合同履行过程中的各种实践问题,并给出适当的处理方法;最后,阐明进入诉讼程序后应当注意的问题。

本书是笔者工程实践经验和司法经验的总结,期望起到抛砖引玉的作用,供广大从事法律实务的同仁和朋友探讨。另外,法律要为经济建设服务,要为经济建设保驾护航,相信本书也一定能成为广大工程技术人员和管理人员的好帮手,使他们在工作中对遇到的建设工程法律问题有基本的了解,减少履行职责过程中的法律风险。

目　录 Contents

上编

工程计价主要问题

上编

工程计价主要问题

第一章 工程造价

第一节 工程造价概述

一、工程造价和工程造价管理

（一）工程造价

工程造价，是指工程的建造价格，通常从投资人和市场交易两个角度来理解工程造价的含义。

从投资人的角度来理解，工程造价就是建设一项工程的总投资，投资者为了获得投资项目的预期效益，需要进行项目策划、决策及实施，直至竣工验收等一系列投资管理活动。在上述活动中所花费的全部费用，就构成了工程造价。从这个意义上讲，建设工程造价就是建设工程项目固定资产投资。

从市场交易的角度来理解，工程造价是指为建成一项工程，预计或实际在土地市场、设备市场、技术劳务市场，以及工程承发包市场等交易活动中所形成的建筑安装工程价格和建设工程总价格，是由投资人和其他市场主体达成合意，共同认可的价格。要特别注意的是，从市场交易角度定义的工程造价，其工程可以是范围很大的一个建设工程项目，也可以是工程项目中的一个单项工程或单位工程，甚至可以是整个建设工程中的某个阶段。

工程造价的两种含义是对同一事物从不同角度进行的区分，前者是从经济学角度的理解，后者是从法学角度的理解，二者对正确理解工程造价同等重要，主要有以下两个原因:其一,二者在合理性要求上相互补充。工程投资的合理性主要源于决策的正确、设计方案的优化,及建设标准的适当,本质上是性价比的要求,工程市场价格的合理性在于价格要反映市场价值。其二,二者在价格形成机制上相互补充。工程投资价格的形成基础是项目决策,工程设计,设备、建筑材料的采购,及工程施工和设备安装,最后形成工程总投资,其价格形成机制属于投资人内生机制;而工程价格形成的基础是价值规律,被市场供求规律所影响,其价格形成机制属于外生机制。二者的总量是相同的。

(二)工程造价管理

1. 工程造价管理的概念

与工程造价的概念相对应,工程造价管理也包括两层含义:一是建设工程投资费用管理,二是工程价格管理。

建设工程的投资费用管理属于投资管理范畴。更准确地说,它属于工程建设投资管理范畴。工程建设投资管理,就是为了达到预期的效益对建设工程的投资行为进行计划、预测、组织、指挥和监控等一系列活动。建设工程投资费用管理,是指为了实现投资的预期目标,在拟定的规划、设计方案的条件下,预测、计算、确定和监控工程造价及其变动的系统活动。这一含义既涵盖了微观层次的项目投资费用的管理,也涵盖了宏观层次的投资费用的管理。

作为工程造价管理第二层含义的管理,即工程价格管理,属于价格管理范畴。在社会主义市场经济条件下,价格管理分两个层次:(1)在微观层次上,是生产企业在掌握市场价格信息的基础上,为实现管理目标而进行的成本控制、计价、定价和竞价的系统活动。(2)在宏观层次上,是政府根据社会经济发展的要求,利用法律手段、经济手段和行政手段对价格进行管理和调控,以及通过市场管理规范市场主体价格行为的系统活动。政府对工程造价的价格管理,具有合法性和正当性,如何在建设工程合同当事人意思自治的前提下,恰当地规范和理解政府对工程造价的干预,是解决建设工程合同纠纷的难点和重点问题。

2. 工程造价管理系统

我国工程造价管理系统涉及国家、社会和企业三个层面,主要是指国家、地方、部门和企业之间管理权限和职责范围的划分。具体来说,我国工程造价管理有三个系统：

(1)政府行政管理系统

国家建设行政主管部门的造价管理机构在全国范围内行使管理职能,其在工程造价管理工作方面承担的主要职责如下：

①组织制定工程造价管理有关法规、制度并组织贯彻实施；

②组织制定全国统一经济定额和部管行业经济定额的制定、修订计划；

③组织制定全国统一经济定额和部管行业经济定额；

④监督指导全国统一经济定额和部管行业经济定额的实施；

⑤制定工程造价咨询单位的资质标准并监督执行,提出工程造价专业技术人员执业资格标准；

⑥管理全国工程造价咨询单位资质工作,负责全国甲级工程造价咨询单位的资质审定。

(2)行业协会管理系统

中国建设工程造价管理协会属非营利性社会组织,协会的业务范围如下：

①研究工程造价管理体制的改革,行业发展、行业政策、市场准入制度,以及行为规范等理论与实践问题；

②探讨提高政府和业主项目投资效益,科学预测和控制工程造价,促进现代化管理技术在工程造价咨询行业的运用,向国家行政部门提供建议；

③接受国家行政主管部门委托,承担工程造价咨询行业和造价工程师职业资格及职业教育等具体工作,研究提出与工程造价有关的规章制度及工程造价咨询行业的资质标准、合同范本、职业道德规范等行业标准,并推动实施；

④对外代表我国造价工程师组织和工程造价咨询行业与国际组织及各国同行业组织建立联系与交往,签订有关协议,为会员开展国际交流与合作等对外业务服务；

⑤建立工程造价信息服务系统,编辑、出版有关工程造价方面的刊物和参考资料,组织交流和推广先进工程造价咨询经验,举办有关职业培训和国际工程造价咨询业务研讨活动；

⑥在国内外工程造价咨询活动中,维护和增进会员的合法权益,协调解决会员和行业间的有关问题,受理关于工程造价咨询执业违规的投诉,配合行政主管

部门进行处理，并向政府部门和有关方面反映会员单位和工程造价咨询人员的建议和意见；

⑦指导各专业委员会和地方造价协会的业务工作；

⑧组织完成政府有关部门和社会各界委托的其他业务。

(3)企、事业机构管理系统

企、事业机构对工程造价的管理，属微观管理的范畴，属于企业行使自主经营权的内容。

二、我国现行建设项目总投资的构成

建设项目总投资是为完成工程项目建设并达到使用要求或生产条件，在建设期内预计或实际投入的全部费用的总和。根据国家发改委和原建设部发布的《建设项目经济评价方法与参数》(发改投资〔2006〕1325 号)的规定，我国建设项目总投资构成可以分为固定资产投资和流动资产投资两部分，其中，固定资产投资为建设投资和建设期利息之和，与工程造价在量上相等，流动资产投资即流动资金。

工程造价，是指在建设期内预计或实际支出的建设费用。工程造价的主要构成部分是建设投资。建设投资，是指为完成工程项目建设，在建设期内投入且形成现金流出的全部费用，具体可分为工程费用、工程建设其他费用和预备费三部分。工程费用可以分为建筑安装工程费和设备及工器具购置费。工程建设其他费用，是指建设期内发生的，为项目建设或运营必须发生的，但不包括在工程费用中的费用。预备费，是指在建设期内因各种不可预见因素的变化而预留的费用，包括基本预备费和价差预备费。

流动资金，是指为进行正常生产运营，用于购买原材料、燃料、支付工资及其他运营费用等所需的周转资金。在可行性研究阶段用于财务分析时计为全部流动资金，在初步设计及以后阶段用于计算“项目报批总投资”或“项目概算总投资”时计为铺底流动资金。铺底流动资金，是指生产经营性建设项目为保证投产后正常的生产运营所需，并在项目资本金中筹措的自有流动资金，其金额一般为流动资金总额的30%。

我国现行建设项目总投资构成如图 1－1 所示。

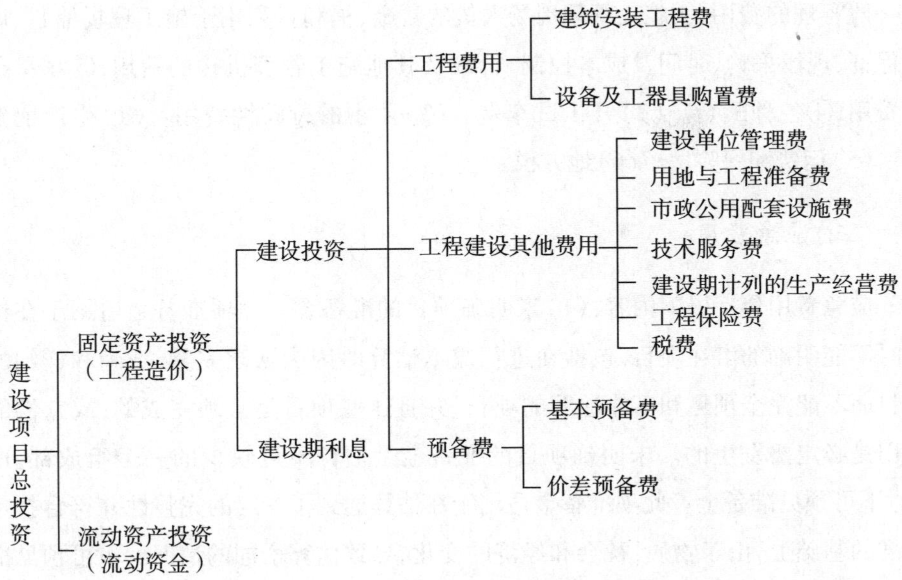

图1-1 我国现行建设项目总投资的构成

三、国际招投标工程造价的构成

世界银行、国际咨询工程师联合会对项目的总建设成本作了统一规定，工程项目的总建设成本包括项目直接建设成本、项目间接建设成本、应急费用和建设成本上升费用。

（一）项目直接建设成本

项目直接建设成本包括以下内容：(1)土地征购费；(2)场外设施费用；(3)场地费用；(4)工艺设备费；(5)设备安装费；(6)管道系统费用；(7)电气设备费；(8)电气安装费；(9)仪器仪表费；(10)机械的绝缘和油漆费；(11)工艺建筑费；(12)服务性建筑费用；(13)工厂普通公共设施费；(14)车辆费；(15)其他当地费用。

（二）项目间接建设成本

项目间接建设成本包括以下内容：(1)项目管理费，具体如下：①总部人员的薪金和福利费，以及用于初步和详细工程设计、采购、时间和成本控制、行政和其他一般管理的费用;②施工管理现场人员的薪金、福利费和用于施工现场监督、质量保证、现场采购、时间及成本控制、行政及其他施工管理机构的费用;③零星杂项费用;④各种酬金。(2)开工试车费。(3)业主的行政性费用。(4)生产前费用。(5)运费和保险费。(6)地方税。

(三)应急费用

应急费用包括以下内容:(1)未明确项目的准备金。此项准备金适用于在估算时不能明确的潜在项目,包括在进行成本估算时因为缺乏完整、准确和详细的资料而不能完全预见和不能注明的项目,并且这些项目是必须完成的,或它们的费用是必定要发生的。未明确项目的准备金是估算不可缺少的一个组成部分。(2)不可预见准备金。此项准备金适用于在估算达到了一定的完整性并符合技术标准的基础上,由于物质、社会和经济的变化,导致估算增加的情况。不可预见准备金只是一种储备,可能不动用。

(四)建设成本上升费用

建设成本上升费用的目的是补偿直至工程结束时的未知价格增长。通常,估算中使用的构成工资率、材料和设备价格基础的截止日期就是"估算日期"。必须对该日期或已知成本基础进行调整,以补偿直至工程结束时的未知价格增长。

四、我国工程造价计价方法

根据《建筑安装工程费用项目组成》(建标〔2013〕44 号)、《建筑工程施工发包与承包计价管理办法》,以及《建设工程工程量清单计价规范》(GE50500—2013)的规定,我国建筑安装工程费计价方法分为工料单价法和综合单价法两种。

(一)工料单价法

工料单价法,是以分部分项工程量乘以单价后的合计为直接工程费,再按规定的标准计算措施费,直接工程费与措施费汇总后得到直接费,在此基础上计算间接费、利润、税金。间接费、利润的取费基础可以是直接费,也可以是人工费和机械费，或是人工费，最后将直接费、间接费、利润、税金汇总，即为单位工程造价。

（二）综合单价法

综合单价法，是先计算分部分项工程的全费用单价，再由各分项工程量乘以综合单价的合价，汇总后得出单位工程造价。全费用单价通过综合计算得出，其构成包括直接工程费、间接费、利润和税金。措施费也可按此方法计算出全费用单价。综合单价法的特点在于，因为各分部分项工程的人工、材料、机械比例不同，间接费和利润要依据不同的分项工程中的材料费占人工费、材料费、机械费合计的不同比例，分别选择以直接费，或者人工费和机械费，或者人工费为计算基础。

厘清建设工程造价的项目组成是解决工程造价法律纠纷的基础，也是确定债权债务关系的前提。在下面的各节中，笔者将逐项阐述工程造价各个组成项目的概念和计算方法。

第二节　我国现行建筑安装工程费用项目组成

根据《建筑安装工程费用项目组成》（建标〔2013〕44 号）的规定，建筑安装工程费的组成分为按费用构成要素计价和按工程造价形成顺序计价两类。二者量上相等、内容相同，按费用构成要素计价主要用于企业内部管理和成本控制，按工程造价形成顺序计价主要用于市场交易。

一、按费用构成要素计价

按照费用构成要素划分，建筑安装工程费由人工费、材料（含工程设备）费、施工机具使用费、企业管理费、利润、规费和税金组成。

（一）人工费

人工费，是指按工资总额构成规定，支付给从事建筑安装工程施工的生产工人和附属生产单位工人的各项费用，具体包括：

1. 计时工资或计件工资。是指按计时工资标准和工作时间,或对已做工作按计件单价支付给个人的劳动报酬。

2. 奖金。是指对超额劳动和增收节支支付给个人的劳动报酬,如节约奖、劳动竞赛奖等。

3. 津贴补贴。是指为了补偿职工特殊或额外的劳动消耗,或者因其他特殊原因支付给个人的津贴,以及为了保证职工工资水平不受物价影响支付给个人的物价补贴,如流动施工津贴、特殊地区施工津贴、高温(寒)作业临时津贴、高空津贴等。

4. 加班加点工资。是指按规定支付的,在法定休假日工作的加班工资,和在法定工作时间外延时工作的加点工资。

5. 特殊情况下支付的工资。是指根据国家法律、法规和政策规定,因病、工伤、产假、计划生育假、婚丧假、事假、探亲假、定期休假、停工学习、执行国家或社会义务等原因按计时工资标准或计时工资标准的一定比例支付的工资。

(二)材料费

材料费,是指施工过程中耗费的原材料、辅助材料、构配件、零件、半成品或成品、工程设备①的费用,具体包括:

1. 材料原价。是指材料、工程设备的出厂价格或商家供应价格。

2. 运杂费。是指材料、工程设备自来源地运至工地仓库或指定堆放地点所发生的全部费用。

3. 运输损耗费。是指材料在运输装卸过程中不可避免的损耗。

4. 采购及保管费。是指组织采购、供应和保管材料、工程设备的过程中所需要的各项费用。包括采购费、仓储费、工地保管费、仓储损耗。

(三)施工机具使用费

施工机具使用费,是指施工作业所发生的施工机械、仪器仪表使用费或其租赁费,具体包括:

---

① 工程设备,是指构成或计划构成永久工程一部分的机电设备、金属结构设备、仪器装置及其他类似的设备和装置。

1. 施工机械使用费。以施工机械台班耗用量乘以施工机械台班单价表示，由下列七项费用组成：(1)折旧费。指施工机械在规定的使用年限内，陆续收回其原值的费用。(2)大修理费。指施工机械按规定的大修理间隔台班进行必要的大修理，以恢复其正常功能所需的费用。(3)经常修理费。指施工机械除大修理以外的各级保养和临时故障排除所需的费用，包括为保障机械正常运转所需替换设备与随机配备工具附具的摊销和维护费用、机械运转中日常保养所需润滑与擦拭的材料费用，以及机械停滞期间的维护和保养费用等。(4)安拆费及场外运费。安拆费，是指施工机械(大型机械除外)在现场进行安装与拆卸所需的人工、材料、机械和试运转费用，以及机械辅助设施的折旧、搭设、拆除等费用；场外运费，是指施工机械整体或分体自停放地点运至施工现场，或由一施工地点运至另一施工地点的运输、装卸、辅助材料及架线等费用。(5)人工费。指机上司机(司炉)和其他操作人员的人工费。(6)燃料动力费。指施工机械在运转作业中所消耗的各种燃料及水、电等。(7)税费。指施工机械按照国家规定应缴纳的车船使用税、保险费及年检费等。

2. 仪器仪表使用费。是指工程施工所需使用的仪器仪表的摊销及维修费用。

(四)企业管理费

企业管理费，是指建筑安装企业组织施工生产和经营管理所需的费用，具体包括：

1. 管理人员工资。是指按规定支付给管理人员的计时工资、奖金、津贴补贴、加班加点工资及特殊情况下支付的工资等。

2. 办公费。是指企业管理办公用的文具、纸张、账表、印刷、邮电、书报、办公软件、现场监控、会议、水电、烧水和集体取暖降温(包括现场临时宿舍取暖降温)等费用。

3. 差旅交通费。是指职工因公出差、调动工作的差旅费、住勤补助费，市内交通费和误餐补助费，职工探亲路费，劳动力招募费，职工退休、退职一次性路费，工伤人员就医路费，工地转移费，以及管理部门使用的交通工具的油料、燃料等费用。

4. 固定资产使用费。是指管理和试验部门及附属生产单位使用的，属于固定资产的房屋、设备、仪器等的折旧、大修、维修或租赁费。

5. 工具用具使用费。是指企业施工生产和管理使用的,不属于固定资产的工具、器具、家具、交通工具和检验、试验、测绘、消防用具等的购置、维修和摊销费。

6. 劳动保险和职工福利费。是指由企业支付的职工退职金、按规定支付给离休干部的经费、集体福利费、夏季防暑降温、冬季取暖补贴、上下班交通补贴等。

7. 劳动保护费。是指企业按规定发放的劳动保护用品的支出,如工作服、手套、防暑降温饮料的支出,以及在有碍身体健康的环境中施工的保健费用等。

8. 检验试验费。是指施工企业按照有关标准规定,对建筑以及材料、构件和建筑安装物进行一般鉴定、检查所发生的费用,包括自设试验室进行试验所耗用的材料等的费用;不包括新结构、新材料的试验费,对构件做破坏性试验及其他特殊要求检验试验的费用和建设单位委托检测机构进行检测的费用,对此类检测发生的费用,由建设单位在工程建设其他费用中列支,但对施工企业提供的具有合格证明的材料进行检测不合格的,该检测费用由施工企业支付。

9. 工会经费。是指企业按《工会法》规定的全部职工工资总额比例计提的工会经费。

10. 职工教育经费。是指按职工工资总额的规定比例计提的,企业为职工进行专业技术和职业技能培训、专业技术人员继续教育、职工职业技能鉴定、职业资格认定,以及根据需要对职工进行各类文化教育所发生的费用。

11. 财产保险费。是指施工管理用财产、车辆等的保险费用。

12. 财务费。是指企业为施工生产筹集资金或提供预付款担保、履约担保、职工工资支付担保等所发生的各种费用。

13. 税金。是指企业按规定缴纳的房产税、车船使用税、土地使用税、印花税等。

14. 其他。包括技术转让费、技术开发费、投标费、业务招待费、绿化费、广告费、公证费、法律顾问费、审计费、咨询费、保险费等。

企业管理费的数额,可以人工费和机械费合计作为计算基础,具体是将企业管理费按其人工费和机械费合计的百分比计算,计算公式如下:企业管理费 =(人工费 + 机械费)× 企业管理费费率(%)。

管理费数额还可以人工费作为计算基础,将企业管理费按其人工费的百分比计算,计算公式如下:企业管理费 = 人工费合计 × 企业管理费费率(%)。

施工企业投标报价的管理费率,由施工企业依据企业管理情况及市场环境自主决定。工程造价管理机构在确定计价定额中的企业管理费时，以定额人工费或定额人工费加定额机械费作为计算基数，其费率根据历年工程造价积累的资料，辅以调查数据确定。

（五）利润

利润，是指施工企业完成所承包工程获得的盈利，施工企业的利润由企业结合建筑市场实际自主确定，列入报价中。可以人工费和机械费之和作为计算基础，计算公式如下：利润 =（人工费 + 机械费）× 利润率；或以人工费作为计算基础，计算公式如下：利润 = 人工费合计 × 利润率。

工程造价管理机构在确定计价定额中的利润时，则以定额人工费或定额人工费加定额机械费作为计算基数，根据历年工程造价积累的资料，并结合建筑市场实际确定费率，以单位（单项）工程测算，利润在税前建筑安装工程费中所占的比例一般取 5% 左右。

（六）规费

规费，是指按国家法律、法规规定，由省级政府和省级有关权力部门规定必须缴纳或计取的费用，具体内容如下：

1. 社会保险费。包括以下五类：(1) 养老保险费，即企业按照规定标准为职工缴纳的基本养老保险费；(2) 失业保险费，即企业按照规定标准为职工缴纳的失业保险费；(3) 医疗保险费，即企业按照规定标准为职工缴纳的基本医疗保险费；(4) 生育保险费，即企业按照规定标准为职工缴纳的生育保险费；(5) 工伤保险费，即企业按照规定标准为职工缴纳的工伤保险费。

2. 住房公积金。是指企业按规定标准为职工缴纳的住房公积金。

3. 环境保护税。《环境保护税法》第 27 条规定："自本法施行之日起，依照本法规定征收环境保护税，不再征收排污费。"依据该规定，2018 年 1 月 1 日起，原本由环保部门征收的工程排污费，改为由税务部门征收环境保护税。

（七）税金

税金，是指国家税法规定的应计入建筑安装工程造价内的增值税，城市维护建设税、教育费附加及地方教育附加则并入企业管理费。

二、按工程造价形成顺序计价

建筑安装工程费按照工程造价形成顺序由分部分项工程费、措施项目费、其他项目费、规费、税金组成;分部分项工程费、措施项目费、其他项目费又包含人工费、材料费、施工机具使用费、企业管理费和利润。

(一)分部分项工程费

分部分项工程费,是指各专业工程的分部分项工程应予列支的各项费用。

1. 专业工程。是指按现行国家计量规范划分的房屋建筑与装饰工程、仿古建筑工程、通用安装工程、市政工程、园林绿化工程、矿山工程、构筑物工程、城市轨道交通工程、爆破工程等各类工程。

2. 分部分项工程。是指按现行国家计量规范对各专业工程划分的项目。如依房屋建筑与装饰工程划分的土石方工程、地基处理与桩基工程、砌筑工程、钢筋及钢筋混凝土工程等。

(二)措施项目费

措施项目费,是指为完成建设工程施工,发生于该工程施工前和施工过程中的技术、生活、安全、环境保护等方面的费用。具体内容如下:

1. 安全文明施工费。包括以下四种:(1)环境保护费,即施工现场为达到生态环境部门要求所需要的各项费用。(2)文明施工费,即施工现场文明施工所需要的各项费用。(3)安全施工费,即施工现场安全施工所需要的各项费用。(4)临时设施费,即施工企业为进行建设工程施工所必须搭设的生活和生产用的临时建筑物、构筑物和其他临时设施费用,包括临时设施的搭设、维修、拆除、清理费或摊销费等。

2. 夜间施工增加费。是指因夜间施工所发生的夜班补助、夜间施工降效、夜间施工照明设备摊销及照明用电等的费用。

3. 二次搬运费。是指因施工场地条件限制而发生的材料、构配件、半成品等一次运输不能到达堆放地点,必须进行二次或多次搬运所发生的费用。

4. 冬雨季施工增加费。是指在冬季或雨季施工需增加的临时设施、防滑、排除雨雪、人工及施工机械效率降低等的费用。

5. 已完工程及设备保护费。是指竣工验收前，对已完工程及设备采取必要保护措施所发生的费用。

6. 工程定位复测费。是指工程施工过程中进行全部施工测量放线和复测工作的费用。

7. 特殊地区施工增加费。是指工程在沙漠或其边缘地区、高海拔、高寒、原始森林等特殊地区施工增加的费用。

8. 大型机械设备进出场费及安拆费。是指机械整体或分体自停放场地运至施工现场或由一个施工地点运至另一个施工地点，所发生的机械进出场运输、转移费用，及机械在施工现场进行安装、拆卸所需的人工费、材料费、机械费、试运转费和安装所需的辅助设施的费用。

9. 脚手架工程费。是指施工需要的各种脚手架的搭、拆、运输费用，以及脚手架购置费的摊销（或租赁）费用。

措施项目及其包含的内容详见各类专业工程的现行国家或行业计量规范。

（三）其他项目费

1. 暂列金额。是指建设单位在工程量清单中暂定并包括在工程合同价款中的一笔款项。用于施工合同签订时尚未确定或者不可预见的所需材料、工程设备、服务的采购，施工中可能发生的工程变更、合同约定调整因素出现时的工程价款调整，以及发生的索赔、现场签证确认等的费用。

2. 计日工。是指在施工过程中，施工企业完成建设单位提出的施工图纸以外的零星项目或工作所需的费用。

3. 总承包服务费。是指总承包人为配合、协调建设单位进行的专业工程发包，对建设单位自行采购的材料、工程设备等进行保管以及施工现场管理、竣工资料汇总整理等服务所需的费用。

（四）规费、税金

按工程造价形成顺序计价下的规费和税金的定义与按费用构成要素计价下的定义相同，此处不再赘述。

第三节 设备及工具、器具购置费

设备及工具、器具购置费是建设投资中的积极部分，其占工程造价的比例越高，表明项目的生产力水平越高。设备及工具、器具购置费用包括设备购置费和工具、器具及生产家具购置费。

一、设备购置费

设备购置费，是指为采购或自行建设达到固定资产标准的各种国产或进口设备的购置费用，由设备原价和设备运杂费构成。其中，设备原价，是指国产设备或进口设备的原价；设备运杂费，是指设备采购、运输、途中包装及仓库保管等方面支出费用的总和。

（一）国产设备原价

通常指的是设备制造厂的交货价，或订货合同价。一般根据生产厂或供应商的询价、报价、合同价确定，或采用一定的方法计算确定。国产设备原价分为国产标准设备原价和国产非标准设备原价。

1. 国产标准设备原价

国产标准设备，是指按照主管部门颁发的标准图纸和技术要求，由我国设备生产厂批量生产的，符合国家质量检测标准的设备。国产标准设备原价有两种，即带有备件的原价和不带有备件的原价。在计量时，一般采用带有备件的原价。

2. 国产非标准设备原价

国产非标准设备，是指国家尚无定型标准，各设备生产厂不可能在工艺过程中采用批量生产，只能按一次订货，并根据具体的设计图纸制造的设备。非标准设备原价有多种不同的计算方法，如成本计算估价法、系列设备插入估价法、分组合估价法、定额估价法等。但无论采用哪种方法，都应该使非标准设备接近实际出厂价，并且计算方法要简便。按成本计算估价法，非标准设备的原价由以下各项组成：

(1)材料费：材料费＝材料净重×(1＋加工损耗系数)×每吨材料综合价；

(2)加工费：加工费＝设备总重量(吨)×设备每吨加工费；

(3)辅助材料费：辅助材料费＝设备总重量×辅助材料费指标；

(4)专用工具费；

(5)废品损失费；

(6)外购配套件费；

(7)包装费；

(8)利润；

(9)税金：增值税＝当期销项税额－进项税额，当期销项税额＝销售额×适用增值税率；

(10)非标准设备设计费：按国家规定的设计费收费标准计算。

单台非标准设备原价＝{[(材料费＋加工费＋辅助材料费)×(1＋专用工具费率)×(1＋废品损失费率)＋外购配套件费]×(1＋包装费率)－外购配套件费}×(1＋利润率)＋销项税金＋非标准设备设计费＋外购配套件费

(二)进口设备原价

1.进口设备原价的构成

进口设备原价，是指进口设备抵达买方边境港口或边境车站，缴纳完关税及其他税费后形成的价格，即进口设备的抵岸价。进口设备的抵岸价与进口设备的交货类别有关。交货类别主要分为内陆交货、目的地交货、装运港交货。

(1)内陆交货类。即卖方在出口国内陆的某个地点交货。在交货地点，卖方及时提交合同规定的货物和有关凭证，并负担交货前的一切费用和风险；买方按时接收货物，交付货款，负担接货后的一切费用和风险，并自行办理出口手续和装运出口。货物的所有权也在交货后由卖方转移给买方。

(2)目的地交货类。即卖方在进口国的港口或内地交货，有目的港船上交货价、目的港船边交货价、目的港码头交货价(关税已付)、完税后交货价(进口国的指定地点)等几种交货价。目的地交货类的特点是：买卖双方承担的责任、费用和风险以目的地约定交货点为分界线，只有当卖方在交货点将货物置于买方控制下才算交货,才能向买方收取货款。这种交货类别对卖方来说承担的风险较大,在国际贸易中卖方一般不愿采用。

(3)装运港交货类。即卖方在出口国装运港交货,主要有装运港船上交货价(习惯称离岸价格),运费在内价,运费、保险费在内价(习惯称到岸价格)三类,其中装运港船上交货价为我国常用方式。装运港交货类的特点是:卖方按照约定的时间在装运港交货,只要卖方把合同规定的货物装船后提供货运单据便完成交货任务,可凭单据收回货款。

2. 进口设备原价的计算公式

进口设备抵岸价 = 货价 + 国际运费 + 运输保险费 + 银行财务费 + 外贸手续费 + 关税 + 增值税 + 消费税 + 海关监管手续费 + 车辆购置附加费

二、工具、器具及生产家具购置费

工具、器具及生产家具购置费,是指在新建或扩建项目的初步设计中规定的,为保证正常生产必须购置的设备、仪器、模具、器具、生产家具和备品备件的购置费用,这些设备达到固定资产标准的按照设备购置费列入,未达到的则列为工具、器具及生产家具购置费。

工具、器具及生产家具购置费的计算,一般以设备购置费为计算基数,费率按照部门或行业规定的工具、器具及生产家具费费率计算,一般为设备购置费与定额费率之积。

第四节　工程建设其他费用组成

工程建设其他费用,是指从项目筹备到工程竣工验收交付使用的整个建设期间,除建筑安装工程费用和设备及工、器具购置费用以外,为保证工程建设顺利完成和交付使用后能够正常发挥效用而发生的各项费用。主要包括与土地使用权取得、全部工程项目建设以及未来生产经营有关的,除工程费用、预备费、增值税、资金筹措费、流动资金以外的费用。

一、建设单位管理费

(一)建设单位管理费的概念

建设单位管理费,是指项目建设单位从项目筹建之日起至办理竣工财务决算之日止发生的管理性质的支出,包括工作人员薪酬及相关费用、办公费、办公场地租用费、差旅交通费、劳动保护费、工具用具使用费、固定资产使用费、招募生产工人费、技术图书资料费(含软件)、业务招待费、竣工验收费和其他管理性质开支。

(二)建设单位管理费的计算

建设单位管理费按照工程费用之和(包括设备及工器具购置费和建筑安装工程费)乘以建设单位管理费费率计算,具体公式为:建设单位管理费=工程费用×建设单位管理费费率。

二、用地与工程准备费

用地与工程准备费,是指取得土地与工程建设施工准备所发生的费用,包括土地使用费和补偿费、场地准备费、临时设施费等。

(一)土地使用费和补偿费

土地是工程建设的前提,进行工程建设必须占用一定量的土地,也就必然要发生为获得建设用地而支付的费用,这就是土地使用费。

根据《土地管理法》及其他相关法律法规,取得土地使用权的方式主要有划拨、出让、转让。划拨,是指国家机关、军事机关的用地通过行政方式取得,不必支付使用费且一般无期限限制;出让,是指国家通过一定的方式,收取土地使用费后,将土地使用权赋予受让人,有时间限制;转让,是指土地使用权人向其他自然人、法人,或非法人组织转让土地使用权的行为。

土地使用费,是指通过划拨方式取得土地使用权而支付的土地征用及迁移补偿费,或者通过土地使用权出让方式取得土地使用权而支付的土地使用权出让金。土地权属纠纷是房地产开发建设中常见的纠纷。土地使用费和补偿费主要包括土地出让金、征地补偿费、拆迁补偿费,分述如下:

1. 土地出让金

土地出让金为用地单位向国家支付的土地所有权收益,出让金标准一般参考城市基准地价并结合其他因素制定。基准地价由政府自然资源主管部门会同物价管理部门、国有资产管理局、市房地产管理局等部门综合测算后,由人民政府审定通过。基准地价以城市土地综合定级为基础,通过地价或地价幅度表示特定类别用地在特定土地级别范围的地价,以此作为土地使用权出让价格的基础。在基准地价确定后,再通过协商或招拍挂等形式签订土地出让合同。

2. 征地补偿费

征地补偿费,是指国家建设征收土地时,按照被征收土地的原用途给予被征地人的各项补偿费用,包括土地补偿费、安置补助费、青苗补偿费和地上附着物补偿费。

(1)土地补偿费。是对农村集体经济组织因土地被征用而造成的经济损失的一种补偿。征收耕地的补偿费为该耕地被征用前3年平均年产值的6~10倍。

(2)安置补助费。支付给被征地单位和安置劳动力的单位,作为劳动力安置与培训的支出,以及不能就业人员的生活补助。征收耕地的安置补助费,按照需要安置的农业人口数计算。每一个需要安置的农业人口的安置补助费标准,为该耕地被征收前3年平均年产值的4~6倍。

(3)青苗补偿费。是对征地时对其正在生长的农作物造成损害而做出的一种赔偿。在农村实行承包责任制后,农民自行承包土地的青苗补偿费应付给本人,属于集体种植的土地的青苗补偿费可纳入当年集体收益。

(4)地上附着物补偿费。地上附着物是指房屋、水井、树木、涵洞、桥梁、公路、水利设施、林木等地面建筑物、构筑物、附着物等。地上附着物补偿费应根据协商征地方案前地上附着物价值与折价情况,以"拆什么,补什么;拆多少,补多少;不低于原来水平"的原则确定。

除上述几个主要部分,视具体工程项目情况,土地使用费和补偿费还可能包括新菜地开发建设基金、耕地开垦费和森林植被恢复费、生态补偿与压覆矿产资源补偿费、土地管理费等。土地管理费主要为征地工作中所发生的办公、会议、培训、宣传、差旅、借用人员工资等必要的费用。土地管理费的收取标准,一般是在土地补偿费、安置补助费、青苗补偿费和地上附着物补偿费四项费用之和的基础上提取2%~4%。

3. 拆迁补偿费

拆迁补偿费，是指在城市规划区内国有土地上实施房屋拆迁的，拆迁人应当对被拆迁人给予的补偿、安置费用，包括拆迁补偿金和迁移补偿费。补偿方式可以实行货币补偿，也可以实行房屋产权调换。货币补偿的金额，根据被拆迁房屋的区位、用途、建筑面积等因素，以房地产市场评估价格确定。实行房屋产权调换的，拆迁人与被拆迁人按照计算得到的被拆迁房屋的补偿金额和所调换房屋的价格结清产权调换的差价。迁移补偿费，包括征收土地上的房屋及附属构筑物、城市公共设施等拆除、迁建补偿费，搬迁运输费，以及企业单位因搬迁造成的减产、停工损失补贴费，拆迁管理费等。

（二）场地准备费及临时设施费

建设项目场地准备费，是指为使工程项目的建设场地达到开工条件，由建设单位组织进行的场地平整等准备工作而发生的费用，建设单位临时设施费，是指建设单位为满足施工建设需要而提供，但不属于工程费用的临时水、电、路、信、气、热等工程及临时仓库等建筑物的建设、维修、拆除、摊销或租赁费用。

场地准备及临时设施通常应与永久性工程通盘考虑。场地准备费及临时设施费 = 工程费用 × 费率 + 拆除清理费。拆除清理费可按新建同类工程的造价或主材费、设备费的比例计算，此项费用不包括已列入建筑安装工程费中的施工企业临时设施费。

三、市政公用配套设施费

市政公用配套设施费，是指使用市政公用设施的工程项目，按照项目所在地政府有关规定建设或缴纳的市政公用设施建设配套费用。市政公用配套设施主要指配套的水、电、路、信等，包括绿化、人防等配套设施。

四、技术服务费

按照国家发改委《关于进一步放开建设项目专业服务价格的通知》（发改价格〔2015〕299 号）的规定，技术服务费，是指在项目建设全部过程中建设单位委托第三方提供项目策划、造价咨询、技术信息、勘察设计、项目管理和验收评估等技术服务发生的费用。技术服务费价格主要由市场决定,不实行政府指导价。

根据工程的实际情况,技术服务费可能包括可行性研究费、工程造价咨询费、专项评价费、环境影响评价费、勘察设计费、监理费、研究试验费、特殊设备安全监督检验费、监造费、招标费、设计评审费、技术经济标准使用费等。

五、建设期计列的生产经营费

建设期计列的生产经营费,是指为达到生产经营条件,在建设期发生或将要发生的费用,主要包括专利及专有技术使用费、联合试运转费、生产准备费等。

六、工程保险费

工程保险费,是指为转移工程项目建设的意外风险,在建设期内对建筑工程安装工程、机械设备和人身安全进行投保而发生的费用,包括建筑安装工程一切险、进口设备财产保险、第三者责任险和人身意外伤害险等。建设单位可根据建设项目的实际情况和工程特点选择投保险种。

保险费的计算,可分别以建筑安装工程费×建筑安装工程保险费率得出。民用建筑工程,包括住宅楼、综合性大楼、商场、旅馆、医院、学校等,保险费率可取工程费的1‰~2‰;其他建筑工程,如工业厂房、仓库、道路、码头、水坝、隧道、桥梁、管道等,保险费占建筑工程费的3‰~6‰。

七、税费

依据财政部《基本建设项目建设成本管理规定》(财建〔2016〕504号)的规定,工程其他费用的税费统一归纳计列,包括耕地占用税、城镇土地使用税、印花税、车船使用税和行政性收费等。

第五节 预备费和建设期利息

一、预备费

预备费又称不可预见费,我国现行规定的预备费包括基本预备费和价差预备费。

(一)基本预备费

基本预备费,是指针对项目实施过程中可能发生且难以预料的支出而事先预留的费用,又称工程建设不可预见费,主要指设计变更及施工过程中可能增加工程量的费用。基本预备费一般由以下四部分构成。

(1)工程变更的费用。是指在工程的咨询、方案设计、技术设计、施工图设计及施工过程中,由于工程变更所增加的工程费用。材料变更、地基处理变更等增加的费用也属于工程变更的费用,由于发包人原因导致的工程变更需要由发包人承担责任。

(2)灾害天气处理费。是指由于自然灾害造成的损失或为预防自然灾害而采取的措施所产生的费用。如果购买了工程保险,一般自然灾害处理的费用可以适当降低。

(3)不可预见的地下障碍物处理的费用。如果属于勘察设计或施工方能够预见的工程地质条件情况,则由相关方赔偿。

(4)超规超限设备运输增加的费用。

基本预备费是按工程费用和工程建设其他费用二者之和为计取基础,再乘以基本预备费费率进行计算的,具体公式为:基本预备费 =(工程费用 + 工程建设其他费用)× 基本预备费费率。基本预备费费率的取值应执行国家及有关部门的规定。

(二)价差预备费

价差预备费,是指为在建设期内应对由于利率、汇率或价格因素的变化而预备的可能增加的费用,亦称价格变动不可预见费。价差预备费的内容包括人工、设备、材料、施工机具的价差费,建筑安装工程费及工程建设其他费用调整,利率、汇率调整等增加的费用。

价差预备费一般根据国家规定的投资综合价格指数,按估算年份价格水平的静态投资额为基数,采用复利方法计算。

二、建设期利息

我国贷款利息按照单利计算。应当注意的是,当总贷款分年度发放时,建设期利息的计算可按当年借款在年中支用考虑,即当年贷款按半年计息,上年贷款按全年计息。

第六节 流动资金

一、流动资金的概念

流动资金,是指建设项目投产后为维持正常生产经营用于购买原材料、燃料、支付工资及其他生产经营费用等所必不可少的周转资金。流动资金是伴随固定资产投资而发生的永久性流动投资,其值等于项目投产运营后所需全部流动资产扣除流动负债后的余额;其中,流动资产主要考虑应收及预付账款、现金和存货,流动负债主要考虑应付和预收款。

二、流动资金的估算方法

流动资金的估算一般采用两种方法,即扩大指标估算法和分项详细估算法。流动资金在工程建成投产后投入,其与工程预付款有本质区别,工程预付款属于建筑安装工程费范畴,是预支给承包人的工程款。

第二章 工程建设定额计价

第一节 工程建设定额的概念与分类

一、工程建设定额的概念

工程建设是物质资料的生产活动,物质资料的生产过程必然也是生产的消费过程。工程项目建设过程需要消耗大量的人力、物力和资金,工程建设定额作为众多定额中的一类,就是对这些消耗量的数量规定,即在一定生产力水平下,在工程建设中单位产品上人工、材料、机械、资金消耗的规定额度,这种数量关系体现出在正常的施工条件、合理的施工组织设计、合格的产品下各种生产要素消耗的社会平均合理水平。

二、工程建设定额的分类

工程建设产品所具有的构造复杂、产品规模宏大、种类繁多、生产周期长等技术经济特点,造成了工程建设产品外延的不确定性。工程建设产品可以指工程建设的最终产品,也可以指构成工程项目的某些完整的产品,还可以指完整产品中的某些较大组成部分,或者较大组成部分中的较小部分,甚至更为细小的部分。这些特点决定了工程建设定额的多种类、多层次。工程建设定额是工程建设中各类定额的总称,可以按照不同的原则和方法科学地对其进行分类。

1. 按定额的编制程序和用途分类

按定额的编制程序和用途分类,可以把工程建设定额分为施工定额、预算定额、概算定额、概算指标、投资估算指标五种。

(1)施工定额。由劳动定额、机械定额和材料定额三个相对独立的部分组成,主要直接用于工程的施工管理,包括编制工程施工设计、施工预算、施工作业计划、签发施工任务单、限额领料卡及结算计件工资或计量奖励工资等;施工定额也是编制预算定额的基础。

(2)预算定额。是一种计价的定额,从编制程序上看,是以施工定额为基础综合扩大编制的;预算定额也是编制概算定额的基础。

(3)概算定额。以扩大的分部分项工程为对象编制,也是一种计价性定额;概算定额是编制扩大初步设计概算、确定建设项目投资额的依据。

(4)概算指标。是概算定额的扩大与合并,以整个建筑物和构筑物为对象,是一种计价定额。又称为扩大结构定额。

(5)投资估算指标。是在项目建议书和可行性研究阶段编制投资估算、计算投资需要量时使用的一种定额。投资估算指标非常概略,往往以独立的单项工程或完整的工程项目为计算对象,编制内容是所有项目费用之和。其编制基础仍然离不开预算定额、概算定额。

2. 按投资的费用性质分类

按投资的费用性质分类,可以把工程建设定额分为建筑工程定额、设备安装工程定额、建筑安装工程费用定额、工器具定额以及工程建设其他费用定额等。

(1)建筑工程定额。是建筑工程的施工定额、预算定额、概算定额和概算指标的统称,具体包括一般土建工程、电气工程(动力、照明、弱电)、卫生技术(水、暖、通风)工程、工业管道工程、特殊构筑物工程等;广义上认为,除房屋和构筑物外还包含其他各类工程,如道路、铁路、桥梁、隧道、运河、堤坝、港口、电站、机场等工程。

(2)设备安装工程定额。是安装工程施工定额、预算定额、概算定额和概算指标的统称。设备安装工程是对需要安装的设备进行定位、组合、校正、调试等工作的工程。在工业项目中,机械设备安装和电气设备安装工程占有重要的地位。

(3)建筑安装工程费用定额。

(4)工具、器具定额。是为新建或扩建项目投产运转首次配置的工具、器具数量标准。

(5)工程建设其他费用定额。是独立于建筑安装工程、设备和工具、器具购置之外的其他费用开支的标准。

3. 其他分类

按专业性质分类,可以把工程建设定额分为全国通用定额、行业通用定额和专业专用定额三种。按主编单位和管理权限分类,可以把工程建设定额分为全国统一定额、行业统一定额、地区统一定额、企业定额、补充定额五种。

三、工程建设定额的特点

第一,科学性。工程建设定额的科学性包括两重含义:首先,是指工程建设定额和生产力发展水平相适应,反映出工程建设中生产消费的客观规律;其次,是指工程建设定额管理在理论、方法和手段上适应现代科学技术和信息社会发展的需要。

第二,系统性。工程建设定额是相对独立的系统,是由多种定额结合而成的有机整体,它的结构复杂,有鲜明的层次,有明确的目标。

第三,统一性。工程建设定额的统一性主要是由国家对经济发展的有计划的宏观调控职能决定的。

第四,稳定性与时效性。一方面,建筑工程定额中的任何一种定额,在一段时期内都表现出稳定的状态,其与客观生产力水平是相适应的;而根据具体情况,稳定的时间一般在5~10年。另一方面,所有的建筑工程定额也都只能反映一定时期的生产力水平,当生产力向前发展了,定额就需要变更。所以,建筑工程定额在具有稳定性特点的同时,具有显著的时效性。当定额落后于行业生产力水平的时候,建筑工程定额就要更新了。

第五,权威性。工程建设定额极具权威性,这种权威性在一些特定情况下具有经济法规的性质。发生工程造价纠纷时,如果双方就价款约定不明,又达不成协议,则以定额为标准计算工程价款。

四、工程建设定额计价的基本程序

我国在很长一段时间内采用单一的工程建设定额计价模式形成工程价格,即按预算定额规定的分部分项子目,逐项计算工程量,套用预算定额单价(或单位估价表)确定直接工程费,然后按规定的取费标准确定措施费、间接费、利润和税金,加上材料调差系数和适当的不可预见费,经汇总后即为工程造价或标底,而标底则作为评定标的主要依据。

以工程建设定额单价法确定工程造价,是我国采用的一种与计划经济相适应的工程造价管理制度。定额计价实际上是国家通过颁布统一的计价定额或指标,对建筑产品价格进行有计划的管理。国家以假定的建筑安装产品为对象,制定统一的预算和概算定额。计算出每一单元子项的费用后,再综合形成整个工程的价格。

我们可以用公式进一步说明确定建筑产品价格定额计价的基本方法和程序。

(每一计量单位建筑产品的)

(1)基本构造要素(假定建筑 = 人工费 + 材料费 + 施工机械使用费产品)的直接工程费单价中:

人工费 = Σ(人工工日数量 × 人工日工资标准)

材料费 = Σ(材料用量 × 材料预算价格)

施工机械使用费 = Σ(机械台班用量 × 台班单价)

(2)单位工程概预算造价 = Σ(假定建筑产品工程量 × 直接工程费单价) + 措施费

(3)单位工程预算造价 = 单位工程直接费 + 间接费 + 利润 + 税金

(4)单项工程概算造价 = Σ单位工程概预算造价 + 设备、工器具购置费用

(5)建设项目全部工程概算造价 = Σ单项工程的概算造价 + 预备费 + 有关的其他费用

定额消耗量在工程造价计价中应用时,特别需要注意的问题,是正确理解概预算定额的结构与内容、正确套用定额子项和正确计算工程量三个方面。概预算定额的结构与内容通常包括三个部分,即定额说明部分、定额(节)表部分和定额附录部分。对概预算定额的结构与内容的理解,是正确选定所套用定额的基础;定额子项是建筑工程分项工程中最小的单位,也是工程预算中最小的单位,正确套用定额子项是定额计价的关键;工程量的计算有一套相应特定的规则,工程量的计算必须符合概预算定额规定的计算要求,正确计算工程量是工程计价的难点。对上述三个方面的把握与运用是正确运用定额消耗量,做好工程计价工作的

前提。

五、工程造价信息

工程造价信息是关于工程造价构成要素相关数据的信息，是当地造价管理部门发布的工程造价指导性文件，具有区域性、多样性、专业性、系统性、动态性及季节性等特点。通过由政府定期发布的信息价，反映建筑人工、材料设备、机械等在特定时间段内的综合价格，是区域内工程计价的一种参考价格。

第二节　工程建设定额计价法的法律地位

工程建设定额计价法的法律地位随着国家经济的发展，在不同的时期有所不同，从计划经济向市场经济转变的过程中，工程建设定额计价方法本身并无革命性变化，但由于经济环境发生了改变，所以工程建设定额的规定也从强制性规范变成了任意性规范，即由强制适用的规范变成了由当事人达成合意后适用的规范，在当事人不能达成合意的情况下，可以定额为基础进行造价鉴定。

一、建筑产品价格市场化所经历的三个阶段

我国建筑产品价格市场化经历了“国家定价—国家指导价—国家调控价”三个阶段。在不同经济发展时期，建筑产品有不同的价格形式、不同的定价主体、不同的价格形成机制，而一定的建筑新产品价格形式产生、存在于一定的工程建设管理体制和一定的建筑产品交换方式之中。工程建设定额计价是以概预算定额、各种费用定额为基础依据，按照规定的计算程序确定工程造价的特殊计价方法。因此，利用工程建设定额计算工程造价就价格形成而言，介于国定定价和国家指导价之间。

（一）第一阶段：国家定价阶段

在我国传统经济体制下，建筑产品价格仅仅是一个经济核算的工具而不是工程价值的货币反映，工程建设任务由国家主管部门按计划分配，建筑业不是一个

独立的物质生产部门,建设单位、施工单位的财务收支实行统收统支,实际上,这一时期的建筑产品并不具有商品性质,所谓的"建筑产品价格"也是不存在的。在这种工程建设管理体制下,建筑产品价格实际上是在建设过程的各个阶段利用国家或地区所发布的各种定额进行投资费用的预估和计算,也可以说是概预算加签证的形式。其价格形成的主要特征如下:

第一,这种"价格"分为设计概算、施工图预算、工程费用签证和竣工结算。

第二,这种"价格"属于国家定价的价格形式,国家是这一价格形式的决策主体。建筑产品价格形成过程中,建设单位、设计单位、施工单位都按照国家有关部门规定的定额标准、材料价格和取费标准计算、确定工程价格,工程价格水平由国家规定。

在计划经济体制下的工程建设定额计价制度时期,国内工程造价管理体现出以下特点:(1)政府特别是中央政府是工程项目的唯一投资主体。(2)建筑业不是生产部门,而是消费部门。(3)工程造价管理被简单地理解为投资的节约。

(二)第二阶段:国家指导价阶段

改革开放后,传统的建筑产品价格形式已经逐步为新的建筑产品价格形式所取代。

这一阶段采用的是国家指导定价,出现了预算包干价格形式和工程招投标价格形式。预算包干价格形式与概预算加签证形式相似,两者都属于国家计划价格形式,企业只能按照国家有关规定计算、执行工程价格。包干额是按照国家有关部门规定的包干系数、包干标准及计算方法确定的,但是因为预算包干价格对工程施工过程中费用的变支采取了一次包死的形式,对提高工程价格管理水平有一定作用。工程招投标价格是在建筑产品招投标交易过程中形成的工程价格,表现为标底价、投标报价、中标价、合同价、结算价格等形式。这一阶段的工程招投标价格属于国家指导性价格,是在最高限价范围内,国家指导下的竞争性价格。在这种价格形成的过程中,国家和企业是价格的双重决策主体。其价格形式的主要特征有如下几点:

第一,计划控制性。作为评标基础的标底价格要按照国家工程造价管理部门规定的定额和有关取费标准制定,标底价格的最高数额受到国家批准的工程概算控制。

第二，国家指导性。国家工程招标管理部门对标底的价格进行审查，管理部门组成的监督小组直接监督、指导大中型工程招标、投标、评标和决标过程。

第三，竞争性。投标单位可以根据本企业的条件和经营状况确定投标报价，并以该价格作为竞争承包工程的手段。招标单位可以在标底价格的基础上，择优确定中标单位和工程中标价格。

（三）第三阶段：国家调控价阶段

国家调控的招投标价格形式，是一种由市场形成价格为主的价格机制。它是在国家有关部门调控下，由工程承发包双方根据工程市场中建筑产品供求关系的变化自主确定的工程价格。其价格的形成可以不受国家工程造价管理部门的直接干预，而是根据市场的具体情况，竞争形成。与国家指导的招投标价格形式相比，国家调控招投标价格形式的主要特征有如下几点：

第一，形成竞争。应由工程承发包双方根据工程自身的物质劳动消耗、供求关系等市场因素经过竞争形成，不受国家计划调控。

第二，自发波动。随着工程市场供求关系的不断变化，工程价格经常处于上升或者下降的波动之中。

第三，自发调节。通过价格的波动，自发调节建筑产品的品种和数量，以保持工程投资与工程生产能力的平衡。

二、工程建设定额计价法法律地位的变更与发展

工程建设定额计价制度从产生到完善的数十年，对我国的工程造价管理发挥了巨大作用，为政府进行工程项目的投资控制提供了很好的工具。但随着市场经济体制改革的深度和广度不断增加，传统的定额计价制度也不断受到冲击，改革势在必行。

自20世纪80年代末90年代初开始，随着建设要素市场的放开，各种建筑材料不再统购统销；随后人力、机械市场等也逐步放开，人工、材料、机械台班的要素价格随市场供求的变化而上下浮动。“动态要素”的动态管理拉开了工程建设传统定额计价改革的序幕。

工程建设定额计价制度第一阶段改革的核心是“量价分离”,即由国务院建设行政主管部门制定符合国家有关标准、规范,并反映一定时期施工水平的人工、材料、机械等消耗量的标准,实现国家对消耗量标准的宏观管理。人工、材料、机械的单价等,由工程造价管理机构依据市场价格的变化发布工程造价相关指数,将过去完全由政府计划统一管理的定额计价改变为“控制量、指导价、竞争费”。

工程定额计价制度第二阶段改革的核心是工程造价计价方式的改革。20 世纪 90 年代中后期,是我国建设市场高速发展的时期。1999 年《招标投标法》的颁布标志着我国建设市场基本形成,建筑产品的商品属性得到了充分认识。在招投标已经成为工程发包的主要方式之后,工程项目需要新的、更适应市场经济发展,更有利于建设项目通过市场竞争合理形成造价的计价方式来确定其建造价格。2003 年 2 月,国家标准《建设工程工程量清单计价规范》(GB50500 - 2003)发布,并从 2003 年 7 月 1 日开始实施(现已更新多版),这是我国工程计价方式改革历程中的里程碑,标志着我国工程造价的计价方式实现了从传统定额计价向工程量清单计价的转变。

在我国建设市场逐步放开的改革中,虽然已经制定并推广了工程量清单计价,但由于各地实际情况的差异,目前的工程造价计价方式不可避免地出现了双轨并行的局面——在保留传统定额计价方式的基础上,参照国际惯例引入了工程量清单计价方式。目前,建设工程定额计价还是我国工程计价的重要手段之一。随着我国工程造价管理体制改革的不断深入以及对国际工程管理的进一步了解,市场自主定价模式已经逐渐占据主导地位。

与国家权威部门发布的定额不同,企业定额的用途和意义有其自身特点。所谓企业定额,是指建筑安装企业根据本企业的技术水平和管理水平,编制完成单位合格产品所必需的人工、材料和施工机械台班的消耗量,以及其他生产经营要素消耗的数量标准。施工定额是建筑安装企业内部管理的定额,性质上属于企业定额。建筑安装企业安装定额一般称为施工定额。

企业定额必须具备以下特点:(1)其各项平均消耗要比社会平均水平低,体现其先进性。(2)可以表现本企业在某些方面的技术优势。(3)可以表现本企业局部或全面管理方面的优势。(4)所有匹配的单价都是动态的,具有市场性。(5)与施工方案能全面接轨。

编制企业定额最关键的工作是确定人工、材料和机械台班的消耗量，计算分项工程单价或综合单价。

企业定额本质上是建筑企业内部管理的工具，是企业行使自主经营权的体现。其经济意义大于法律意义。如果建筑企业与发包人把自身企业定额作为合同内容加以约定，则由于当事人达成合意，企业定额发生法律效力；如果没有被规定为合同内容，则由施工企业自行决定如何履行合同。但企业定额在一定程度上有助于判断企业是否以低于成本价格投标。

工程建设定额计价作为计划经济时代的主要计价方式，曾在工程建设中发挥了决定性作用，在市场经济条件下，工程建设定额计价在工程建设管理、建设成本确定及工程造价鉴定等方面仍然具有不可或缺的作用。

三、工程建设定额计价法法律地位的变更与发展

改革开放以来，工程造价管理坚持市场化改革方向，在工程发承包计价环节探索引入竞争机制，各项制度不断完善，但仍存在定额等计价依据不能很好地满足市场需要、造价信息服务水平不高、造价形成机制不够科学等问题。

工程计价设置推行市场主体自主报价及市场定价，但定额计价仍扮演着重要角色，主要体现为发包人按定额计价确定投标控制价，结合制定的评分标准，防止承包人恶意低价中标。但存在的问题是，发包人及其聘请的招标代理公司，除少部分专门从事房屋建设的开发主体有成熟的成本管控系统外，绝大多数除通过套定额算出投标限价外，并不了解自己的项目成本底线是多少，即通过定额计价得出的标底不能完全反映项目的真实市场价格。

此外，定额计价这一特点在工程建设项目的招投标及合同履行过程中被放大。我国工程领域招投标主要是采用"一锤定音"模式，一般没有"清标"的流程，也没有面试澄清和技术交流的过程，所以无法排除不平衡报价。不平衡报价是合法报价手段，但如果发包人没有能在合同签订过程中发现这一报价方式并进行磋商，则可能承担超额的工程费用。同时，价格是与参数、等级、标准相匹配的，由于没有面试澄清和技术交流的过程，发包人及评标委员会也无法确定投标人是否完全领会贯彻了设计师的意图。到工程建设阶段，施工单位还要经过与发包人和设计人的反复磨合，就可能造成工期延误及质量问题，进而影响工程造价。

针对上述问题，工程建设定额计价的改革趋势就是降低企业对预算定额的依赖。住房和城乡建设部办公厅于2020年7月发布了《工程造价改革工作方案》，在北京市、浙江省、湖北省、广东省、广西壮族自治区有条件的国有资金投资的房屋建筑、市政公用工程项目进行工程造价改革试点。该方案提出，完善工程计价依据发布机制是工程造价改革的一项重要任务，要加快转变政府职能，优化概算定额、估算指标编制发布和动态管理，取消最高投标限价按定额计价的规定，逐步停止发布预算定额。

第三章 工程量清单计价

第一节 工程量清单计价的概念及清单的主要内容

一、工程量清单计价的概念

工程量清单计价，是指以招标人提供的工程量清单为统一基础，投标人根据自身的技术、财务、管理、设备等能力进行投标报价，招标人根据具体的评标细则进行优选。这种计价方式是市场经济定价体系的具体表现形式。因此，在市场经济比较发达的国家，工程量清单计价是非常流行的。在我国从计划经济向市场经济转变的过程中，工程量清单计价方法也越来越成熟和规范，并成为最重要的计价方式。工程量清单计价作为工种独立的计价方式，并不一定仅用在招投标阶段，其应用范围是比较广的，但在我国目前的情况下，工程量清单计价作为一种市场定价模式，主要在工程项目的招投标过程中使用，而投资估算、工程概算、工程预算的编制依然沿用过去已有的计算方法。因此，工程量清单计价方法通常又被称为工程量清单招标。

工程量清单，是指招标人提供的，表现拟建工程的分部分项工程项目、措施项目、其他项目名称和相应数量的明细清单。工程量清单是一套由注有拟建工程各实物工程名称、性质、特征、单位、数量及措施项目、税费等相关信息的表格组成的文件。工程量清单是按统一规定进行编制的，它体现的最主要内容为分项工程项目名称及其相应数量，是招标文件的组成部分。工程量清单由招标人或由其委托的代理机构按照招标要求和施工设计图纸规定，将拟建招标工程的全部项目和内容,依据《建设工程工程量清单计价规范》中的统一项目编码、项目名称、计量单位和工程量计算规则进行编制,作为承包商进行投标报价的主要依据之一。在性质上,工程量清单是招标文件的组成部分,是招投标活动的重要依据,一经中标且签订合同,即成为合同的组成部分。因此,无论招标人还是投标人,抑或评标人,都应该以工程量清单为核心。

二、工程量清单的内容

如前所述,工程量清单是招标人所编制的招标文件的一部分,是投标人进行投标报价的重要依据,因此,作为一个合格的计价依据,工程量清单中必须具有完整详细的信息表达,使工程报价有章可循。为了达到这一要求,招标人编制的工程量清单应该包括以下内容:

(一)明确的项目设置

工程计价是一个分部组合计价的过程,不同的计价模式下项目的设置规则和结果都是不尽相同的。在业主提供的工程量清单计价中必须明确清单项目的设置情况,除明确说明各个清单项目的名称外,还应阐释各个清单项目的特征和工程内容,以保证清单项目设置的特征描述和工程内容没有遗漏,也没有重叠。当然,这种项目设置主要通过统一的规范编制来解决。在工程实践中,我国2003年7月1日起正式实施的《建设工程工程量清单计价规范》就着力解决这一问题,《建设工程工程量清单计价规范》迄今已经更新多版,最新一版于2013年7月1日开始实行。

(二)清单项目的工程数量

在招标人提供的工程量清单中必须列出各个清单项目的工程数量,这也是工程量清单招标与定额招标的一个重大区别。

采用定额方式和由投标人自行计算工程量的投标报价,由于设计或图纸的缺陷,不同投标人员理解不一,计算出的工程量也不同。工程量不同,报价统一的基础便不存在,报价相去甚远,容易产生纠纷。而工程量清单报价为投标者提供了一个平等竞争的条件,相同的工程量,由企业根据自身的实力来填报不同的单价,符合商品交换的一般性原则。因为对于每一个投标人来说,计价所依赖的工程数量都是一样的,使投标人之间的竞争完全属于价格的竞争,其投标报价反映出自身的技术能力和管理能力,也使得招标人的评标标准更加简单明确。

同时,在招标人提供的工程量清单中提供工程数量,还可以实现承发包双方合同风险的合理分担。采用工程量清单报价方式后,投标人只对自己所报的成本、单价等负责,而对工程量的变更或计算错误等不负责任;相应地,这一部分风险则应由业主承担,这符合风险合理分担与责权利关系对等的一般原则。

(三)提供基本的表格格式

工程量清单的表格格式是附属于项目设置和工程量计算的,为投标报价提供了一个合适的计价平台,投标人可以根据表格之间的逻辑联系和从属关系,在其指导下完成分部组合计价的过程。从工程实践角度讲,工程量清单的表格格式可以多种多样,只要能够满足计价的需要即可以达到目的。

工程量清单主要由分部分项工程量清单、措施项目清单和其他项目清单等组成,是编制标底和投标报价的依据,也是签订工程合同、核实工程量和办理竣工结算的基础。

工程量清单由有编制招标文件能力的招标人或受其委托,具有相应资质的工程造价咨询机构、招标代理机构依据有关计价办法、招标文件的有关要求、设计文件和施工现场实际情况进行编制。

(四)工程量清单的项目设置

工程量清单的项目设置规则是为了统一工程量清单项目名称、项目编码、计量单位和工程量计算而作出的规定,是编制工程量清单的依据。在《建设工程工程量清单计价规范》中,对工程量清单项目的设置作了明确的规定。

1. 项目编码

分部分项工程量清单项目编码以五级编码设置,用 12 位阿拉伯数字表示。第一、二、三、四级编码为全国统一;第五级编码由工程量清单编制人区分工程的清单项目特征而分别编制。各级编码代表的含义如下:

(1)第一级编码表示专业工程代码序码(分2位);

(2)第二级编码表示附录分类顺序码(分2位);

(3)第三级编码表示分部工程顺序码(分2位);

(4)第四级编码表示分项工程项目顺序码(分3位);

(5)第五级编码表示工程量清单项目顺序码(分3位)。

2. 工程数量

工程数量主要通过工程量计算规则计算得出。工程量计算规则,是指对清单项目工程量的计算规定。除另有说明外,所有清单项目的工程量应以实体工程量为准,并以完成后的净值计算;投标人投标报价时,应在单价中加入施工中的各种损耗和需要增加的工程量。

工程量计算规则包括房屋建筑与装饰工程、爆破工程、矿山工程、市政工程、通用安装工程、构筑物工程、园林绿化工程、仿古建筑工程、城市轨道交通工程九大类工程的计算规则。某一大类规则之下,还包括具体分部工程,如市政工程还包括土石方工程,道路工程,桥涵护岸工程,隧道工程,市政管网工程,地铁工程,钢筋工程,拆除工程,厂区、小区道路工程。

3. 分部分项工程量清单

分部分项工程量清单,是指表示拟建工程分项实体工程项目名称和相应数量的明细清单,编制过程中应注意以下问题:

(1)分部分项工程量清单应包括项目编码、项目名称、计量单位和工程数量四个部分。

(2)项目编码按照清单计价规范的规定编制,即在清单计价规范9位全国统一编码之后,增加3位清单项目编码。这3位清单项目编码由招标人针对本工程项目具体编制,并应自001起顺序编制。

(3)按照清单计价规范中的分项工程项目名称,结合其特征,并根据不同项目特征组合确定其清单项目名称。分部分项工程量清单编制时,以附录中的分项工程项目名称为基础,考虑该项目的规格、型号、材质等特征要求,结合拟建工程的实际情况,使其工程量清单项目名称具体化、细致化,能够反映影响工程造价的主要因素。清单项目名称应表述详细、准确。清单计价规范中的分项工程项目名称如有缺陷,招标人可做补充,并报当地工程造价管理机构(省级)备案。

(4)计量单位按照清单计价规范中的相应计量单位确定。

(5)工程数量按照清单计价规范中的工程量计算规则计算,其精确度以下列规定为标准:①以“吨”为单位的,应保留小数点后三位,第四位小数四舍五入。②以“水立方”“平方米”“米”为单位的,应保留小数点后两位,第三位小数四舍五入。③以“个”“项”等为单位的,应取整数。

4.措施项目清单

措施项目清单,是指为完成项目施工,发生于该工程施工前和施工过程中技术、生活、文明、安全等方面的非工程实体项目清单。

5.其他项目清单

其他项目清单,是指分部分项工程量清单、措施项目清单所包含的内容以外,因招标人的特殊要求而发生的,与拟建工程有关的其他费用项目和相应数量的清单。其他项目清单应根据拟建工程的具体情况,参照以下内容列项。

(1)招标人部分。包括预留金、材料购置费等。其中,预留金,是指招标人为可能发生的工程量变更而预留的金额,这里的工程量变更主要指工程量清单漏项或有误引起的工程量的增加,以及工程施工中的设计变更引起的标准提高或工程量的增加等;材料购置费,是指在招标文件中规定的,由招标人采购的拟建工程材料费。

(2)投标人部分。包括总承包服务费、零星工作费,是指完成招标人提出的,不能以实物量计量的零星工作项目所需的费用。零星工作项目表应根据拟建工程的具体情况,详细列出人工、材料、机械的名称、计量单位和相应数量,并随工程量清单发至投标人。零星工作项目中的工、料、机计量,要根据工程的复杂程度、工程设计的质量,以及工程项目设计的深度等因素来确定其数量。

第二节　工程量清单计价的运作方式

一、工程量清单计价的基本方法与程序

如上节所言,工程量清单是表现拟建工程的分部分项工程项目、措施项目、其他项目名称和相应数量的明细清单。是按照招标要求和施工设计图纸要求规定将拟建招标工程的全部项目和内容,依据统一的工程量计算规则、统一的工程量

清单项目编制规则要求,计算拟建招标工程的分部分项工程数量的表格。工程量清单的内容包括工程量清单说明和工程量清单表。所以清单计价程序围绕工程量清单展开。

工程量清单计价的基本过程可以描述为:在统一的工程量清单项目设置的基础上,制定工程量清单计量规则,根据具体工程的施工图纸计算出各个清单项目的工程量,再根据各种渠道所获得的工程造价信息和经验数据计算得到工程造价。工程量清单的编制过程可以分为两个阶段:工程量清单的编制和利用工程量清单来编制投标报价(或标底价格)。工程量清单是招标文件的组成部分,主要由分部分项工程量清单、措施项目清单和其他项目清单等组成,是编制标底和投标报价的依据,也是签订工程合同、调整工程量和办理竣工结算的基础。

投标报价是在业主提供的工程量计算结果的基础上,根据企业自身所掌握的各种信息、资料,结合企业定额编制得出的。

(1)分部分项工程费 = Σ分部分项工程量 × 相应分部分项工程单价

其中,分部分项工程单价由人工费、材料费、机械费、管理费、利润等组成,并要考虑风险费用。

(2)措施项目费 = Σ各措施项目费

措施项目分为通用项目、建筑工程措施项目、安装工程措施项目、装饰装修工程措施项目和市政工程措施项目,每项措施项目费均为合价,其构成与分部分项工程单价构成类似。

(3)其他项目费 = 招标人部分金额 + 投标人部分金额

(4)单位工程报价 = 分部分项工程费 + 措施项目费 + 其他项目费 + 规费 + 税金

(5)单项工程报价 = Σ单位工程报价

(6)建设项目总报价 = Σ单项工程报价

二、工程量清单计价表格

(一)工程量清单计价法

1. 工程量清单计价

工程量清单计价包括编制招标标底、投标报价、合同价款的确定与调整和办理工程结算等。

（1）招标工程如设标底，标底应根据招标文件中的工程量清单和有关要求、施工现场实际情况、合理的施工方法以及建设行政主管部门制定的有关工程造价计价办法进行编制。

（2）投标报价应根据招标文件中的工程量清单和有关要求、施工现场实际情况及拟定的施工方案或施工组织设计，以企业定额和市场价格信息为基础，并参照建设行政主管部门发布的现行消耗量定额进行编制。

（3）工程量清单计价的价款应包括按招标文件规定，完成工程量清单所列项目的全部费用，通常由分部分项工程费、措施项目费、其他项目费和规费、税金组成。

①分部分项工程费，是指按规定的费用项目组成，为完成招标人提供的分部分项工程量清单所列项目所需的费用。

②措施项目费，是指按规定的费用项目组成，为完成该工程项目施工，发生于该工程施工前和施工过程中技术、生活、文明、安全等方面的非工程实体项目所需的费用。

③其他项目费，是指分部分项工程费和措施项目费以外，由于招标人的特殊要求而发生的与拟建工程有关的其他费用。

分部分项工程费、措施项目费和其他项目费采用综合单价计价，综合单价由完成规定计量单位工程量清单项目所需的人工费、材料费、机械使用费、管理费、利润等费用组成，综合单价应考虑风险因素。

2. 工程量变更及其计价

合同中的综合单价因工程量变更，除合同另有约定外，应按照下列办法确定：

（1）工程量清单漏项或由于设计变更引起新的工程量清单项目，其相应综合单价由承包人提出，经发包人确认后作为结算的依据。

（2）由于设计变更引起的工程量增减部分，属合同约定幅度以内的，应执行原有的综合单价；属合同约定幅度以外的，其综合单价由承包人提出，经发包人确认后作为结算的依据。

由于工程量的变更，且实际发生了规定以外的费用损失，承包人可提出索赔要求，与发包人协商确认后，给予补偿。

（二）工程量清单计价的操作过程

就我国目前的实践而言，工程量清单计价作为一种市场价格的形成机制，其使用主要在工程施工招投标阶段。因此，对于工程量清单计价的操作过程可以从招标、投标、评标三个阶段来阐述。

1. 工程施工招标阶段

工程量清单计价在施工招标阶段的应用主要是编制标底。住房和城乡建设部发布的《建设工程工程量清单计价规范》（GB50500－2013）中，对招标标底的编制作了规定，指出标底编制的主要依据包括国务院和省、自治区、直辖市人民政府建设行政主管部门制定的工程造价计价办法以及其他有关规定和市场价格信息。

工程量清单下的标底必须严格按照“规范”进行编制，以工程量清单给出的工程数量和综合的工程内容，按市场价格计价。对工程量清单开列的工程数量和综合的工程内容不得随意更改、增减，必须保持与各投标单位计价口径的统一。

2. 投标单位制作标书阶段

投标单位接到招标文件后，首先，要对招标文件进行透彻完整的分析研究，对图纸仔细理解，把握图纸的内容。其次，要对招标文件中所列的工程量清单进行审核，审核中，要视招标单位是否允许对工程量清单内所列的工程量误差进行调整决定审核办法。如果允许调整，就要详细审核工程量清单内所列的各工程项目的工程量。对有较大误差的，通过招标单位答疑会提出调整意见，取得招标单位同意后进行调整。如果不允许调整工程量，则不需要对工程量进行详细审核，只对主要项目或工程量大的项目进行审核，发现这些项目有较大误差时，可通过招标单位答疑会提出意见进行调整，或通过调整这些项目单价的方法解决，工程量确定后进行工程造价的计算。最后，工程量套用单价及汇总计算。根据我国现行的工程量清单计价办法，单价采用的是全费用单价（综合单价）。

3. 评标阶段

评标时可以对投标单位的最终总报价以及分项工程的综合单价的合理性进行评分。由于采用了工程量清单计价方法，所有投标单位都站在同一平台上，因而竞争更为公平合理，有利于实现优胜劣汰，而且在评标时一般应坚持合理低标价中标的原则。另外,在评标时仍然可以采用综合计分的方法,不仅考虑报价因素,而且还要对投标单位的施工组织设计、企业业绩和信誉等按一定的权重分值分别计分,按总评分的高低确定中标单位。或者采用两阶段评标定标的唯一因素,这样既可以保证工程建设质量,又有利于业主选择一个合理的、报价较低的单位中标。

工程量清单计价方法是一种区别于工程建设定额计价模式的新计价模式,主要由市场定价,是由建设产品的买方和卖方在建设市场上根据供求状况、信息状况进行自由竞价,从而最终签订工程合同价格的方法。因此,可以说工程量清单计价法是建设市场建立、发展和完善过程中的必然产物。在工程量清单的计价过程中,工程量清单为建设市场的交易双方提供了一个平等的平台,是投标人在投标活动中进行公正、公平、公开竞争的重要基础。

第三节　工程量清单计价法的法律地位及意义

一、工程量清单计价法实现了工程交易的市场定价

市场经济即法治经济,工程量清单计价真实反映工程实际,为把定价自主权交给市场参与方提供了可能。工程量清单计价方式在建筑工程领域为实现市场经济提供了基础,亦为法治的运行提供了基础。

工程量清单计价突出体现了社会主义市场经济特征,《建设工程工程量清单计价规范》具有明显的强制性、竞争性、通用性和实用性。

(1)强制性。主要表现在以下两点:一是由建设主管部门按照强制性国家标准的要求批准颁布,规定全部使用国有资金或国有资金投资为主的大中型建设工程应按《建设工程工程量清单计价规范》规定执行;二是明确了工程量清单是招标文件的组成部分,并规定了招标人在编制工程量清单时必须遵守的规则。

(2)竞争性。表现在《建设工程工程量清单计价规范》中从政策性规定到一般内容的具体规定,充分体现了工程造价由市场竞争形成价格的原则。一方面,《建设工程工程量清单计价规范》中的措施项目,在工程量清单中只列"措施项目"一栏,具体采用什么措施,由投标人根据企业的施工组织设计,视具体情况报

价;另外,《建设工程工程量清单计价规范》中对人工、材料和施工机械没有规定具体的消耗量,为企业报价提供了自主的空间。

(3)通用性。表现在我国采用的工程量清单计价是与国际惯例接轨的,符合工程量计算方法标准化、工程量计算规则统一化、工程造价确定市场化的要求。

(4)实用性。表现在《建设工程工程量清单计价规范》的附录中的工程量清单项目及工程量计算规则的项目名称表现的是工程实体项目,项目名称明确清晰,工程量计算规则简洁明了。

工程造价的计价具有多次性的特点,在项目建设的各个阶段都要进行造价的预测与计算。在投资决策、初步设计、扩大初步设计和施工图设计阶段,业主委托有关工程造价中介咨询机构根据某一阶段所具备的信息进行确定和控制,这一阶段的工程造价并不完全具备价格属性,因为此时交易的另一方主体还没有真正出现,此时的造价确定过程可以理解为业主的单方面行为,属于业主对投资费用管理的范畴。

工程价格形成的主要阶段是招投标阶段,但由于我国的投资费用管理和工程价格管理模式并没有严格区分,所以长期以来在招投标阶段实行的是按预算定额规定的分部分项子目,逐项计算工程量,套用预算定额单价(或单位估价表)确定直接费,然后按规定的取费标准确定其他直接费、现场经费、间接费、计划利润和税金,加上材料调差系数和适当的不可预见费,经汇总后即为工程预算或标底,而标底则作为评标的主要依据的模式,这种模式在工程价格的形成过程中存在较明显的缺陷。

在采用工程量清单计价方法的招标方式下,由业主或招标单位根据统一的工程量清单项目设置规则和工程量清单计量规则编制工程量清单,鼓励企业自主报价,业主根据其报价,结合质量、工期等因素综合评定,选择最佳的投标企业中标。在这种模式下,标底不再成为评标的主要依据,甚至可以不编标底,从而在工程价格的形成过程中摆脱长期以来的计划管理色彩,而由市场的参与主体双方自主定价,符合价格形成的基本原理。

在工程招投标过程中,投标企业在投标报价时必须考虑工程本身的内容、范围、技术特点要求,以及招标文件的有关规定、工程现场情况等因素;同时必须充分考虑许多其他方面的因素,如投标单位自己制定的工程总进度计划、施工方案、分包计划、资源安排计划等。这些因素对投标报价有着直接而重大的影响，而且每一项招标工程都具有其特殊的一面，所以应该允许投标单位针对这些方面灵活机动地调整报价，以使报价能够比较准确地与工程实际相吻合。只有这样，才能把投标定价自主权真正交给招标和投标单位，投标单位才会对自己的报价承担相应的风险与责任，从而建立起真正的风险制约和竞争机制，避免合同实施过程中的推诿和扯皮现象的发生，为工程管理提供方便。

实行工程量清单计价，也是适应我国社会主义市场经济发展的需要。市场经济的主要特点是竞争，建设工程领域的竞争主要体现在价格和质量上，工程量清单计价的本质是价格市场化。采用工程量清单计价，有利于促进施工企业加快技术进步，改善经营管理，促进施工企业的管理方式由粗放型经营向集约型经营转变，有利于招标人科学合理地控制投资，提高资金的使用效益，对于在全国建立一个统一、开放、健康、有序的建筑市场具有重要的作用。

二、工程量清单计价法与工程建设定额计价法法律意义的不同

在计价规范实施之前，我国实行的是“控制量、指导价、竞争费”的管理模式，该模式也曾经对工程定额预算的改革起到很大作用，现在推行工程量清单计价，即意味着以前的方法已经需要改革，清单计价对我国工程造价管理的深化改革与发展有更为重大的意义

长期以来，我国发承包计价、定价以工程预算定额作为主要依据。1992 年，为了适应建设市场改革的要求，针对工程预算定额编制和使用中存在的问题，提出了“控制量、指导价、竞争费”的改革措施，工程造价管理由静态管理模式逐步转变为动态管理模式。“控制量”的目的是保证工程质量，“指导价”是要逐步走向市场竞争形成价格，这项改革措施在我国实行社会主义市场经济的初期起到了积极作用。然而，随着建设市场化进程的发展，工程预算定额中国家指令性的状况仍然难以改变，特别是《招标投标法》2000 年实施以来，难以满足招投标和评标的要求。因此，有必要对现行工程造价计价依据、方法进行相应的改革。实行工程量清单计价，改变了以工程预算定额为计价依据的计价模式，适应工程招投标和由市场竞争形成工程造价的需要，推进了我国工程造价事业的发展。

工程建设定额计价法与工程量清单计价法有一些重大区别，这些区别也体现

了工程量清单计价法的特点:

(1)体现了我国建设市场发展过程中的不同定价阶段

工程建设定额计价法更多地体现了国家定价或国家指导价阶段的特色。在这一模式下,工程价格或直接由国家决定,或是由国家给出一定的指导性标准,承包商可以在该标准的允许幅度内实现有限竞争,例如,在我国的招投标制度中,一度严格限定投标人的报价必须在限定标底的一定范围内波动,超出此范围即为废标,这一阶段的工程招投标价格即属于国家指导性价格,体现出在国家宏观计划控制下的市场有限竞争。工程量清单计价法则体现了市场定价阶段的特色。在该阶段,工程价格是在国家有关部门间接调控和监督下,由工程承发包双方根据工程市场中建筑产品供求关系的变化自主确定的。其价格的形成可以不受国家工程造价管理部门的直接干预,而是根据市场的具体情况,具有形成竞争、自发波动和自发调节的特点。

(2)主要计价依据及其性质不同

工程建设定额计价法的主要计价依据为国家、省、有关专业部门制定的各种定额,其性质为指导性,定额的项目划分一般按施工工序分项,每个分项工程项目所含的工程内容一般是单一的。工程量清单计价法的主要计价依据为《建设工程工程量清单计价规范》,其性质是含有强制性条文的国家标准,清单的项目划分一般是按"综合实体"进行分项的,每个分项工程一般包含多项工程内容。

(3)编制工程量的主体不同

在工程建设定额计价法中,建设工程的工程量分别由招标人和投标人按图计算。而在工程量清单计价法中,工程量由招标人统一计算或委托有关工程造价咨询单位统一计算,工程量清单是招标文件的重要组成部分,各投标人根据招标人提供的工程量清单,根据自身的技术装备、施工经验、企业成本、企业定额、管理水平自主填写单价与合价。

(4)单价与报价的组成不同

工程建设定额计价法的单价包括人工费、材料费、机械台班费。工程量清单计价法采用综合单价形式,综合单价包括人工费、材料费、机械使用费、管理费、利润,并考虑风险因素。工程量清单计价法的报价除包括工程建设定额计价法的报价外,还包括预留金、材料购置费和零星工作项目费等。

(5)合同价格的调整方式不同

工程建设定额计价法形成的合同的价格主要调整方式有变更签证、定额解释、政策性调整。而工程量清单计价法在一般情况下单价是相对固定的,减少了在合同实施过程中的调整空间,通常情况下,如果清单项目的数量没有增减,即能够保证合同价格基本没有调整,保证了其稳定性,也便于业主进行资金准备和筹划。

(6)是否把施工措施性的消耗单列并纳入竞争的范畴

工程建设定额计价法未区分施工实物性损耗和施工性损耗,而工程量清单计价法把施工措施与工程实体项目进行分离,这项改革的意义在于突出了施工措施费用的市场竞争性。工程量清单计价法规范的工程量计算规则的编制原则一般是以工程实体的净尺寸计算,没有包含工程量合理损耗,这一特点也是工程建设定额计价法的工程量计算规则与工程量清单计价法规范的工程量计算规则的本质区别。

三、工程量清单计价法对推进我国工程造价市场化运行改革的重大作用

如前所述,工程量清单计价法不只是一种简单的造价计算方法的改变,其更深层次的意义在于提供了一种由市场形成价格的新的计价模式。工程量清单计价法对我国工程造价市场化的推进作用是显而易见的。

首先,实行工程量清单计价法是规范建设市场秩序,适应社会主义市场经济发展的需要。工程造价是工程建设的核心内容,也是建设市场运行的核心内容,建设市场上存在的许多不规范行为都与工程造价有关。工程定额在工程承发包计价过程中在调节双方利益、反映双方价格方面显得滞后,特别是在公开、公平、公正竞争方面缺乏合理完善的机制。实现建设市场的良性发展,除依靠法律法规和行政监督以外,发挥市场规律中的“竞争”和“价格”的作用是治本之策。工程量清单计价是市场形成工程造价的主要形式,有利于发挥企业自主报价的能力,实现从政府定价向市场定价的转变;有利于规范业主在招标中的行为,有效改变招标单位在招标中盲目压价的行为,从而真正体现公开、公平、公正的原则,反映市场经济规律。

其次，实行工程量清单计价法是促进建设市场有序竞争和企业健康发展的需要。采用工程量清单计价法的招投标，由于工程量清单计价是招标文件的组成部分，招标人必须编制出准确的工程量清单，并承担相应的风险，可促进招标单位提高管理水平。同时，由于工程量清单是公开的，避免了工程招标中的弄虚作假、暗箱操作等不规范行为，采用工程量清单报价，必须对单位工程成本、利润进行分析，统筹考虑、精心选择施工方案，并根据企业的定额合理确定人工、材料、施工机械等要素的投入与配置，优化组合，合理控制现场费用和施工技术措施费用，确定投标价格。改变了过去过分依赖国家发布定额的状况，企业要根据自身的条件编制出自己的企业定额。此外，工程量清单计价法的实行，有利于规范建设市场计价行为，规范建设市场秩序，促进建设市场有序竞争；有利于控制建设项目投资，合理利用资源；有利于促进企业技术进步，提高劳动生产率；有利于提高造价工程师的素质，使其成为懂技术、懂经济、懂管理的全面发展的复合型人才。

再次，实行工程量清单计价法有利于我国工程造价管理政府职能的转变。实行工程量清单计价法，有利于我国工程造价由过去政府控制的指令性定额转变为制定适应市场经济规律需要的工程量清单计价法，由过去行政直接干预转变为对工程造价依法监管，可有效地强化政府对工程造价的宏观调控。按照政府部门真正履行“经济调节、市场监管、社会管理和公共服务”职能的要求，推行政府宏观调控、企业自主报价、市场竞争形成价格、社会全面监督的工程造价管理思路。

最后，实行工程量清单计价法是适应我国加入世界贸易组织，融入世界大市场的需要。随着我国改革开放的进一步加快，中国经济日益融入全球市场，特别是我国加入世界贸易组织后，行业壁垒下降，建设市场进一步对外开放。国外的企业以及国外企业投资的项目越来越多地进入国内市场，与此同时，我国企业走出国门在海外投资和经营的项目也在增加。为了适应这种建设市场对外开放的形势，就必须与国际通行的计价方法相适应，为建设市场主体创造一个与国际惯例接轨的市场竞争环境。工程量清单计价法是国际通行的计价方法，在我国实行工程量清单计价法，有利于提高国内各方主体参与国际化竞争的能力，有利于提高我国工程建设的整体管理水平。

四、工程量清单对建筑工程其他法律关系的影响

工程量清单计价，促使造价管理部门发生一系列的职能变化，推动了工程造价管理工作的根本转变，改变了政府职能。《建设工程工程量清单计价规范》的实施对于我国工程造价管理政府职能转变具有重要意义。主要表现在以下几个方面。

第一，真正实现政府职能由行政管理向依法监督和服务转变。首先，工程造价管理部门由过去制定、解释、强制执行各类法令性定额，对工程造价实施直接管理和控制，转变为制定适应市场需求的工程量清单计量规则和计价办法，对工程造价进行宏观调控；其次，由发布指令性的建筑工程费率标准，转变为根据工程投标报价资料等市场信息，测算、公布指导性的工程造价指数以及各单项子目的参考指标；最后，由定期发布材料价格及调整系数，转变为收集、汇总各类材料的市场价格等资料，测算、公布招投标市场材料参考价、建筑工程市场参考价。

第二，有利于工程招投标工作的开展。工程量清单计价模式下的招投标是由业主提供工程量，承包人逐项填报综合单价。工程量是公开的，避免了以往由于不同承包方的预算人员对设计内容、定额理解不同，计算出不同的工程量，报价相差甚远，从而产生纠纷的现象。面对相同的工程量，由承包企业根据自己的实力来填报不同的单价，最终定价权交给了企业。业主的标底仅作为市场参考价，淡化了标底的作用，避免了“暗箱操作”，增加了招投标的透明度，可真正体现《招标投标法》中的公开、公平和诚实信用原则，促使招投标工作的健康发展。

第三，有助于发包人和承包人对投资控制。采用工程量清单报价方式由于价费合一，综合单价和措施项目费等不变，计算简便，结果一目了然。当要进行设计变更时，业主马上就能知道该变更对造价的影响，并可以根据投资的情况决定是否变更。另外，业主可根据施工企业完成的工程量，很容易地确定进度款的拨付额。工程竣工后，业主也很容易确定工程的最终造价，顺利地进行工程结算，从而可真正做到投资控制。承包人也可以非常清晰地改进工艺流程，做到效益的最大化。

第四，促进企业加强管理，提高竞争实力。采用工程量清单报价是根据相同的工程量和同一的计算规则，由企业结合自身情况报出综合单价，价格的高低完全由企业自己确定，充分体现了企业的实力。施工企业要想在竞争中取胜，就要具备先进设备、先进技术和管理水平，使自己在投标中处于优势地位。

第四章 建设工程招投标

第一节 建设工程招投标概述

一、建设工程招投标的法律性质

关于招投标的性质,我国法学界一般认为,建设工程招标是要约邀请,而投标是要约,中标通知是承诺。具体说明如下:

招标行为的法律性质是要约邀请。依据合同订立的一般原理,招标人发布招标通告或投标邀请书的直接目的在于邀请投标人投标,投标人投标之后并不当然要订立合同。

投标行为的法律性质是要约行为。投标文件中包含将来订立合同的具体条款,只要投标人承诺就可签订合同。作为要约的投标行为具有法律约束力,表现在投标是一次性的,同一投标人不能就同一投标进行一次以上的投标;各个投标人对自己的报价负责;在投标文件发出后的投标有效期内,投标人不得随意修改投标文件的内容和撤回投标文件。

招标人发出中标通知书是承诺。中标通知书应包括中标工程名称、中标价格、工程范围、工期、开工及竣工日期、质量等级等主要内容,对所有未中标的投标人也应当同时给予通知。中标通知书包含了合同的主要内容。

二、建设工程招标的范围、种类与方式

（一）建设工程强制招标的范围

我国《招标投标法》指出，凡在中国境内进行下列工程建设项目，包括项目的勘察、设计、施工、监理，以及与工程建设有关的重要设备、材料等的采购，必须进行招标：(1)大型基础设施、公用事业等关系社会公共利益、公共安全的项目；(2)全部或者部分使用国有资金投资或国家融资的项目；(3)使用国际组织或者外国政府贷款、援助资金的项目。

（二）建设工程招标的种类

建设工程招标的种类具体可分为以下6种：(1)建设工程项目总承包招标；(2)建设工程勘察招标；(3)建设工程设计招标；(4)建设工程施工招标；(5)建设工程监理招标；(6)建设工程材料设备招标。

（三）建设工程招标的方式

从竞争程度进行分类，可以分为公开招标和邀请招标；
从招标范围进行分类，可以分为国际招标和国内招标。

三、建设工程招标程序

（一）招标活动的准备工作

项目招标前，招标人应当完成办理有关审批手续、确定招标方式，以及划分标段等工作。

（二）标底的编制原则和依据

标底，是指招标人根据招标项目的具体情况编制的，完成招标项目所需的全部费用，是根据国家规定的计价依据和计价办法计算出来的工程造价，也是招标人对建设工程的期望价格。

1. 标底价格编制的原则

(1)根据国家公布的统一工程项目划分、统一计量单位、统一计算规则,以及施工图纸、招标文件,并参照国家、行业或地方批准发布的定额和国家、行业、地方规定的技术标准规范,以及要素市场价格确定工程量编制标底。

(2)按工程项目类别计价。

(3)标底作为建设单位的期望价格,应力求与市场的实际变化吻合,要有利于竞争和保证工程质量。

(4)标底应由直接工程费、间接费、利润、税金等组成,一般应控制在批准的总概算及投资包干的限额内。

(5)标底应考虑人工、材料、设备、机械台班等价格变化因素,还应包括不可预见费(特殊情况)、预算包干费、措施费(赶工措施费、施工技术措施费)、现场因素费用、保险以及采用固定价格的工程的风险金等。工程要求优良的还应增加相应的费用。

(6)一个工程只能编制一个标底。

(7)标底编制完成后,直至开标时,所有接触过标底价格的人员均负有保密责任,不得泄露。

2. 标底价格编制的依据

如前两章所述,目前我国建设工程施工招标标底的编制,主要采用工程建设定额计价和工程量清单计价来编制。

(三)标底价格的编制方法

1. 以工程建设定额计价法编制标底

工程建设定额计价法编制标底,采用的是分部分项工程量的直接费单价,仅包括人工、材料、机械费用。直接费单价法又可以分为单位估价法和实物量法两种,分述如下:

(1)单位估价法。是指通过编制单位估价表确定一定计量单位建筑安装产品的工程预算单价,再以这种预算单价来计算建筑安装产品工程造价的计价方法。是我国20世纪50年代开始从苏联引进的定额及概预算制度。工程定额种类繁多,包括国家统一定额、行业定额及地方定额,既有投资估算指标,又有概算定额、预算定额。采用"单位估价法"编制工程造价在我国工程界较为普遍，十分方便。目前世界范围内只有我国及俄罗斯等少数国家采用这种方法，该方法的特点是通用性强，计价效率高。

(2)实物测量法。是指根据工程现场的施工条件、单项工程的实际工程量、工程施工进度的要求、设计图纸要求，以及企业自身的管理能力和技术力量。依据大量已完工程的技术经济指标和资料拟定该工程项目施工方案、施工方法、施工程序，通过配备的人工、材料和施工机械等主要资源计算各种资源的耗量，按照当地的市场价格水平，分析计算得出单位价格，从而计算项目所需费用。实物测量法的特点是"量体裁衣"，将工程和市场实际情况以及适合本工程施工的施工企业水平直接联系，根据工程项目施工条件、工程进度、施工方法等，编制更切合本工程个案具体情况的合理造价的计价方法，因切合实际、合理、准确，目前英、美等国家普遍采用这种方法编制工程造价，从某种程度上来说，实物测量法属于当今国际社会的惯用方法。

2. 以工程量清单计价法编制标底

工程量清单计价法的单价按所综合的内容不同，可以划分为工料单价法、完全费用单价法和综合单价法三种，分述如下：

(1)工料单价法。是指直接费以人工、材料、机械的消耗量及其相应价格确定，按照现行预算定额的人工、材料、机械的消耗标准及预算价格，作为直接费的计算基础。分部分项工程的单价即为直接费，间接费、利润、税金按照有关规定另行计算。

(2)完全费用单价法。是指以分部分项工程量的单价为全费用单价，包括分部分项工程所发生的直接费、间接费、利润、税金、风险等全部费用，组合成工程量清单的单价。

(3)综合单价法。是指按照完成规定计量单位项目所需的人工费、材料费、机械使用费、管理费、利润，并考虑风险因素来计价的方法。工程量乘以综合单价就直接得到分部分项工程费用，再将各个分部分项工程的费用与措施项目费、其他项目费和规费、税金加以汇总，就得到整个工程的总造价。

我国现行的工程量清单计价方法是综合单价法。

四、工程投标程序及投标报价的编制

(一)投标报价前期的调查研究、收集信息资料

投标报价前期的调查研究、收集信息资料内容包括如下几个方面:(1)政治和法律方面的情况;(2)自然条件;(3)市场状况;(4)工程项目方面的情况;(5)业主情况;(6)投标人自身情况;(7)竞争对手资料。

(二)投标报价的编制方法

投标报价的编制主要是投标单位对承建招标工程所要发生的各种费用的计算。投标报价的编制方法和标底的编制方法一致,也分为以工程建设定额计价和以工程量清单计价两种模式,可以用工料单价法和综合单价法计算。其中,工程量清单计价的投标报价由分部分项工程费、措施费和其他项目费用组成,均采用综合单价法计算。

(三)招标公告和投标邀请书的编制

招标公告,是指采用公开招标方式的招标人(包括招标代理机构)向所有潜在的投标人发出的一种广泛的通告。投标邀请书,是指采用邀请招标方式的招标人,向三个以上具备承担招标项目的能力、资信良好的特定法人或其他组织发出的参加投标的邀请。

按照《招标投标法》的规定,招标公告与投标邀请书应当载明同样的事项,具体如下:(1)招标人的名称和地址;(2)招标项目的性质;(3)招标项目的数量;(4)招标项目的实施地点;(5)招标项目的实施时间;(6)获取招标文件的办法。

(四)资格预审

资格预审,是指在招标开始之前或开始初期,由招标人对申请参加投标的潜在投标人的资质条件、业绩、信誉、技术、资金等多方面情况进行资格审查。

(五)编制和发售招标文件

招标文件由招标人自行编制,或者委托工程招标代理机构代为编制。招标文

件应当包括下列内容:(1)投标须知;(2)招标工程的技术要求和设计文件;(3)采用工程量清单招标的,应当提供工程量清单;(4)投标函的格式及附录;(5)拟签订合同的主要条款;(6)要求投标人提交的其他材料。

根据《招标投标法》、住房和城乡建设部的有关规定,施工招标文件编制中还应遵循如下规定:

(1)说明评标原则和评标办法。

(2)投标价格中,一般结构不太复杂或工期在12个月以内的工程,可以采用固定价格,考虑一定的风险系数;结构较复杂或工期在12个月以上的大型工程,应采用调整价格。价格的调整方法及调整范围应当在招标文件中明确。

(3)招标文件中应明确投标价格计算依据和类型选择。

(4)质量标准必须达到国家施工验收规范合格标准,对于要求质量达到优良标准的,应计取补偿费用,补偿费用的计算方法应按国家或地方有关文件规定执行,并在招标文件中明确。

(5)招标文件中的建设工期应当参照国家或地方发布的工期定额来确定,如果要求的工期比工期定额短20%以上(含20%)的,应计算赶工措施费。

(6)由于施工单位原因造成不能按合同工期竣工时,计取赶工措施费的须扣除,同时应赔偿由于误工给建设单位带来的损失。其损失费用的计算方法或规定应在招标文件中明确。

(7)如果建设单位要求按合同工期提前竣工交付使用,应考虑计取提前工期奖,提前工期奖的计算方法应在招标文件中明确。

(8)招标文件中应明确投标准备时间,即从开始发放招标文件之日起至投标截止时间的期限。最短不得少于20日。招标文件中还应载明投标有效期。

(9)招标文件中应明确投标保证金数额及支付方式。

(10)中标单位应按规定向招标单位提交履约担保,履约担保可采用银行保函或履约担保书的形式。履约担保比例为:银行出具的银行保函为合同价格的5%;履约担保书为合同价格的10%。

(11)材料或设备采购、运输、保管的责任应在招标文件中明确。

(12)招标单位应按国家颁布的统一工程项目划分、统一计量单位、统一的工程量计算规则,根据施工图纸计算工程量,提供给投标单位作为投标报价的基础。

(13)招标单位在编制招标文件时,应根据《民法典》《必须招标的工程项目规定》的规定和工程具体情况确定"招标文件合同协议条款"内容。

(14)投标单位在收到招标文件后,若有问题需要澄清,应以书面形式向招标单位提出,招标单位也应以书面形式或投标预备会的方式予以解答,答复将送给所有获得招标文件的投标单位。

(六)踏勘现场与召开投标预备会

1. 踏勘现场

踏勘现场,是指招标人组织投标申请人对工程现场场地和周围环境等客观条件进行的现场勘察。招标人根据招标项目的具体情况,可以组织投标申请人踏勘项目现场,但招标人不得单独或者分别组织任何一个投标人进行现场踏勘。踏勘现场一般安排在投标预备会的前1~2天。

2. 召开投标预备会

投标预备会的目的在于澄清招标文件中的疑问,解答投标人对投标文件和勘查现场所提出的疑问。投标预备会可安排在发出招标文件的7日后,28日内举行。

(七)建设项目投标

投标人应当提出并报价编制投标书。投标书是投标人的投标文件,是对招标文件提出的要求和条件作出的实质性响应。标书应当封口严密,在投标截止时间之前送达。

(八)开标、评标和定标

开标,是指在投标人提交投标文件后,招标人依据招标文件规定的时间和地点,开启投标人提交的投标文件,公开宣布投标人的名称、投标价格及其他主要内容的行为。

评标,是指评标委员会和招标人依据招标文件规定的评标标准和方法,对投标文件进行审查、评审和比较的行为。评标是招投标活动中的核心阶段,评标是否真正做到公开、公平、公正,决定了整个招投标活动是否公平和公正,评标的质量决定了能否从众多投标竞争者中选出最能满足招标项目各项要求的中标者。

定标，是指根据评标结果产生中标人。招标人根据评标委员会提出的书面评标报告和推荐的中标候选人确定中标人。招标人也可以授权评标委员会直接确定中标人。

关于开标、评标和定标，将在本书后文做详细说明。

第二节　设备、材料采购方式

《招标投标法》规定，在中国境内进行与工程建设有关的重要设备、材料等的采购，必须进行招标。主要招投标方式有公开招标、邀请招标及其他方式，分述如下：

一、公开招标

公开招标，即国际竞争性招标、国内竞争性招标。

我国政府和世界银行商定，凡工业项目采购额在100万美元以上的，均须采用国际竞争性招标。

国内竞争性招标适合于合同金额小、工程地点分散且施工时间拖得很长、劳动密集型生产或国内获得货物的价格低于国际市场价格、行政与财务上不适于采用国际竞争性招标等情况。

二、邀请招标

设备、材料采购的邀请招标是由招标单位向具备设备、材料制造或供应能力的单位直接发出投标邀请书，并且受邀参加投标的单位不得少于3家。这种方式也称为有限国际竞争性招标，是一种不需公开刊登广告而直接邀请供应商进行国际竞争性投标的采购方法。适用于合同金额不大，或所需特定货物的供应商数目有限，或需要尽早交货等情况。

三、其他方式

设备、材料采购有时也可通过询价方式选定设备、材料供应商。在设备、材料具有特殊要求时,也采用非竞争性采购方式直接订购。

第三节　开标、评标和定标

招投标的最核心过程包括开标、评标和定标。这也是法律纠纷最为集中的环节。

一、开标

(一)开标的时间和地点

《招标投标法》规定,开标应当在招标文件确定的提交投标文件截止时间的同一时间公开进行。

(二)出席开标会议的规定

开标由招标人或者招标代理人主持,邀请所有投标人参加。投标单位法定代表人或授权代表未参加开标会议的,视为自动弃权。

(三)开标程序和唱标的内容

开标会议宣布开始后,首先,请各投标单位代表确认其投标文件的密封完整性,并签字予以确认。其次,当众宣读评标原则、评标办法。最后,由招标单位依据招标文件的要求,核查投标单位提交的证件和资料,并审查投标文件的完整性、文件的签署、投标担保等,但提交合格"撤回通知"和逾期送达的投标文件不予启封。

唱标顺序应按各投标单位报送投标文件的时间先后顺序进行。

开标过程应当记录,并存档备查。

(四)有关无效投标文件的规定

在开标时,投标文件出现下列情形之一的,应当作为无效投标文件,不得进入评标:(1)投标文件未按照招标文件的要求予以密封的;(2)投标文件中的投标函未加盖投标人的企业及企业法定代表人印章的，或者企业法定代表人委托代理人没有合法、有效的委托书（原件）及委托代理人印章的；(3)投标文件的关键内容字迹模糊、无法辨认的；(4)投标人未按照招标文件的要求提供投标保函或者投标保证金的；(5)组成联合体投标，投标文件未附联合体各方共同投标协议的。

二、评标

（一）评标的基本方法

1. 综合评标价法

综合评标价法，是指以设备投标价为基础，将评定各要素按预定的方法换算成相应的价格，在原投标价上增加或扣减该值而形成评标价格。评标价格最低的投标书为最优。采购机组、车辆等大型设备时，较多采用这种方法。

2. 全寿命费用评标价法

采购生产线、成套设备、车辆等运行期内各种后续费用较高的货物时，可采用以设备全寿命费用为基础的评标价法。评标时应首先确定一个统一的设备评审寿命期，然后再根据各投标书的实际情况，在投标价上加上该年限运行期内所发生的各项费用，再减去寿命期末设备的残值。计算各项费用和残值时，都应按招标文件中规定的贴现率折算成净现值。

3. 最低投标价法

采购技术规格简单的初级商品、原材料、半成品，以及其他技术规格简单的货物时，由于其性能质量相同或容易比较其质量级别，可把价格作为唯一尺度，将合同授予报价最低的投标者。

4. 百分评定法

这一方法是按照预先确定的评分标准，分别对各设备投标书的报价和各种服务进行评审打分，得分最高者中标。

5. 经评审的最低投标价法

经评审的最低投标价法，是指对符合招标文件规定的技术标准、满足招标文件实质性要求的投标，按招标文件规定的评标价格调整方法，将投标报价以及相关商务部分的偏差做必要的价格调整和评审，即将价格以外的有关因素折成货币或给予相应的加权计算，以确定最低评标价或最佳的投标。经评审的最低投标价的投标应当推荐为中标候选人,但是投标价格低于成本的除外。

项目法人招标的目的,是在完成该合同任务的条件下,获得一个最经济的投标,投标价格最低不一定是最经济的投标,经评审的投标价格最低才是最经济的投标,所以采用评标价最低授标是科学的,但前提是能够满足招标文件的实质性要求,即投标人能顺利完成本合同任务。经评审的投标价格是评标时使用的,不是给承包人的实际支付价,在与中标人签订合同时,还是以中标人的投标报价作为合同价,实际支付价也仍为承包人的投标报价。该办法一般适用于具有通用技术、性能标准,或对其技术、性能无特殊要求的招标项目。主要适用于施工招标和设备材料采购类招标,不适合服务类招标。

(二)大中型工程评标注意事项

对于大中型工程,尤其是利用世界金融组织或外国政府的贷款、援助资金的项目,一般情况下按下列内容评审投标价:

1. 在评标的准备与初步评审阶段的澄清和纠错工作

检查和更正计算和总和中的算术错误,包括对投标中工程量清单进行算术性检查和更正。评标委员会可以书面方式要求投标人对投标文件中含义不明确、对同类问题表述不一致或者有明显文字和计算错误的内容做必要的澄清、说明或者补正。澄清、说明或者补正应以书面方式进行并不得超出投标文件的范围或者改变投标文件的实质性内容。投标文件中,大写金额和小写金额不一致的,以大写金额为准;总价金额与单价金额不一致的,以单价金额为准,但单价金额小数点有明显错误的除外;对不同文字文本投标文件的解释发生异议的,以中文文本为准。

2. 扣除工程量清单汇总表中的暂定金额、关税和不可预见费

工程量清单汇总表中的暂定金额,是指由发包人在工程量清单中专项列出的,用于签订协议书时尚未确定的项目或项目确定但是未能明细的费用。扣除的关税,是指利用世界银行贷款可免税部分。不可预见费,是指签订协议书时尚不可预见项目的备用金额。

3. 将投标报价的各种货币转换成单一货币

这是利用世界金融组织或外国政府的贷款、援助资金的项目可能涉及的问题,在评标的准备与初步评审阶段,投标人以多种货币报价的,评标委员会应当按

照中国银行在开标日公布的汇率中间价换算成人民币。招标文件应当对汇率标准和汇率风险作出规定。未作规定的,汇率风险视作由投标人承担。

4. 考虑可接受的非重大偏离或保留

招标人认为可接受的且可用货币数量表示的非重大偏离或保留,如没有在投标价中或上述其他调整中反映出来,且该非重大偏离式保留可用数量表示,则对偏离的价格做适当的调整。

5. 另外需要考虑的修正因素

另外需要考虑修正的因素包括:(1)一定条件下的优惠,如世界银行贷款项目对借款国国内投标人 7.5% 的评标优惠;(2)工期提前的效益对报价的修正;(3)同时投多个标段的评标修正,如投标人的某一个标段已被确定为中标,则在其他标段的评标中按照招标文件规定的百分比乘以报价额后,在评标价中扣减此值。

上述各种变化被招标人接受,在进入合同时,评标委员会将估算此变化对投标价格的影响,并以随时间可定量变化的货币费用以月为单位计入纯现金流,同时,按指定日,如开标日前 28 天或 42 天,按规定的年贴现率折成现值,然后加到投标报价之中进行比较。这样就比较合理地处理了投标人在现金流上的不平衡报价的问题。

以上所有修正因素都应在招标文件中明确规定,一定要避免在招标文件中对如何折成货币或给予相应的加权计算没有明确规定,而在评标时才制定出具体的评标计算因素及其量化计算方法的情况,容易出现带有明显有利于某一投标的倾向性。在根据经评审的最低投标价法完成详细评审后,评标委员会应当拟定一份标价比较表,连同书面评标报告提交招标人。标价比较表应当载明投标人的投标报价、对商务偏差的价格调整和说明,以及经评审的最终投标价。中标人的投标应当符合招标文件规定的技术要求和标准,但评标委员会无须对投标文件的技术部分进行价格折算。

三、定标

工程建设项目的定标,主要是由评标委员会推荐中标候选人 1 ~ 3 人,按照现行法律规定,评标委员会将中标候选人排列。对于法定采购项目,招标人应确定排名第一的中标候选人为中标人。若第一中标候选人放弃中标、因不可抗力提出不能履行合同,或招标文件规定应提交履约保证金而未在规定期限内提交的,招标人可以确定第二中标候选人为中标人。第二中标候选人因前述同样原因不能签订合同的,招标人可以确定第三中标候选人为中标人。当前改革的趋势是取消评标委员会推荐中标候选人排序,由招标人在推荐候选人范围内确定中标人。

无论采用何种定标途径、定标模式、评标方法,对于法定采购项目,包括《政府采购法》《招标投标法》及相应的法规规定必须招标采购的项目,招标人都不得在评标委员会依法推荐的中标候选人之外确定中标人,也不得在所有投标被评标委员会否决后自行确定中标人,否则中标无效。对于非法定采购项目,若采用公开招标或邀请招标,那么招标人也应当在评标委员会推荐的中标候选人中依法确定中标人。

第五章 建设工程施工合同的类型及合同主要条款

第一节 合同的类型

建设工程施工合同是承发包双方权利义务的最主要体现，根据付款方式进行划分，合同可分为总价合同、单价合同、成本加酬金合同。本章结合建设工程施工合同示范文本，对合同双方的权利义务进行分析。

一、总价合同

总价合同，是指在合同中确定一个完成项目的总价，承包人据此完成项目全部内容的合同。这种合同类型使发包人在评标时易于确定报价最低的承包人、易于进行支付计算。这类合同适用于工程量不太大且能精确计算、工期较短、技术不太复杂、风险不大的项目。因而采用这种合同类型要求发包人必须准备详细而全面的设计图纸（一般要求为施工详图）和各项说明，使承包人能准确计算工程量。总价合同又可以分为固定总价合同和可调总价合同。

（一）固定总价合同

1. 固定总价合同的适用范围

固定总价合同是普遍且经常使用的合同形式。总价被承包人接受以后，一般不得变动。所以在招标签约前，必须已基本完成设计工作（达 80% ~100%），工程量和工程范围已十分明确。但工程范围不宜过大,以减少双方风险。也可阐明分期完成和分期汇款办法。这种形式适合于工期较短(一般不超过一年),对工程要求十分明确的项目。由于固定总价合同的价格是固定不变的,其风险分配严重不均衡,如果盲目使用这种类型的合同,可能会导致整个工程的彻底失败,甚至可能引起承包商破产。实践中,一般在下列情况下业主可以考虑采用固定总价合同:

(1)工程范围清楚明确。招标文件和合同中必须明确规定工程范围,工程设计比较详细,图纸完整、详细、清楚,承包商能够依据设计图纸进行具体的工程量计算。

(2)工程量小、工期短,估计在工程实施过程中环境因素(特别是物价)变化小,工程条件稳定,与招标文件说明无明显差异。

(3)工程结构、技术简单,一般很少采用或不采用新技术、新工艺,风险小,报价估算方便。

(4)工程比较复杂但投标期相对宽裕,承包商可以做详细的现场调查,有足够的时间复核工程量,分析招标文件,拟订计划。

在国内外工程中,固定总价合同的使用范围有放大的趋势,甚至一些大型工业项目也使用固定总价合同。有些工程中,业主用初步设计资料招标,却要求采用固定总价合同。在这种情况下,承包商如果参加投标,就必须注意以下几点:

(1)招标文件中的工程量只作为参考而不是必须完成的工程量,对表中的数据承包商必须认真复核,避免承担工程量计算错误而产生的风险和损失。

(2)承包商报价时必须审核图纸的完整性和详细程度,以保证工程量计算的准确性和完整性。

(3)审查合同条件的完备性,双方的权利和义务是否表达清楚、无疑义。

(4)除固定总价合同固有的风险分配外,是否详细规定具体的风险分担和补偿范围。

2. 固定总价合同计价应注意的问题

一般情况下,固定总价合同可以采用两种计价形式:工程量清单或分项工程表。工程量清单和分项工程表不作为承包商设计或施工的工程内容,只用于决定由承包商设计或施工的工程所应得的款额。因此,在采用固定总价合同时,应注意其计价与单价合同的不同点。

(1)工程量清单的编制应该考虑每个合同的工程范围(如承包商与业主的设计工作的界限,即设计工作主要由谁完成),结合工程实施情况制定工程量计算规则。由于目前国际通用的工程量计算规则多适用于业主提供详细设计文件的单价合同,在采用固定总价合同时,特别是当工程没有详细的设计文件即进行招标时,招标文件中最好包括明确、详细的工程量计算规则,或指明采用何种计算规则,或规定专门的工程量计算规则。例如,对于设计—建造合同(交钥匙合同),由于设计工作主要由承包商完成,不可能要求承包商在投标时就按详细的设计报出各部分的工程量,在这种情况下,需制定专门的计算规则。

(2)如果业主编制工程量清单,则工程量清单上的项目应考虑承包商可能选用什么,或将选用多少来完成工程;对于承包商来说,在业主没有提供工程量清单时,应注意项目的划分,可以在施工措施费中加入一些计量方法所容许的项目,或在单价中考虑一些余量,来资助设备材料费用,如设立"材料到场"一项,以便及早获得付款。

因此,在采用固定总价合同时,应特别注意工程量或分项工程表的制定,这样无论承包商还是业主都能从中受益。对于业主来说,合适的工程量计算规则,可以减少招标的工作量,同时保证工程的整体效益;对于承包商来说,则可以降低风险,避免错报或漏报项目,并能及时获得支付,保证工程顺利实施。

3. 支付方式

固定总价合同的付款方式与其他合同一样,可以按月支付,也可以按形象进度支付,还可以采用合同完成后一次支付等多种支付方式。由于固定总价合同的工程价款是固定不变的,业主支付的工程价款与承包商最终所完成的工程量一般没有太大关系,所以在招标文件中应注明承包商所得支付的估算方法,最好在招标文件中包括支付表,详细注明在完成工程的基础上计算的到期应付金额,即根据工程实施完成实际进度计算所得金额。一般常见的支付表有以下两种:

(1)竣工时间期间的每月填入一笔数额(或合同价格的百分比)。该数额应与工程进度相协调,与投标书中分项或分部工程的划分相一致,与投标书中的进度计划相符合。在实施过程中,支付表中各款项应与最新的施工进度相一致,施工进度计划修改时,也应相应地修改支付表。

(2)采用里程碑事件作为支付节点。在施工行业的工程总承包合同中,通常约定里程碑付款,施工企业需要完成合同约定的单项里程碑活动的相关工作,并按要求提交了所有相关文件,才能视为完成了某项活动的里程碑。在此条件下,施工企业才能通过合同约定的付款程序申请该项里程碑对应的合同款项。比如,建设工程中,通常将正负0作为一个支付节点,当施工到正负0的时候,承包人将需要准备好相关材料,申请发包人确认签证后,支付相应节点合同应付款。

4.固定总价合同的法律风险分析

固定总价合同在其适用的范围内,合同双方风险最小,最有利于合同目标的顺利实现。但目前国内外工程中,固定总价合同的适用范围有不断扩大的趋势,特别是在工程范围尚未完全明确的条件下采用这种合同类型,合同双方的风险就更大,因此必须对此类合同的风险进行分析。在固定总价合同中,业主的风险很小,主要承担不可抗力的风险和合同规定的其他风险。承包商除承担合同明确规定的风险外,还要承担价格风险、工程量风险等。

(二)可调总价合同

报价及订合同时,以招标文件的要求及当时的物价计算总价合同,但在合同条款中双方商定:如果招标合同中由于通货膨胀引起的工料成本增加达到某一限度,合同总价应相应调整。这种合同方式下,发包人承担了通货膨胀这一不可预见的费用因素的风险,承包人承担其他风险。工期较长,如一年以上的工程,适合采用这种合同形式。

二、单价合同

单价合同是承包人在投标时,按招标文件就分部分项工程所列出的工程量表确定各分部分项工程费用的合同类型。这类合同的适用范围比较广,其风险可以得到合理的分摊,并且能鼓励承包人通过提高工效等手段从成本节约中提高利润。这类合同能够成立的关键在于双方对单价和工程量计算方法的确认。在合同履行中需要注意的问题则是双方对实际工程量计量的确认。单价合同也可以分为固定单价合同和可调价合同。

（一）固定单价合同

固定单价合同也是实践中经常采用的合同形式。特别是在设计或其他建设条件（如地质条件）还不太落实（技术条件应确定），而以后又需要增加工程内容或工程量的情况下，可以按单价适当追加合同内容。每月（或每阶段工程结算时）根据实际完成的工程量结算，在工程全部完成后以竣工图的工程量最终结算工程总价款。

（二）可调价合同

合同单价可调节，一般是在工程招标文件中规定。在合同中签订的单价，根据合同约定的条款，如在工程实施过程中物价发生变化等，可作调值。有的工程在招标或签约时，因某些不确定性因素而在合同中暂定了某些分部分项工程的单价，在工程结算时，再根据实际情况和合同约定对合同单价进行调整，确定实际结算单价。

三、成本加酬金合同

成本加酬金合同，是由发包人向承包人支付工程项目的实际成本，并按事先约定的某一种方式支付酬金的合同类型。在这类合同中，发包人需承担项目实际发生的一切费用，因此也承担了项目的全部风险。而承包人由于无风险，其报酬往往也较低。这类合同的缺点是发包人不易控制工程总造价，承包人也往往不注意降低项目成本。成本加酬金合同有多种形式，但目前流行的主要有以下几种：(1)成本加固定费用合同；(2)成本加定比费用合同；(3)成本加奖金合同；(4)成本加保证最大酬金合同；(5)工时及材料补偿合同。

这类合同主要适用于以下项目：(1)需要立即开展工作的项目，如震后的救灾工作；(2)新型工程项目，或对项目工程内容及技术经济指标未确定的项目；(3)风险很大的项目。

四、建设工程施工合同类型的选择

合同类型的选择，是指以付款方式划分的合同类型的选择。选择合同类型应考虑以下因素：

（一）规模和工期长短

如果项目的规模较小，工期较短，则合同类型的选择余地较大，总价合同、单价合同及成本加酬金合同都可以选择。实践中，选择总价合同的可能性较大，因为这类项目风险小，不可预测因素少。

如果项目规模大、工期长，则项目的风险也大，合同履行中的不可预测因素也多。这种项目不宜采用总价合同。

（二）项目的竞争情况

如果在某一时期和某一地点，愿意承包某一项目的承包人较多，则发包人拥有较多的主动权，可按照总价合同、单价合同、成本加酬金合同的顺序进行选择。如果愿意承包项目的承包人较少，则承包人拥有的主动权较多，可以尽量选择承包人愿意采用的合同类型。

（三）项目的复杂程度

如果项目的复杂程度较高，则意味着对承包人的技术水平要求高，且项目的风险较大。因此，承包人对合同的选择有较大的主动权，总价合同被选用的可能性小。如果项目的复杂程度较小，则发包人对合同类型的选择有较大的主动权。

（四）项目单项工程的明确程度

如果单项工程的类别和工程量都已十分明确，则可选用的合同类型较多，总价合同、单价合同、成本加酬金合同都可以选择。如果单项工程的分类已详细而明确，但实际工程量与预计的工程量可能有较大出入，此时单价合同为最合理的合同类型，应优先选择。如果单工程的分类和工程量都不甚明确，则无法采用单价合同。

（五）项目准备时间的长短

项目的准备包括发包人的准备工作和承包人的准备工作。不同的合同类型分别需要不同的准备时间和准备费用。某些项目的合同需要的准备时间和准备费用比较高,成本核算加酬金合同可以适用于所需要的准备时间和准备费用最低的项目。对于一些非常紧急的项目,如抢险救灾等项目,给予发包人和承包人的时间都非常短,因此,只能采用成本加酬金的合同形式;反之,则可采用单价或总价合同形式。

(六)项目的外部环境因素

项目的外部环境因素包括项目所在地区的政治局势、经济局势(如通货膨胀、经济发展速度)、劳动力素质(当地)、交通、生活条件等。如果项目的外部环境恶劣,则意味着项目的成本高、风险大、不可预测的因素多,承包人很难接受总价合同方式,而较适合采用成本加酬金合同的方式。

总之,在选择合同类型时,一般情况下是发包人占有主动权。但发包人不能单纯考虑自己的利益,应当综合考虑项目的各种因素、考虑承包人的承受能力,确定双方都能认可的合同类型。

第二节　建设工程施工合同文本的主要条款

一、概述

(一)施工合同的概念

施工合同即建设安装工程承包合同,是发包人和承包人为完成商定的建设安装工程,明确相互权利、义务关系的合同。依照施工合同,承包人应完成一定的建设、安装工程任务,发包人应提供必要的施工条件并支付工程价款。

施工合同是工程建设的主要合同,是工程建设质量控制、进度控制、投资控制的主要依据。施工合同的当事人是发包人和承包人,双方是平等的民事主体。对合同范围内的工程实施建设时,发包人必须具备组织协调能力;承包人必须具备有关部门核定的资质等级并持有营业执照等证明文件。发包人既可以是建设单位,也可以是取得建设项目部分承包资格的项目总承包单位。在施工合同中,由工程师对工程施工进行管理。施工合同中的工程师是由监理单位委派的总监理工程师或发包人指定的履行合同的负责人,其具体身份和职责由双方在合同中约定。

(二)建设工程施工合同示范文本

现行《建设工程施工合同(示范文本)》系住房和城乡建设部、原国家工商总局于2017年9月22日发布,是各类公用建筑、民用住宅、工业厂房、交通设施及线路管理的施工和设备安装的样本。

《建设工程施工合同(示范文本)》由协议书、通用条款、专用条款三部分组成,并附有三个附件:附件一是承包人承揽工程项目一览表,附件二是发包人供应材料设备一览表,附件三是工程质量保修书。

协议书是《建设工程施工合同(示范文本)》中的总纲性文件,规定了合同当事人双方最主要的权利和义务、组成合同的文件,以及合同当事人对履行合同义务的承诺,并且合同当事人要在这份文件上签字盖章,因此协议书具有很高的法律效力。

通用条款是根据《合同法》(已失效,现为《民法典》)、《建筑法》、《建设施工合同管理办法》等法律法规对承发包双方的权利义务作出的规定,具有很强的通用性,基本适用于各类建设工程。除双方协商一致对其中的某些条款作出修改、补充或取消外,双方都必须履行。

考虑建设工程的内容各不相同,工期、造价也会随之变动,承包人、发包人各自的能力,施工现场的环境和条件也各不相同,通用条款不能完全适用于各个具体工程,因此配以专用条款对其做必要的修改和补充,使通用条款和专用条款成为双方统一意愿的体现。专用条款的条款号与通用条款相一致,但主要是空格,由当事人根据工程的具体情况予以明确,或者对通用条款进行修改、补充。

《建设工程施工合同(示范文本)》的附件则是对施工合同当事人的权利义务的进一步明确,并且使得施工合同当事人的有关工作一目了然,便于执行和管理。

组成建设工程施工合同的文件包括:(1)中标通知书(如果有);(2)投标函及其附录(如果有);(3)专用合同条款及其附件;(4)通用合同条款;(5)技术标准和要求;(6)图纸;(7)已标价工程量清单或预算书;(8)其他合同文件。

在合同订立及履行过程中形成的，与合同有关的文件，均构成合同文件组成部分。

上述各项合同文件包括合同当事人就该项合同文件所作出的补充和修改，属于同一类内容的文件，应以最新签署的为准。专用合同条款及其附件须经合同当事人签字或盖章。

（三）合同双方的一般权利和义务

1. 发包人的工作

根据专用条款约定的内容和时间，发包人应分阶段或一次性完成以下工作：

（1）办理土地征用、拆迁补偿、平整施工场地等工作，使施工场地具备施工条件，并在开工后继续解决以上事项的遗留问题。

（2）将施工所需水、电、电信线路从施工场地外部接至专用条款预定地点，并保证施工期间需要。

（3）开通施工场地与城乡公共道路的通道，以及专用条款约定的施工场地内的主要交通干道，以满足施工运输的需要，保证施工期间的畅通。

（4）向承包人提供施工场地的工程地质和地下管线资料，保证数据真实，位置准确，对资料的真实准确负责。

（5）办理施工许可证和法律、法规规定的临时用地、停水、停电、中断道路交通、爆破作业以及可能损坏道路、管线、电力、通信等公共设施的申请批准手续，及其他施工所需的证件（证明承包人自身资质的证件除外）。

（6）确定水准点月坐标控制点，以书面形式交给承包人，并进行现场交验。

（7）组织承包人和设计单位进行图纸会审和设计交底。

（8）协调处理施工现场周围地下管线和邻近建筑物、构筑物（包括文物保护建筑）、古树名木的保护工作，并承担有关费用。

（9）发包人应做的其他工作，双方在专用条款内约定。

发包人可以将上述部分工作委托承包人办理，具体内容由双方在专用条款内约定，其费用由发包人承担。

发包人不按合同约定完成以上义务，导致工期延误或给承包人造成损失的，应赔偿承包人的有关损失，延误的工期相应顺延。

2. 承包人的工作

根据专用条款约定的内容和时间,承包人应分阶段或一次性完成以下工作:

(1)根据发包人的委托,在其设计资质允许的范围内,完成施工图设计或与工程配套的设计,经工程师确认后使用,发生的费用由发包人承担。

(2)向工程师提供年、季、月工程进度计划及相应进度统计报表。

(3)按工程需要提供和维修非夜间施工使用的照明、围栏设施,并负责安全保卫。

(4)按专用条款约定的数量和要求,向发包人提供在施工现场办公和生活的房屋及设施,发生费用由发包人承担。

(5)遵守有关部门对施工场地交通、施工噪声以及环境保护和安全生产等的管理规定,按管理规定办理有关手续,并以书面形式通知发包人。发包人承担由此发生的费用。因承包人责任造成的罚款除外。

(6)已竣工工程未交付发包人之前,承包人按专用条款约定负责已完工程的成品保护工作,保护期间发生损坏,承包人自费予以修复。要求承包人采取特殊措施保护的工程部位和相应追加的合同价款,在专用条款内约定。

(7)按专用条款的约定做好施工现场地下管线和邻近建筑物、构筑物(包括文物保护建筑)、古树名木的保护工作。

(8)保证施工场地清洁符合环境卫生管理的有关规定。交工前清理现场达到专用条款约定的要求,承担因自身原因违反有关规定造成的损失和罚款。

(9)承包人应做的其他工作,双方在专用条款内约定。

承包人不履行上述各项义务,造成发包人损失的,应对发包人的损失给予赔偿。

3. 工程师的产生和职责

(1)工程师的产生

工程师包括监理单位委派的总监理工程师和发包人指定的履行合同的负责人两种情况。

①委托监理。发包人可以委托监理单位全部或者部分负责合同的履行。工程施工监理应当依照法律、行政法规及有关的技术标准设计文件和建设工程施工合同,对承包人在施工质量、建设工期和建设资金使用等方面,代表发包人实施监督。发包人应当将委托的监理单位名称、监理内容及监理权限以书面形式通知承

包人。监理单位委派的总监理工程师在施工合同中称为总工程师。总监理工程师是经监理单位法定代表人授权，派驻施工现场监理组织的总负责人，行使监理合同赋予监理单位的权利和义务，全面负责受委托工程的建设监理工作。监理单位委派的总监理工程师的姓名、职务、职责等，必须由监理人向发包人书面确认。

②发包人代表。发包人派驻施工场地履行合同的代表在施工合同中也称工程师。发包人代表是经发包人单位法定代表人授权，派驻施工现场的负责人，其姓名、职务、职责在专用条款内约定，但其职责不得与监理单位委派的总监理工程师的职责有交叉。发生交叉或不明确时，由发包人法定代表人明确双方职责，并以书面形式通知承包人。

发包人代表更换的，发包人应当至少提前 7 天以书面形式通知承包人，后任继续履行合同文件约定的前任的权利和义务，不得更改前任作出的书面承诺。

(2)工程师的职责

工程师在施工合同的履行过程中，应当承担以下职责：

①工程师委派具体管理人员。在施工过程中，不可能所有的监督和管理工作都由工程师自己完成。工程师可委派工程师代表等具体管理人员，行使自己的部分权利和职责，并可在其认为必要时撤回委派。委派和撤回均应提前 7 天以书面形式通知承包人，负责监理的工程师还应将委派和撤回通知发包人。委派书和撤回通知作为合同附件。工程师代表在工程师授权范围内向承包人发出的任何书面形式的函件，与工程师发出的函件效力相同。

②工程师发布指令、通知。工程师的指令、通知由其本人签字后，以书面形式交给项目经理，项目经理在回执上签署姓名和收到时间后，该指令、通知生效。确有必要时，工程师可发出口头指令，并在 48 小时内给予书面确认，承包人对工程师的指令应予执行。工程师不能及时给予书面确认，承包人应于工程师发出口头指令后 7 天内提出书面确认要求。工程师在承包人提出确认要求后 48 小时内不予答复，应视为承包人的要求已被确认。承包人认为工程师的指令不合理，应在收到指令后 24 小时内提出书面申告，工程师在收到承包人申告后 24 小时内作出修改指令或继续执行原指令的决定，并以书面形式通知承包人。紧急情况下，对于工程师要求承包人立即执行的指令，或承包人虽有异议但工程师决定仍继续执行的指令，承包人应予执行。因指令错误发生的费用和给承包人造成的损失由发

包人承担,延误的工期相应顺延。工程师代表在工程师授权范围内发出的指令和通知,视为工程师发出的指令和通知。但工程师代表发出指令失误时,工程师应当予以纠正。除工程师和工程师代表外,发包人驻工地的其他人无权向承包人发出任何指令。

③工程师应当及时完成自己的职责。工程师应按合同约定,及时向承包人提供所需指令、批准、图纸,并履行其他约定的义务,否则承包人应在约定时间后24小时内将具体要求、需要的理由和延误的后果通知工程师。工程师收到通知后48小时内不予答复,应承担延误造成的追加合同价款,并赔偿承包人有关损失,顺延延误的工期。

④工程师作出处理决定。在合同履行中,发生影响承发包双方权利或义务的事件时,负责监理的工程师应依据合同在其职权范围内客观、公正地进行处理。为保证合同施工正常进行,承发包双方应尊重工程师的决定。承包人对工程师的处理有异议时,按照合同约定的争议处理办法解决。

4.项目经理的产生和职责

项目经理是由承包人单位法定代表人授权的,派驻施工场地的承包人的总负责人,代表承包人负责工程施工的组织、实施。

(1)项目经理的产生

承包人的施工质量、进度与项目经理的水平、能力、工作热情有很大的关系,一般都应当在投标书中明确,并作为评标的一项内容。项目经理的姓名、职务在专用条款内约定。项目经理一旦确定,承包人不能随意更换。更换项目经理,承包人应当至少于更换前7天以书面形式通知发包人,后任继续履行合同文件约定的前任的权利和义务,不得更改前任作出的书面承诺。

发包人可以与承包人协商,建议调换其认为不称职的项目经理。

(2)项目经理的职责

项目经理在施工合同的履行过程中应当完成以下职责:

①代表承包人向发包人提出要求和通知。项目经理有权代表承包人向发包人提出要求和通知。承包人的要求和通知,以书面形式由项目经理签字后送交工程师,工程师在回执上签署姓名和收到时间后,该要求或通知生效。

②组织施工。项目经理按工程师认可的施工组织设计(或施工方案)和依据

合同发出的指令、要求组织施工。在情况紧急且无法与工程师联系时，应当采取保证人员生命和工程财产安全的紧急措施，并在采取措施后48小时内向工程师送交报告。责任在发包人和第三方的，由发包人承担由此发生的追加合同价款，相应顺延工期；责任在承包人的，由承包人承担费用，不顺延工期。

二、施工组织设计和工期

（一）进度计划

承包人应当在专用条款约定的日期将施工组织设计和工程进度计划提交工程师。采取分阶段方式进行施工的单项工程，承包人则应按照发包人提供图纸及有关资料的时间，按单项工程编制进度计划，分别向工程师提交。工程师接到承包人提交的进度计划后，应当予以确认或者提出修改意见。如果工程师逾期不确认也不提出书面意见，则视为已经同意。但是，工程师对进度计划予以确认或者提出修改意见，并不免除承包人对于施工组织设计和工程进度计划本身的缺陷所应承担的责任。

（二）开工及延期开工

承包人应当按协议书约定的开工日期开始施工。承包人不能按时开工，应在不迟于协议书约定的开工日期前7天，以书面形式向工程师提出延期开工的理由和要求。工程师在接到延期开工申请后的48小时内以书面形式答复承包人。工程师在接到延期开工申请后的48小时内不答复，视为同意承包人的要求，工期相应顺延。因发包人的原因不能按照协议书约定的开工日期开工，工程师以书面形式通知承包人后，可推迟开工日期。承包人对延期开工的通知没有否决权，但发包人应当赔偿承包人因此造成的损失，相应顺延工期。

（三）工期延误

承包人应当按照合同约定完成工程施工，如果由于其自身的原因造成工期延误，承包人应当承担违约责任。但是，在有些情况下，工期延误后竣工日期可以相应顺延。因以下原因造成工期延误，经工程师确认，工期相应顺延：(1)发包人不能按专用条款的约定提供开工条件。(2)发包人不能按约定日期支付工程预付款、进度款,致使工程不能正常进行。(3)设计变更和工程量增加。(4)一周内非承包人原因停水、停电、停气造成停工超过 8 小时。(5)不可抗力事件。(6)专用条款中约定或工程师同意工期顺延的其他情况。

承包人在工期可以顺延的情况发生后 14 天内,应将延误的工期向工程师提出书面报告。工程师在收到报告后 14 天内予以确认答复,逾期不予答复,视为报告要求已经被确认。

三、施工质量和检验

工程施工中的质量控制是合同履行的重要环节。施工合同的质量控制涉及许多方面的因素,任何一个方面的缺陷和疏漏,都会使工程质量无法达到预期的标准。

(一)工程质量的标准

工程质量应当达到协议书约定的质量标准,质量标准的评定以国家或者专业的质量检验评定标准为依据。发包人要求工程部分或者全部达到优良标准,应支付由此增加的追加合同价款,对工期有影响的应给予相应工期顺延。这是"优质优价"原则的具体体现。达不到约定标准的工程部分,工程师一经发现,可要求承包人返工,承包人应当按照工程师的要求返工,直到符合约定的标准。因承包人的原因达不到约定的标准,由承包人承担返工费用,工期不予顺延。因双方原因达不到约定的标准,责任由双方分别承担。按照《建设工程质量管理条例》的规定,施工单位对施工中出现质量问题的建设工程或者竣工验收不合格的建设工程应当负责返修。

(二)施工过程中的检查和返工

工程施工过程中,对工程进行检查检验,是工程师及其委托人员的一项日常性工作和重要职能。承包人应认真按照标准、规范和设计要求,以及工程依据合同发出的指令施工,随时接受工程师及其委派人员的检查检验,为检查检验提供便利条件,并按照工程师及其委派人员的要求返工、修改,承担由于自身原因导致返工、修改的费用。检查检验合格后,若发现因承包人原因引起的质量问题,由承包人承担责任,赔偿发包人的直接损失,工期不予顺延。

(三)隐蔽工程和中间验收

由于隐蔽工程在施工中一旦完成隐蔽,很难再对其进行质量检验(检查成本很大),因此必须在隐蔽前进行检查验收。对于中间验收,合同双方应在专用条款中约定需要进行中间验收的单项工程和部分的名称、验收的时间和需求,以及发包人应提供的便利条件。

工程具备隐蔽条件和达到专用条款约定的中间验收部位,承包人进行自检,并在隐蔽和中间验收前48小时以书面形式通知工程师验收。通知包括隐蔽和中间验收内容、验收时间和地点。承包人准备验收记录,验收合格,工程师在验收记录上签字后,承包人可进行隐蔽和继续施工。验收不合格,承包人在工程师限定的时间内修改后重新验收。

工程质量符合标准、规格和设计图纸等要求的,验收24小时后,工程师不在验收记录上签字,视为工程师已经批准,承包人可进行隐蔽或者继续施工。

(四)重新检查

工程师不能按时参加验收,须在开始验收前24小时向承包人提出书面延期要求,延期不能超过2天。工程师未能按以上时间提出延期要求,不参加验收,承包人可自行组织验收,发包人应承认承包人的验收记录。

无论工程师是否参加验收,当其提出对已经隐蔽的工程重新验收的要求时,承包人应按要求进行剥露或者开孔,并在检验后重新覆盖或者修复。检验合格,发包人承担由此发生的全部追加合同价款,赔偿承包人损失,并相应顺延工期。检验不合格,承包人承担发生的全部费用,工期不予延期。

(五)试车

对于设备安装工程,应当组织试车。试车内容与承包人承包的安装范围相一致。试车具体包括以下三种:

(1)单机无负荷试车。设备安装工程具备单机无负荷试车条件,由承包人组织试车。只有单机运转达到规定要求,才能进行联试。承包人应在试车前48小时书面通知工程师，通知内容包括试车内容、时间、地点。承包人准备试车记录，发包人根据承包人要求为试车提供必要条件。试车通过，工程师在试车记录上签字。

（2）联动无负荷试车。设备安装工程具备无负荷联动试车条件，由发包人组织试车，并在试车前48小时书面通知承包人。通知内容包括试车内容、时间、地点和对承包人的要求。承包人按要求做好准备工作和试车记录。试车通过，双方在试车记录上签字。

（3）投料试车。投料试车应当在工程竣工验收后由发包人全部负责。如果发包人要求承包人配合或在工程竣工验收前进行，应当征得承包人同意，另行签订补充协议。

（六）材料设备供应

工程建设的材料供应的质量控制，是整个工程质量控制的基础。建筑材料、构配件生产及设备供应单位对其生产或者供应的产品质量负责。而材料设备的需方应根据买卖合同的规定进行质量验收。具体包括以下两种：

（1）发包人供应材料设备的验收。发包人应当向承包人提供其供应材料设备的产品合格证明。发包人应在其所供应的材料设备到货前24小时，以书面形式通知承包人，由承包人派人与发包人共同验收。发包人供应的材料设备经双方共同验收后由承包人妥善保管，发包人支付相应的保管费用。发生损坏丢失，由承包人负责赔偿。发包人不按规定通知承包人验收，发生的损坏丢失由发包人负责。

发包人供应的材料设备进入施工现场后需要重新检验或者试验的，由承包人负责，费用由发包人承担。即使在承包人检验通过之后，如果又发现材料设备有质量问题的，发包人仍应承担重新采购及拆除重建的追加合同价款，并相应顺延由此延误的工期。

（2）承包人采购材料设备的验收。承包人根据专用条款的约定及设计有关标准要求采购工程需要的材料设备，并提供产品合格证明。承包人在材料设备到货24小时内通知工程师验收。这是工程师的一项重要职责，工程师应当严格按照合同约定、有关标准进行验收。

承包人需要使用代用材料时，须经工程师认可后方可使用，由此增减的合同价款由双方以书面形式议定。

四、合同价款与支付

（一）施工合同价款及调整

施工合同价款，是按有关规定和协议条款约定的各种取费标准计算的，用以支付承包人按照合同要求完成工程内容的价款总额。这是合同双方关心的核心问题之一，招投标等工作主要是围绕合同价款展开的。合同价款应依据中标通知书中的中标价格和非招标工程的工程预算书确定。合同价款在协议书内约定后，任何一方不得擅自改变。发包人与承包人在签订合同时对于工程价款的约定，可选用固定总价、固定单价或可调价格。可调价格包括可调综合单价和措施费等，双方应在合同中约定综合单价和措施费的调整方法，调整因素包括：(1)法律、行政法规及国家有关政策变化影响合同价款；(2)工程造价管理机构的价格调整；(3)经批准的设计变更；(4)发包人更改经审定批准的施工组织设计(修正错误除外)造成费用增加；(5)双方约定的其他因素。

（二）工程预付款

工程预付款主要用于采购建筑材料。建筑工程的预付额度一般不得超过当年建筑(包括水、电、暖、卫等)工程工作量的30%，大量采用预制构件以及工期在6个月以内的工程，可适当增加；安装工程的预付额度一般不得超过当年安装工程量的10%，安装材料用量较大的工程，可以适当增加。双方应当在专用条款内约定发包人向承包人预付工程款的时间和数额，开工后按约定的时间和比例逐次扣回。预付时间应不迟于约定的开工日期前7天。发包人不按约定预付，承包人自约定预付时间7天后向发包人发出要求预付的通知，发包人收到通知后仍不能按要求预付，承包人可在通知发出后7天停止施工，发包人应从约定应付之日起向承包人支付应付款的贷款利息，并承担违约责任。

（三）工程量的确认

对承包人已完成工程量的核实确认，是发包人支付工程款的前提，具体的确认程序如下:先由承包人向工程师提交已完成工程量的报告,然后工程师进行计量。工程师接到报告后7天内按设计图纸核实已完工程量(以下简称计量),并在计量前24小时通知承包人,承包人应为计量提供便利条件并派人参加。承包人不参加计量,发包人自行进行的,计量结果有效,作为工程价款支付的依据。

(四)工程(进度款)支付

发包人应在双方计量确认后14天内向承包人支付工程款(进度款)。同期用于工程上的发包人供应材料设备的价款,以及按约定时间发包人应按比例扣回的预付款,与工程款(进度款)同期结算。合同价款调整、设计变更调整的合同价款及追加的合同价款,应与工程款(进度款)同期调整支付。

五、竣工验收与结算

(一)竣工验收中承发包双方的具体工作程序和责任

工程具备竣工验收条件,承包人按国家工程竣工验收有关规定,向发包人提供完整竣工资料及竣工验收报告。双方约定由承包人提供竣工图的,应当在专用条款内约定提供的日期和份数。

发包人收到竣工验收报告后28天内组织有关部门验收,并在验收14天内给予认可或提出修改意见。承包人按要求修改。由于承包人的原因,工程质量达不到约定的质量标准,承包人担任违约责任。因特殊原因,发包人要求部分单位工程或者工程部位甩项竣工时,双方另行签订甩项竣工协议,明确各方责任和工程价款的支付方法。建设工程未经验收或验收不合格,不得交付使用。发包人强行使用的,承包人不再承担返工、修复义务,质量问题由发包人自行承担。

(二)竣工结算

工程竣工验收报告经发包人认可后28天内,承包人向发包人递交竣工决算报告及完整的结算资料。上述时间内,承包人未能向发包人递交竣工决算报告及完整的结算资料,造成工程竣工结算不能正常进行或工程竣工结算价款不能及时支付,发包人要求交付工程的,承包人应当交付;发包人不要求交付工程的,承包人承担保管责任。

（三）质量保修

建设工程办理交工验收手续后，在规定的期限内，因设计、施工、材料等原因造成的质量缺陷，应当由施工单位负责维修。质量缺陷，是指工程不符合国家或行业现行的有关技术标准、设计文件以及合同中对质量的要求。

为了保证保修任务的完成，承包人应当向发包人支付保修金，也可由发包人从应付承包人工程款内预留。质量保修金的比例及金额由双方约定，但不应超过施工合同价款的5%。工程的质量保证期满后，发包人应当及时结算和返还（如有剩余）质量保修金。发包人应当在质量保证期满后 14 天内，将剩余保修金和按约定利率计算的利息返还承包人。

六、其他内容

（一）安全施工

承包人按工程质量、安全及消防管理有关规定组织施工，采取严格的安全防护措施，承担由于自身的安全措施不力造成事故的责任和因此发生的费用。非承包人责任造成安全事故，由责任方承担相应责任及发生的费用。

发生重大伤亡及其他安全事故，承包人应当按有关规定立即上报有关部门并通知工程师，同时按政府有关部门要求处理，发生的费用由事故责任方承担。

承包人在动力设备、输电线路、地下管道、密封防震车间、易燃易爆地段以及临街交通要道附近施工时，施工开始前应向工程师提出安全保护措施，经工程师认可后实施，防护措施费用由发包人承担。

实施爆破作业，在放射、毒害性环境中施工（含存储、运输、使用）及使用毒害性、腐蚀性物品施工时，承包人应在施工前 14 天以书面形式通知工程师，并提出相应的安全保护措施，经工程师认可后施工。安全保护措施费用由发包人承担。

（二）专利技术及特殊工艺

发包人要求使用专利技术或特殊工艺，须负责办理相应的申报手续，承担申报、试验、使用等费用。承包人按发包人要求使用，并负责试验等有关工作。承包人提出使用专利技术或特殊工艺，报工程师认可后实施。承包人负责办理申报手续并承担有关费用。擅自使用专利技术侵犯他人专利权的,责任者承担全部后果及所有发生的费用。

(三)文物和地下障碍物

在施工中发现古墓、古建筑遗址、钱币等文物及化石或其他具有考古、地质研究等价值的物品时,承包人应立即保护好现场,并于4小时内以书面形式通知工程师,工程师应于收到书面通知后24小时内报告当地文物管理部门,发包人、承包人按文物管理部门要求采取妥善保护措施。发包人承担由此发生的费用,延误的工期相应顺延。

施工中发现影响施工的地下障碍物时,承包人应于8小时内以书面形式通知工程师,同时提出处置方案,工程师应在收到处置方案后24小时内予以认可或提出修正方案。发包人承担由此发生的费用,延误的工期相应顺延。

(四)不可抗力

不可抗力,是指合同当事人不能预见、不能避免并不能克服的客观情况。建设工程施工中的不可抗力包括战争、动乱、空中飞行物坠落或其他非发包人责任造成的爆炸、火灾,以及专用条款约定程度的风、雨、雪、洪水、地震等自然灾害。不可抗力事件的发生,对施工合同的履行会造成较大的影响。在合同订立时应当明确不可抗力的范围。在施工合同的履行中,应当加强管理,在可能的范围内减少或者避免不可抗力事件的发生(如爆炸、火灾等有时就是因为管理不善引起的)。

不可抗力事件发生后,承包人应立即通知工程师,并在力所能及的条件下迅速采取措施,尽力减少损失。发包人应协助承包人采取措施。工程师认为应当暂停施工的,承包人应暂停施工。不可抗力时间结束后48天内,承包人向工程师通报受害情况和损失情况,并预计清理和修复的费用。如不可抗力事件持续发生,承包人应每隔7天向工程师报告受害情况,并于不可抗力事件结束后14日内向工程师提交清理和修复费用的正式报告及有关资料。

因不可抗力事件导致的费用及延误的工期,由双方按以下方法分别承担:

(1)工程本身的损害、第三方人员伤亡和财产及运至施工场地用于施工的材料和待安装设备的损害，由发包人承担。

(2)承发包双方人员伤亡由其所在单位负责，并承担相应费用。

(3)承包人机械设备损坏及停工损失，由承包人承担。

(4)停工期间，承包人应工程师要求留在施工场地的必要的管理人员及保卫人员的费用，由发包人承担。

(5)工程所需清理、修复的费用，由发包人承担。

延误的工期相应顺延。

(五)保险

承发包双方的保险义务分担如下：

(1)工程开工前，发包人应当为建设工程和施工场地内发包人人员及第三方人员生命财产办理保险，支付保险费用。发包人可以将上述保险事项委托承包人办理，但费用由发包人承担。

(2)承包人必须为从事危险作业的职工办理意外伤害保险，并为施工场地内人员的生命财产及自有施工机械设备办理保险，支付保险费用。

(3)运至施工场地内，用于工程的材料和待安装设备，无论由承发包的任何一方保管，都应由发包人(或委托承包人)办理保险，并支付保险费用。

保险事故发生时，承发包双方有责任尽力采取必要的措施，防止或者减少损失。

保险合同订立后，保险合同当事人双方必须严格、全面地按保险合同订明的条款履行各自的义务。在订立保险合同前，当事人双方均应履行告知义务，即保险人应将办理保险的有关事项告知投保人；投保人应当按照保险人的要求，将主要危险的情况告知保险人。在保险合同订立后，投保人应按照约定期限缴纳保险费，并遵守有关消防、安全、生产操作和劳动保护方面的法规及规定。保险人可以对被保险财产的安全情况进行检查，如发现不安全因素，应及时向投保人提出清除不安全因素建议。在保险事故发生后，投保人有责任采取一切措施，避免扩大损失，并将保险事故发生的情况及时通知保险人。保险人对保险事故所造成的保险标的的损失或者引起的责任，应当按照保险合同的规定履行赔偿或给付义务。

保险事故发生后，保险人已支付了全部保险金额，并且保险金额相当于保险价值的，受损保险标的的全部权利归于保险人；保险金额低于保险价值的，保险人按照保险金额与保险时此保险标的的价值取得保险标的的部分权利。

（六）担保

承发包双方为了全面履行合同，应互相提供以下担保：

（1）发包人向承包人提供履约担保，按合同约定支付工程价款及履行合同约定的其他义务。

（2）承包人向发包人提供履约担保，按合同约定履行自己的各项义务。

（七）工程分包

工程分包，是指经合同约定和发包人单位认可，从工程承包人的工程中承包部分工程的行为。承包人按照有关规定对承包的工程进行分包是被允许的。

（1）分包合同的签订。承包人必须自行完成建设项目（或单项、单位工程）的主要部分，其非主要部分或专业性较强的工程可分包给营业条件符合该工程技术要求的建筑安装单位。机构和技术要求相同的群体工程，承包人应自行完成半数以上的单位工程。承包人应按专用条款的约定分包所承包的部分工程，并与分包单位签订分包合同。非经发包人同意，承包人不得将工程的任何部分分包。分包合同签订以后，发包人与分包单位之间不存在直接的合同关系。分包单位应对承包人负责，承包人对发包人负责。

（2）分包合同的履行。工程分包不能解除承包人的任何责任与义务。承包人应在分包场地派驻相应监督管理人员，保证本合同的履行。分包单位的任何违约行为、安全事故或疏忽导致工程损害或给发包人造成其他损失的，承包人承担连带责任。分包工程价款由承包人与分包单位结算。发包人未经承包人同意不得以任何名义向分包单位支付各种工程款项。

七、合同解除

施工合同订立以后，当事人应当按照合同的约定履行。但是，在一定的条件下，合同没有履行或者没有完全履行，当事人也可以解除合同。

(一)可以解除合同的情形

1. 合同的协商解除

施工合同当事人协商一致,可以解除合同。这是在合同成立以后、履行完毕以前,双方当事人通过协商而同意终止合同关系。当事人的这项权利是合同中意思自治的具体体现。

2. 发生不可抗力时合同的解除

因为不可抗力或者非合同当事人的原因,造成工程停建或缓建,致使合同无法履行的,合同双方可以解除合同。

3. 当事人违约时合同的解除

合同当事人出现以下违约情形时,可以解除合同:(1)当事人不按合同约定支付工程款(进度款),双方又未达成延期付款协议,导致施工无法进行,承包人停止施工超过56天,发包人仍不支付工程款(进度款),承包人有权解除合同;(2)承包人将其承包的全部工程转包或违法分包给他人,发包人有权解除合同;(3)合同当事人一方的其他违约致使合同无法履行,守约方可解除合同。

(二)解除合同的程序

一方主张解除合同的,应向对方发出解除合同的书面通知,并在发出通知前7天告知对方,通知到达对方时合同解除。对解除合同有异议的,按照解决合同争议程序处理。

(三)合同解除后的善后处理

合同解除后,当事人双方约定的结算和清理条款仍然有效。承包人应当按照发包人要求,妥善做好已完成工程和已购材料、设备的保护和移交工作。

八、施工合同的违约责任

(一)发包人的违约责任

发包人不按合同约定支付各项价款或对工程不能及时给出必要的指令、确认等,致使合同无法履行,发包人承担违约责任,赔偿因其违约给承包人造成的直接损失,延误的工期相应顺延。

(二)承包人的违约责任

承包人不能按合同工期竣工,工程质量达不到约定的质量标准,或由于承包人原因致使合同无法履行,承包人承担违约责任,赔偿因其违约给发包人造成的损失。双方应当在专用条款约定承包人赔偿发包人损失的计算方法或者承包人应当支付违约金的数额和计算方法。

九、争议的解决

合同当事人在履行施工合同过程中发生争议,可以和解或者请求有关部门调解。和解或调解不成的,双方可以在专用条款内约定以下任一种方式解决争议:(1)双方达成仲裁协议,向约定的仲裁委员会申请仲裁;(2)向有管辖权的法院提起诉讼。

发生争议后,在一般情况下,双方都应继续履行合同,保持施工连续性,保护好已完工程。只有出现下列情况时,当事人方可停止履行施工合同:(1)单方违约导致合同确已无法履行,双方协议停止施工;(2)调解要求停止施工,且为双方接受;(3)仲裁机构要求停止施工;(4)法院要求停止施工。

第六章　合同价款的结算

第一节　工程价款结算概述

一、工程价款结算的重要意义

工程价款结算是承发包双方的主要权利义务。所谓工程价款结算，是指承包商在工程实施过程中，依据承包合同中关于付款条款的规定和已经完成的工程量，并按照规定的程序向建设单位（业主）收取工程价款的一项经济活动。

工程价款结算是工程项目承包中的一项十分重要的工作，主要表现在以下3点：(1)工程价款结算是反映工程进度的主要指标；(2)工程价款结算是加速资金周转的重要环节；(3)工程价款结算是考核经济效益的重要指标。

二、工程价款结算的主要方式

（一）按月结算

按月结算，是指旬末或月中预支，月终结算，竣工后清算的方法。跨年度竣工的工程，在年终进行工程盘点，办理年度结算。我国现行建筑安装工程价款结算中，相当一部分是实行这种按月结算。

（二）竣工后一次结算

建设项目或单项工程全部建筑安装工程建设期在12个月以内，或者工程承包合同价值在100万元以下的，可以实行工程价款每月月中预支，竣工后一次结算。

(三)分段结算

当年开工,当年不能竣工的单项工程或单位工程,按照工程形象进度划分不同阶段进行结算。分段结算可以按月预支工程款。分段的划分标准由各部门、自治区、直辖市、计划单列市规定。

(四)目标结款方式

在工程合同中,将承包工程的内容分解成不同的控制界面,以业主验收控制界面作为支付工程价款的前提条件。也就是说,将合同中的工程内容分解成不同的验收单元,当承包商完成单元工程内容并经业主(或其委托人)验收后,业主支付构成单元工程内容的工程价款。目标结款方式实质上是运用合同手段、财务手段对工程的完成进行主动控制。

(五)结算双方约定的其他结算方式

如双方在合同中约定了除上述结算方式之外的其他结算方式,只要不违反法律法规以及公序良俗,均有效。应当注意的是,双方在合同中应明确预付款、进度款、质量保证金的数额,同时应约定工程款的支付程序。

三、工程预付款及其计算

(一)预付备料款的限额

预付备料款限额由下列几项主要因素决定:(1)主要材料(包括外购构件)占工程造价的比重;(2)材料储备期;(3)施工工期。

一般建筑工程预付备料款不应超过当年建筑工作量(包括水、电、暖)的30%;安装工程预付备料款按年安装工作量的10%计算;材料占比重较多的安装工程的预付备料款按年计划产值的15%左右拨付。

(二)备料款的扣回

可以从未施工工程尚需的主要材料及构件的价值相当于备料款数额时起扣,从每次结算工程价款中按材料比重扣抵工程价款,竣工前全部扣清。

四、工程进度款的支付(中间结算)

施工企业在施工过程中,按逐月(或形象进度、控制界面等)完成的工程数量计算各项费用,向建设单位(业主)办理工程进度款的支付(中间结算)。工程进度款支付过程中,应遵循如下要求。

(一)工程量的确认

根据有关规定,工程量的确认应做到:

(1)承包方应按约定时间,向工程师提交已完工程量的报告。

(2)工程师收到承包方报告后7天内未进行计量,第8天起,承包方报告中开列的工程量即视为已被确认,作为工程价款支付的依据。

(3)工程师对承包方超出设计图纸范围和(或)因自身原因造成返工的工程量,不予计量。

(二)合同收入的组成

合同中规定的初始收入,即建造承包商与客户在双方签订的合同中最初商定的合同总金额,构成了合同收入的基本内容。

因合同变更、索赔、奖励等形成的收入,并不构成合同双方在签订合同时已在合同中商定的合同总金额,而属于在执行合同过程中由于合同变更、索赔、奖励等原因而形成的追加收入。

第二节　工程变更

一、工程变更概述

(一)工程变更的分类

由于工程建设的周期长、涉及的经济关系和法律关系复杂、受自然条件和客观因素的影响大,工程的实际施工情况与招投标时的工程情况相比往往会有一些变化。工程变更包括工程量的变更、工程项目的变更(如发包人提出增加或者删减原项目内容)、进度计划的变更、施工条件的变更等。如果按照变更的起因划分,变更的种类有很多,例如,发包人的变更指令(包括发包人对工程有了新的要求、发包人修改项目计划、发包人削减预算、发包人对项目进度有了新的要求等);由于设计错误,必须对设计图纸做修改;工程环境变化;由于产生了新的技术和知识,有必要改变原设计、实施方案或实施计划;法律法规或者政府对建设项目有了新的要求;等等。当然,这样的分类并不是十分严格,变更原因也不是相互排斥的。这些变更最终往往表现为设计变更,因为我国要求严格按图设计,如果变更影响了原来的设计,则首先应当变更原设计。考虑设计变更在工程变更中的重要性,实践中往往将工程变更分为设计变更和其他变更两大类。

1. 设计变更

在施工过程中如果发生设计变更,将对施工进度产生很大的影响。因此,应尽量减少设计变更,如果必须对设计进行变更,要严格按照国家的规定和合同约定的程序进行。

由于发包人对原设计进行变更,以及经工程师同意的、承包人要求进行的设计变更,导致的合同价款的增减及造成的承包人损失,由发包人承担,延误的工期相应顺延。

2. 其他变更

合同履行中发包人要求变更工程质量标准及发生其他实质性变更的,由双方协商解决。

(二)工程变更的处理要求

首先,如果出现了必须变更的情况,应当尽快变更。如果变更不可避免,无论是停止施工等待变更指令,还是继续施工,无疑都会增加损失。

其次,工程变更后,应当尽快落实变更。工程变更指令发出后,应当迅速落实指令,全面修改相关的各种文件。承包人也应当抓紧落实,如果承包人不能全面落实变更指令,则扩大的损失应当由承包人承担。

最后,对工程变更的影响应当作出进一步分析。工程变更的影响往往是多方面的,影响持续的时间也往往较长,对此应当有充分的分析。

二、《建设工程施工合同(示范文本)》条件下的工程变更

(一)工程变更的程序

1.设计变更的程序

从合同的角度看,无论什么原因导致的设计变更,必须首先由一方提出,因此可以分为发包人对原设计进行变更和承包人的合理化建议两种情况。

(1)发包人对原设计进行变更

发包人提出变更的,应通过监理人向承包人发出变更指示,变更指示应说明计划变更的工程范围和变更的内容。监理人提出变更建议的,需要向发包人以书面形式提出变更计划,说明计划变更工程范围和变更的内容、理由,以及实施该变更对合同价格和工期的影响。发包人同意变更的,由监理人向承包人发出变更指示。发包人不同意变更的,监理人无权擅自发出变更指示。

承包人收到监理人下达的变更指示后,认为不能执行,应立即提出不能执行该变更指示的理由。承包人认为可以执行变更的,应当书面说明实施该变更指示对合同价格和工期的影响,且合同当事人应当按照合同约定确定变更估价。

(2)承包人的合理化建议

承包人提出合理化建议的,应向监理人提交合理化建议说明,说明建议的内容和理由,以及实施该建议对合同价格和工期的影响。除专用合同条款另有约定外,监理人应在收到承包人提交的合理化建议后7天内审查完毕并报送发包人,发现其中存在技术上的缺陷,应通知承包人修改。发包人应在收到监理人报送的合理化建议后7天内审批完毕。合理化建议经发包人批准的,监理人应及时发出变更指示,由此引起的合同价格调整应按照合同约定调整。发包人不同意变更的,监理人应书面通知承包人。合理化建议降低了合同价格或者提高了工程经济效益的,发包人可对承包人给予奖励,奖励的方法和金额在专用合同条款中约定。

2.其他变更的程序

从合同角度看,除设计变更外,其他能够导致合同内容变更的都属于其他变更。例如,双方对工程质量要求的变化(当然是涉及强制性标准变化)、双方对工期要求的变化、施工条件和环境的变化导致施工机械和材料的变化等。这些变更的程序,首先应当由一方提出,与对方协商一致签署补充协议后,方可进行变更。

（二）变更后合同价款的确定

除专用合同条款另有约定外，变更估价按照以下约定处理：

（1）已标价工程量清单或预算书有相同项目的，按照相同项目单价认定。

（2）已标价工程量清单或预算书中无相同项目，但有类似项目的，参照类似项目的单价认定。

（3）变更导致实际完成的变更工程量与已标价工程量清单或预算书中列明的该项目工程量的变化幅度超过15%的，或已标价工程量清单或预算书中无相同项目及类似项目单价的，按照合理的成本与利润构成的原则，由合同当事人商定变更工作的单价。

三、FIDIC合同条件下的工程变更

在FIDIC（国际咨询工程师联合会）合同条件下，业主提供的设计一般较为粗略，有的设计（施工图）是由承包商完成的，因此设计变更少于我国施工合同条件下的施工。

（一）工程变更的范围

由于工程变更属于合同履行过程中的正常管理工作，工程师可以根据施工进展的实际情况，在认为必要时就以下几个方面发布变更指令：

（1）对合同中任何工作工程量的改变。为了便于合同管理，当事人双方应在专用条款内约定工程量变化较大时可以调整单价的百分比（视工程具体情况，可在15%～25%内确定）。

（2）任何工作质量或其他特性的变更。

（3）工程任何部分标高、位置和尺寸的改变。

（4）删减任何合同约定的工作内容。省略的工作应是不再需要的工程，不允许用变更指令的方式将承包范围内的工作变更给其他承包商实施。

（5）新增工程按单独合同对待。这种变更指令应是增加与合同工作范围性质一致的工作内容，而且不应以变更指令的形式要求承包人使用超过其目前正在使用或计划使用的施工设备的范围去完成新增工程。除非承包人同意此项工作按

变更对待,一般应将新增工程按一个单独的合同来对待。

(6)改变原定的施工顺序或时间安排。

(二)工程变更的程序

颁发工程接收证书前的任何时间,工程师可以通过发布变更指令或以要求承包商递交建议书的方式提出变更。

1.指令变更

工程师在业主授权范围内,根据施工现场的实际情况,在确属需要时有权发布变更指令。指令的内容应包括详细的变更工程量、变更项目的施工技术要求和有关部门文件图纸,以及变更处理的原则。

2.要求承包商递交建议书后再确定的变更

具体程序如下:

(1)工程师将计划变更事项通知承包商,并要求其递交实施变更的建议书。

(2)承包商应尽快予以答复。一种情况可能是通知工程师由于受到某些非自身原因的限制而无法执行此项变更;另一种情况是承包商依据工程师的指令递交实施此项变更的说明,具体内容包括:①将要实施的工作的说明书以及该工作实施的进度计划;②承包商依据合同规定对进度计划和竣工时间作出任何必要修改的建议,提出工期顺延要求;③承包商对变更估价的建议,提出变更费用要求。

(3)工程师作出是否变更的决定,尽快通知承包商说明批准与否或提出意见。

在这一过程中应注意的问题是:

(1)承包商在等待答复期间,不应延误任何工作。

(2)工程师发出每一项实施变更的指令,应要求承包商记录支出的费用。

(3)承包商提出的变更建议书,只是工程师决定是否实施变更的参考。除工程师作出指示或批准以总价方式支付的情况外,每一项变更应依据计量工程量进行估价和支付。

(三)变更估价

1.变更估价的原则

承包人按照工程师的变更指令实施变更工作,往往是在双方协商工作后,通常

会涉及对变更工程的估价问题。变更工程的价格或费率,是双方协商时的焦点。计算变更工程应采用的费率或价格,可分为三种情况:

(1)变更工作在工程量表中有同种工作内容的单价,应以该费率计算变更工程费用。

(2)工程量表中虽然列有同类工作的单价或价格,但对具体变更工作而言已不适用,则应在原单价和价格的基础上制定合理的新单价或价格。

(3)变更工作的内容在工程量表中没有同类工作的费率和价格,应按照与合同单价水平相一致的原则,确定新的费率或价格。

2. 可以调整合同工作单价的原则

具备以下条件的,允许对某一项工作规定的费率或单价加以调整:

(1)此项工作实际测量的工程量与工程量表或其他报表中规定的工程量相比,变动超过10%。

(2)工程量的变更与该项工作规定的具体费率的乘积超过了接受的合同款额的0.01%。

(3)由此工程量的变更直接造成该项工作每单位工程量费用的变动超过1%。

3. 删减原定工作后对承包商的补偿

工程师发布删减工作的变更指令后承包商不再实施部分工作,合同价格中包括的直接费部分没有受到损害,但摊销在该部分的间接费、利润和税金实际不能合理回收。此时承包商可以就其损失向工程师发出通知并提供具体的证明资料,工程师与合同双方协商后确定一笔补偿金额加入合同价内。

第三节 工程索赔

一、工程索赔的概念和分类

(一)工程索赔的概念

工程索赔是在工程承包合同履行中,当事人一方由于另一方未履行合同所规定的义务或者出现了应当由对方承担的风险而遭遇损失时,向另一方提出赔偿要求的行为。在实际工作中,“索赔”是双向的,我国行业惯例中的索赔既包括承包人向发包人的索赔,也包括发包人向承包人的索赔。但在工程实践中,发包人索赔数量较小,而且处理方便。可以通过冲账、扣拨工程款、扣保证金等实现对发包人承包人的索赔;而承包人对发包人的索赔则比较困难。通常情况下,索赔是指承包人(施工单位)在合同实施过程中,对非自身原因造成的工程延期、费用增加要求发包人给予补偿损失的一种权利要求。

索赔有较广泛的含义,可以概括为如下三个方面:

(1)一方违约使另一方蒙受损失,受损方向对方提出赔偿损失的要求。

(2)发生应由业主承担责任的特殊风险或遇到不利自然条件等情况,使承包商蒙受较大损失而向业主提出补偿损失要求。

(3)承包商本人应当获得的正当利益,由于没能及时得到监理工程师的确认和业主应给予的支付,而以正式函件向业主索赔。

(二)工程索赔产生的原因

1. 当事人违约

当事人违约常常表现为没有按照合同约定履行自己的义务。具体而言,发包人违约常常表现为没有为承包人提供合同约定的施工条件、未按照合同约定的期限和数额付款等。工程师未能按照合同约定完成工作,如未能及时发出图纸、指令等,也视为发包人违约。承包人违约的情况则主要是没有按照合同约定的质量、期限完成施工,或者由于不当行为给发包人造成其他损害。

2. 不可抗力

不可抗力又可以分为自然事件和社会事件。自然事件主要是不利的自然条件和客观障碍物,如在施工过程中遇到了经现场调查无法发现、业主提供的资料中也未提到的、无法预料的情况,如地下水、地质断层等。社会事件则包括国家政策、法律、法令的变更,战争,罢工等。

3. 合同缺陷

合同缺陷表现为合同文件规定不严谨甚至矛盾、合同中的遗漏或错误。在这种情况下,工程师应当给予解释,如果相关解释将导致成本增加或工期延长,发包人应当给予补偿。

4. 合同变更

合同变更表现为设计变更、施工方法变更、追加或者取消某些工作、合同规定的其他变更等。

5. 工程师指令

工程师指令有时也会产生索赔,如工程师指令承包人加速施工、进行某项工作、更换某些材料、采取某些措施等。

6. 其他第三方原因

其他第三方原因常常表现为因与工程有关的第三方的问题而引起的对本工程的不利影响。

(三)工程索赔的分类

工程索赔依据不同的标准可以进行不同的分类,具体分析如下。

1. 按索赔的合同依据分类

按索赔的合同依据分类,可以将工程索赔分为合同中明示的索赔和合同中默示的索赔两种。

(1)合同中明示的索赔。是指承包人所提出的索赔要求在该工程项目的合同文件中有文字依据,承包人可以据此提出索赔要求,并取得经济补偿。这些在合同文件中有文字规定的合同条款,称为明示条款。

(2)合同中默示的索赔。即承包人的该项索赔要求虽然在工程项目的合同条款中没有专门的文字叙述,但可以根据该合同的某些条款的含义,推论出承包人有索赔权。这种索赔要求同样有法律效力,有权得到相应的经济补偿。这种有经济补偿含义的条款,在合同管理工作中被称为“默示条款”或“隐含条款”。默示条款是一个广泛的合同概念,包含合同明示条款中没有写入,但符合双方签订合同时设想的愿望和当时环境条件的一切条款。这些默示条款,或者从明示条款所表述的设想愿望中引申出来,或者从合同双方在法律上的合同关系引申出来,经合同双方协商一致,或被法律和法规所指明,都成为合同文件的有效条款,要求合同双方遵照执行。

2. 按索赔的目的分类

按索赔的目的分类,可以将工程索赔分为工期索赔和费用索赔两种。

（1）工期索赔。是指由于非承包人的原因导致施工进程延误，要求批准顺延合同工期的索赔。工期索赔形式上是对权利的要求，以避免在原定合同竣工日不能完工时，被发包人追究拖期违约责任。一旦获得批准，合同工期顺延后，承包人不仅免除了承担拖期违约赔偿费的严重风险，而且可能因工期提前得到奖励，最终仍反映在经济收益上。

（2）费用索赔。费用索赔的目的是要求经济补偿。当施工的客观条件改变，导致承包人增加开支，承包人可要求对超出计划成本的附加开支给予补偿，以挽回不应由其承担的经济损失。

3. 按索赔事件的性质分类

按索赔事件的性质分类，可以将工程索赔分为工程延误索赔、工程变更索赔、合同被迫终止索赔、工程加速索赔、意外风险和不可预见因素索赔和其他索赔六种。

（1）工程延误索赔。是指因发包人未按合同要求提供施工条件，如未及时交付设计图纸、施工现场、道路等，或因发包人指令工程暂停，或不可抗力事件等原因造成工期拖延的，承包人对此提出的索赔。这是工程中常见的一类索赔。

（2）工程变更索赔。由于发包人或监理工程师指令或减少工程量或增加附加工程、修改设计、变更工程顺序等，造成工期延长和费用增加，承包人对此提出的索赔。

（3）合同被迫终止的索赔。由于发包人或承包人违约以及不可抗力事件等原因造成合同非正常终止，无责任的受害方因其蒙受经济损失而向对方提出的索赔。

（4）工程加速索赔。由于发包人或工程师指令承包人加快施工速度、缩短工期，引起承包人人、财、物的额外开支而提出的索赔。

（5）意外风险和不可预见因素索赔。在工程实施过程中，因人力不可抗拒的自然灾害、特殊风险以及一个有经验的承包人通常不能合理预见的不利施工条件或外界障碍，如地下水、地质断层、溶洞、地下障碍物等引起的索赔。

（6）其他索赔。如因货币贬值，汇率变化，物价、工资上涨，政策法令变化等原因引起的索赔。

二、工程索赔的处理原则及程序

(一)工程索赔的处理原则

1. 索赔必须以合同依据

无论是风险事件的发生,还是当事人不完成合同工作,都必须在合同中找到相应的依据;当然,有些依据可能是合同中隐含的。工程师依据合同和事实对索赔进行处理是其公平性的重要体现。在不同的合同条件下,这些依据很可能是不同的。如因为不可抗力导致的索赔,依国内行业惯例,承包人机械设备损坏的损失是由承包人承担的,不能向发包人索赔;但在 FIDIC 合同条件下,不可抗力事件一般都被列为业主承担的风险,损失都应当由业主承担。如果到了具体的合同中,各个合同的协议条款不同,其依据的差别就更大了。

2. 及时、合理地处理索赔

索赔事件发生后,索赔的提出应当及时,索赔的处理也应当及时。索赔处理不及时,对双方都会产生不利的影响,如承包人的索赔长期得不到合理解决,索赔积累会导致其资金困难,同时会影响工程进度,给双方都带来不利的影响。处理索赔还必须坚持合理性原则,既考虑国家的有关规定,也应当考虑工程的实际情况。例如,承包人提出索赔要求,机械停工,按照机械台、班单价计算损失显然是不合理的,因为机械停工不发生运行费用。

3. 加强主动控制,减少工程索赔

对于工程索赔应当加强主动控制,尽量减少索赔。这就要求在工程管理过程中,尽量将工作做在前面,减少索赔事件的发生。这样能够使工程更顺利地进行,降低工程投资、缩短施工工期。

(二)工程索赔的程序

关于索赔的规定,《建设工程施工合同(示范文本)》与 FIDIC 施工合同条件最主要的区别体现在程序上。

1.《建设工程施工合同(示范文本)》规定的工程索赔程序

合同当事人一方向另一方提出索赔,要有正当的索赔理由,且有索赔事件发生时的有效证据。发包人未能按合同约定履行自己的各项义务或发生错误,或者第三方原因,给承包人造成延期支付合同价款、延误工期或其他经济损失,包括不可抗力延误的工期,均属索赔理由,其索赔程序如下:

(1)承包人应在知道或应当知道索赔事件发生后28天内,向监理人递交索赔意向通知书,并说明发生索赔事件的事由;承包人未在前述28天内发出索赔意向通知书的,丧失要求追加付款和(或)延长工期的权利。

(2)承包人应在发出索赔意向通知书后28天内,向监理人正式递交索赔报告;索赔报告应详细说明索赔理由以及要求追加的付款金额和(或)延长的工期,并附必要的记录和证明材料。

(3)索赔事件具有持续影响的,承包人应按合理时间间隔继续递交延续索赔通知,说明持续影响的实际情况和记录,列出累计的追加付款金额和(或)工期延长天数。

(4)在索赔事件的影响结束后28天内,承包人应向监理人递交最终索赔报告,说明最终要求索赔的追加付款金额和(或)延长的工期,并附必要的记录和证明材料。

对承包人索赔应做如下处理:

(1)监理人应在收到索赔报告后14天内完成审查并报送发包人。监理人对索赔报告存在异议的,有权要求承包人提交全部原始记录副本。

(2)发包人应在监理人收到索赔报告或有关索赔的进一步证明材料后的28天内,由监理人向承包人出具经发包人签认的索赔处理结果。发包人逾期答复的,视为认可承包人的索赔要求。

(3)承包人接受索赔处理结果的,索赔款项在当期进度款中进行支付;承包人不接受索赔处理结果的,按照《建设工程施工合同(示范文本)》第20条"争议解决"的约定处理。

2. FIDIC合同条件规定的工程索赔程序

FIDIC合同条件对承包商的索赔作出了规定,主要有如下几个步骤:

(1)承包商发出索赔通知。如果承包商认为有权得到竣工时间的任何延长期和(或)任何追加付款,其应当向工程师发出通知,说明索赔的事件或情况。该通知应当尽快在承包商察觉或者应当察觉事件或情况后28天内发出。

(2)承包商未及时发出索赔通知的后果。如果承包商未能在上述28天期限内发出索赔通知,则竣工时间不得延长,承包商无权获得追加付款,而业主应免除有关该索赔的全部责任。

(3)承包商递交详细的索赔报告。在承包商察觉或者应当察觉该事件或情况后42天内,或在承包商可能建议并经工程师认可的其他期限内,承包商应当向工程师递交一份充分详细的索赔报告,包括索赔的依据、要求延长的时间和(或)追加付款的全部详细资料。

(4)如果引起索赔的事件或者情况具有连续影响,则:①上述充分详细索赔报告应被视为中间索赔报告;②承包商应当按月递交进一步的中间索赔报告,说明累计索赔延误时间和(或)金额,以及能说明其合理要求的进一步详细资料;③承包商应当在索赔的事件或者情况发生影响结束后28天内,或在承包商可能建议并经工程师认可的其他期限内,递交一份最终索赔报告。

(5)工程师的答复。工程师在收到索赔报告或对过去索赔的任何进一步证明资料后42天内,或在工程师可能建议并经承包商认可的其他期限内作出回应,表示批准、不批准,或不批准并附具体意见。工程师应当商定或者确定应给予竣工时间的延长期及承包商有权得到的追加付款。

(三)工程索赔的依据

提出索赔的依据有以下几个方面:

1. 招标文件、施工合同文本及附件,其他双方签字认可的文件,经认可的工程实施计划、各种工程图纸、技术规范等。这些索赔的依据可在索赔报告中直接引用。

2. 双方的往来信件及各种会谈纪要。在合同履行过程中,业主、监理工程师和承包人定期或不定期的会谈所作出的决议或决定,是合同的补充,应作为合同的组成部分,但会谈纪要只有经过各方签署后才可作为索赔的依据。

3. 进度计划和具体的进度以及项目现场的有关文件。进度计划和具体的进度安排是和现场有关的变更索赔的重要证据。

4. 气象资料、工程检查验收报告和各种技术鉴定报告,工程中送停电、送停水、道路开通和封闭的记录和证明。

5. 国家有关法律、法规、政策文件,官方的物价指数、工资指数,各种会计核算资料,材料采购、订货、运输、进场、使用方面的凭据。

可见,索赔要有证据,证据是索赔报告的重要组成部分,证据不足或没有证据,索赔就不可能成立。总之,施工索赔是利用经济杠杆进行项目管理的有效手段,对承包人、发包人和监理工程师来说,处理索赔问题水平的高低,反映了其项目管理水平的高低。

(四)工程索赔的计算

1. 可索赔的费用

在不同的索赔事件中可以索赔的费用是不同的,费用内容一般包括以下几个方面:

(1)人工费。包括增加工作内容的人工费、停工损失费和工作效率降低的损失费等的累计。其中,增加工作内容的人工费应按照计日工费计算,而停工损失费和工作效率降低的损失费按窝工费计算,窝工费的标准双方应在合同中约定。

(2)设备费。可采用机械台班费、机械折旧费、设备租赁费等几种形式。当工作内容增加引起设备费索赔时,设备费的标准按照机械台班费计算。因窝工引起的设备费索赔,当施工机械属于施工企业自有时,按照机械折旧费计算索赔费用;当施工机械是施工企业从外部租赁时,按照设备租赁费计算索赔费用的标准。

(3)材料费。

(4)保函手续费。工程延期时,保函手续费相应增加,反之,取消部分工程且发包人与承包人达成提前竣工协议时,承包人的保函金额相应折减,则计入合同价内的保函手续费也应扣减。

(5)贷款利息。

(6)保险费。

(7)管理费。此项又可分为现场管理费和公司管理费两部分,由于二者的计算方法不一样,所以在审核过程中应区别对待。

(8)利润。

2. 费用索赔的计算

费用索赔的计算方法有实际费用法、修正总费用法等,分述如下:

(1)实际费用法。该方法是按照各索赔事件所引起损失的费用项目分别分析计算索赔值,然后将各费用项目的索赔值汇总,即可得到总索赔费用值。实际费用法以承包商为某项索赔工作所支付的实际开支为依据,但仅限于由于索赔事项引起的、超过原计划的费用,故也称额外成本法。在这种计算方法中,需要注意的是不要遗漏费用项目。

(2)修正总费用法。这种方法是对总费用法的改进,即在总费用计算的原则上,去掉一些不确定的可能因素,对总费用法进行相应的修改和调整,使其更加合理。

3. 工期索赔中应当注意的问题

在工期索赔中特别应当注意以下问题:

(1)划清施工进度拖延的责任。例如,因承包人的原因造成施工进度滞后,属于不可原谅的延期。

(2)被延误的工作应是处于施工进度计划关键线路上的施工内容。只有位于关键线路上的工作内容的滞后,才会影响到竣工日期。但有时也应注意,非关键路线工作的延误时间较长,超过了该工作可用于自由支配的时间,也会导致进度计划中非关键路线转化为关键路线,其滞后将造成总工期的拖延。此时,应充分考虑该工作的自由时间,给予相应的工期顺延,并要求承包人修改施工进度计划。

4. 工期索赔的计算

工期索赔的计算主要有网络图分析和比例计算法两种,分述如下:

(1)网络图分析法是利用进度计划的网络图,分析其关键线路。如果延误的工作为关键工作,则总延误的时间为批准顺延的工期;如果延误的工作为非关键工作,若该工作由于延误超过时差限制而成为关键工作,可以批准延误时间与时差的差值;若该工作延误后仍为非关键工作,则不存在工期索赔问题。

(2)比例计算法主要应用于工程量有增加时工期索赔的计算。

(五)共同延误的处理

在实际施工过程中,工期拖期很少是只由一方造成的,往往是因两三种原因同时发生(或相互作用)而形成,故称为“共同延误”。在这种情况下,要具体分析哪一种情况延误是有效的,应依据以下原则:

(1)首先判断造成拖期的哪一种原因是最先发生的,即确定初始延误者,它应对工程拖期负责。在初始延误发生作用期间,其他并发的延误者不承担拖期责任。

(2)如果初始延误者是发包人原因,则在发包人原因造成的延误期内,承包人既可以得到工期延长,又可得到经济补偿。

(3)如果初始延误者是客观原因,则在客观因素发生影响的延误期内,承包人可以得到工期延长,但很难得到费用补偿。

(4)如果初始延误者是承包人的原因,则在承包人原因造成的延误期内,承包人既不能得到工期补偿,也不能得到费用补偿。

(六)索赔报告的内容

索赔报告的具体内容,随该索赔事件的性质和特点而有所不同。但从报告的必要内容与文字结构方面看,一个完整的索赔报告应包括以下四个部分。

1. 总论部分

一般包括以下内容:序言、索赔事项概述、具体索赔要求、索赔报告编写及审核人员名单。

首先应概要地论述索赔事件的发生日期与过程、施工单位为该索赔事件所付出的努力和附加开支,以及施工单位的具体索赔要求。在总论部分最后,附上索赔报告编写组主要人员及审核人员的名单,注明有关人员的职称、职务及施工经验,以表示该索赔报告的严肃性和权威性。总论部分的阐述要简明扼要,说明问题。

2. 根据部分

本部分主要是说明自己具有的索赔权利,这是索赔能否成立的关键。根据部分的内容主要来自该工程项目的合同文件,并参照有关法律规定。该部分中施工单位应用合同中的具体条款说明自己理应获得经济补偿或工期延长。

根据部分的篇幅可能很大,其具体内容随各个索赔事件的特点而不同,一般来说,根据部分应包括以下内容:索赔事件的发生情况、已递交索赔意向书的情况、索赔事件的处理过程、索赔要求的合同根据、所附的证据资料。

在写法结构上,应按照索赔事件发生、发展、处理和最终解决的过程编写,并明确全文引用的有关合同条款,使建设单位和监理单位工程师能历史地、逻辑地了解索赔事件的始末,并充分认识该项索赔的合理性和合法性。

3. 计算部分

索赔计算的目的,是以具体的计算方法和计算过程,说明自己应得经济补偿的款额或延长的时间。如果说根据部分的任务是解决索赔能否成立的问题,计算部分的任务就是决定应得到多少索赔额和工期。前者是定性的,后者是定量的。

在款额计算部分,施工单位必须阐明下列问题:(1)索赔款的要求总额;(2)各项索赔款的计算,如额外开支的人工费、材料费、管理费和所失利润;(3)列明各项开支的计算依据及证据资料。施工单位应注意采用合适的计价方法,至于采用哪一种计价法,则应根据索赔事件的特点及自己所掌握的证据资料等因素来确定;另外,应注意每项开支款的合理性,并指出相应的证据资料的名称及编号。切忌采用笼统的计价方法和不实的开支款额。

4. 证据部分

证据部分包括该索赔事件所涉及的一切证据资料,以及对这些证据的说明。证据是索赔报告的重要组成部分,没有翔实可靠的证据,索赔是不能成功的。在引用证据时要注意该证据的效力或可信程度,为此,对重要的证据资料最好附以文字证明或确认件。例如,对一个重要的电话内容,仅附上自己的记录本是不够的,最好附上经过双方签字确认的电话记录,或说明对方未复函确认或修改,按惯例应理解为默认。

第四节　工程价款结算方法

一、工程价款的主要结算方法

根据财政部、原建设部《建设工程价款结算暂行办法》的规定,工程价款结算应按照合同约定办理,合同未作约定或约定不明的,发承包双方应依照下列规定与文件协商处理:(1)国家有关规定、法律、法规和规章制度;(2)国务院建设行政主管部门,省、自治区、直辖市或有关部门发布的工程造价计价标准、计价办法等有关规定;(3)建设项目的合同、补充协议、变更签证和现场签证,以及发承包双方认可的其他有效文件;(4)其他依据的材料。

工程价款的结算方式主要有以下两种：

(1)按月结算与支付。即实行按月支付进度款，竣工后清算的办法。合同工期在两个年度以上的工程，在年终进行工程盘点，办理年度结算。

(2)分段结算与支付。即当年开工、当年不能竣工的工程按照工程形象进度，划分不同阶段支付工程进度款。具体划分在合同中明确。

二、工程价款约定的内容

发包人、承包人应当在合同条款中对涉及工程价款结算的下列事项进行约定：(1)预付工程款的数额、支付时限及抵扣方式；(2)工程进度款的支付方式、数额及时限；(3)工程方式发生变更时，工程价款的调整方法、索赔方式、时限要求及金额支付方式；(4)发生工程价款纠纷的解决方法；(5)约定承担风险的范围、幅度，以及超出约定范围和幅度的调整方法；(6)工程竣工价款的结算与支付方式、数额及时限；(7)工程质量保证(保修)金的数额、预扣方式及时限；(8)安全措施和意外伤害保险费用；(9)工期及工期提前或延后的奖惩办法；(10)与履行合同、支付价款相关的担保事项。

三、工程预付款及计算

施工企业承包工程，一般都实行包工包料，这就需要有一定数量的备料周转金。在工程承包合同条款中，一般要明文规定发包人在开工前拨给承包人一定限额外负担的工程预付款。此预付款构成施工企业为该承包工程项目储备主要材料、结构件所需的流动资金。

按照《建设工程价款结算暂行办法》的规定，在具备施工条件的前提下，发包人应在双方签订合同后的一个月内或不迟于约定开工日期前的 7 天内预付工程款，发包人不按时预付，承包人应在预付时间到期后 10 天内向发包人发出要求预付的通知，发包人收到通知后仍不按要求预付，承包人可在发出通知 14 天后停止施工，发包人应从约定应付之日起向承包人支付应付款的利息，并承担违约责任。

工程预付款仅用于承包人支付施工开始时与本工程有关的动员费用。如承包人滥用此款，发包人有权立即收回。在承包人向发包人提交金额等于预付款数额(发包人认可的银行开出)的银行保函后，发包人按规定的金额和规定的时间向承包人支付预付款,在发包人全部扣回预付款之前,该银行保函将一直有效。当预付款被发包人扣回时,银行保函金额相应递减。

(一)工程预付款的数额

包工包料工程的预付款按合同约定拨付,原则上预付比例不低于合同金额的10%,不高于合同金额的30%,对重大工程项目,按年度工程计划逐年预付。计价执行《建设工程工程量清单计价规范》(GB50500-2013)的工程,实体性消耗和非实体部分应在合同中分别约定预付款的比例。

在实际工作中,工程预付款的数额要根据各工程类型、合同工期、承包方式和供应体制等不同条件而定,例如,工业项目中钢结构和管道安装所占比重较大的工程,其主要材料所占比重比一般安装工程要高,因而工程预付款额也要相应提高;工期短的工程比工期长的工程的工程预付款要高;材料由承包人自购的工程比由建设发包人负责主要材料的工程的工程预付款要高。对于只包定额工日(不包材料定额,一切材料由发包人供给)的工程项目,则可以预付备料款。

(二)工程预付款的扣回

发包单位拨给承包单位的工程预付款属于预支性质,到了工程实施阶段,随着工程所需主要材料储备的逐步减少,应以抵充工程价款的方式陆续扣回,抵扣方式必须在合同中约定。扣款的方法有以下两种:

(1)可以从未施工工程尚需要的主要材料及构件的价值相当于工程预付款的数额起扣,从每次结算的工程价款中,按材料比重扣抵工程价款,竣工前全部扣清。

(2)在承包人完成金额累计达到合同总价的一定比例后,发包人从每次应付给承包人的金额中扣回部分工程预付款。发包人至少在合同规定的完工期前三个月将工程预付款的总计金额按逐次分摊的办法扣回。当发包人一次汇给承包人的余额少于规定扣回的金额时,其差额应并入下一次支付中作为债务结转。

在实际经济活动中,情况比较复杂,有些工程工期较短,就无须分期扣回。有些工程工期较长,如跨年施工,工程预付款可以不扣或少扣,并于次年按应付工程预付款调整,多退少补。具体地说,跨年度工程,预计次年承包工程价值大于或相当于当年承包工程价值时,可以不扣回当年的工程预付款;如小于当年承包工程价值，应按实际承包工程价值进行调整，在当年扣回部分工程预付款，并将未扣回部分转入次年，直到竣工年度，再按上述办法扣回。

(三)工程进度款的支付(中间结算)

施工企业在施工过程中，按逐月(或形象进度)完成的工程数量计算各项费用，向发包人办理工程进度款的支付(中间结算)。

以按月结算为例，工程进度款的支付步骤如下：(1)工程量测量与统计；(2)提交已完工程量报告；(3)发包人核实并确认；(4)提出支付工程进度款申请；(5)支付工程进度款。

(四)工程量计算

根据《建设工程价款结算暂行办法》的规定，工程量计算的主要规定是：

(1)承包人应当按照合同约定的方法和时间，向发包人提交已完成工程量的报告。发包人接到报告后14天内核实已完成工程量，并在核实前1天通知承包人，承包人应提供条件并派人参加核实，以发包人核实的工程量作为工程价款支付的依据。发包人不按约定时间通知承包人，致使承包人未能参加核实的，核实结果无效。

(2)发包人收到承包人报告后14天内未核实完工程量，从第15天起，承包人报告的工程量即视为被确认，作为工程价款支付的论据。双方合同另有约定的，按合同执行。

(3)对承包人超出设计图纸(含设计变更)范围和因承包人原因造成返工的工程量，发包人不予计理。

(五)合同收入组成

合同收入包括两部分内容：

(1)合同中规定的初始收入。即建造承包商与客户在双方签订的合同中最初商订的合同总金额，构成了合同收入的基本内容。

(2)因合同变更、索赔、奖励等构成的收入。这部分收入并不属于合同双方在签订合同时已在合同中商订的合同总金额，而是在执行合同过程中由于合同变更、索赔、奖励等原因而形成的追加收入。

(六)工程进度款支付

(1)根据确定的工程计量结果,承包人向发包人提出支付工程进度款申请,14天内,发包人应按不低于工程价款的60%、不高于工程价款的90%向承包人支付工程进度款。按约定时间发包人应扣回的预付款,与工程进度款同期结算抵扣。

(2)发包人超过约定的支付时间不支付工程进度款,承包人应及时向发包人发出要求付款通知,发包人收到承包人通知后仍不能按要求付款,可与承包人协商签订延期付款协议,经承包人同意后,可延期支付,协议应明确延期支付的时间,并从工程计量结果确认后第15天起计算应付款的利息。

(3)发包人不按合同约定支付工程进度款,双方又未达成延期付款协议,导致施工无法进行,承包人可停止施工,由发包人承担违约责任。

四、质量保证金

根据住房和城乡建设部、财政部《建设工程质量保证金管理办法》(建质〔2017〕138号)的规定,建设工程质量保证金(保修金)(以下简称保证金),是指发包人与承包人在建设工程承包合同中约定,从应付的工程款中预留,用以保证承包人在缺陷责任期内对建设工程出现的缺陷进行维修的资金。

(一)缺陷和缺陷责任期

1.缺陷

缺陷,是指建设工程质量不符合工程建设强制性标准、设计文件,以及承包合同的约定。

2.缺陷责任期

缺陷责任期一般为1年,最长不超过2年,具体可由承发包双方在合同中约定。缺陷责任期从工程通过竣工验收之日起计。由于承包人原因导致工程无法按规定期限进行竣工验收的,缺陷责任期从实际通过竣工验收之日起计。由于发包人原因导致工程无法按规定期限进行竣工验收的,在承包人提交竣工验收报告90天后,工程自动进入缺陷责任期。

（二）保证金的设定、预留和返还

1. 保证金的设定

发包人应当在招标文件中明确保证金预留、返还等内容，并与承包人在合同条款中对涉及保证金的下列事项进行约定：(1)保证金的预留、返还方式；(2)保证金的预留比例、期限；(3)保证金是否计付利息，如计付利息，利息的计算方式；(4)缺陷责任期的期限及计算方式；(5)保证金预留、返还及工程维修质量、费用等争议的处理程序；(6)缺陷责任期内出现缺陷的索赔方式；(7)逾期返还保证金的违约金支付办法及违约责任。

2. 保证金的预留

国家推行银行保函制度，承包人可以银行保函替代预留保证金。在工程项目竣工前已经缴纳履约保证金的，发包人不得同时预留工程质量保证金。采用工程质量保证担保、工程质量保险等其他保证方式的，发包人不得再预留保证金。发包人应按照合同约定方式预留保证金，保证金总预留比例不得高于工程价款结算总额的3%。合同约定由承包人以银行保函替代预留保证金的，保函金额不得高于工程价款结算总额的3%。

3. 保证金的返还

缺陷责任期内，承包人认真履行合同约定的责任，到期后，承包人可向发包人申请返还预留保证金。发包人在接到承包人返还保证金的申请后，应于14日内会同承包人按照合同约定的内容进行核实。如无异议，发包人应当在核实后14日内将保证金返还给承包人；逾期支付的，从逾期之日起，按照合同约定计付利息，并承担违约责任。发包人在接到承包人返还保证金申请14日内不予答复，经催告后14日内仍不予答复，视同认可承包人的返还保证金申请。

（三）保证金的管理及缺陷修复

1. 保证金的管理

在缺陷责任期内，实行国库集中支付的政府投资项目，保证金的管理应按国库集中支付的有关规定执行。其他政府投资项目，保证金可以预留在财政部门或发包方。缺陷责任期内如发包方被撤销，保证金随交付使用资产一并移交使用单位管理，由使用单位代行发包人职责。社会投资项目采用预留保证金方式的，承发包双方可以约定将保证金交由第三方金融机构托管。

2. 缺陷责任期内缺陷责任的承担

缺陷责任期内，由承包人原因造成的缺陷，承包人应负责维修，并承担鉴定及维修费用。如承包人不维修也不承担费用，发包人可按合同约定从保证金或银行保函中扣除，费用超出保证金额的，发包人可按合同约定向承包人进行索赔。承包人维修并承担相应费用后，不免除对工程的损失赔偿责任。由他人原因造成的缺陷，发包人负责组织维修，承包人不承担费用，且发包人不得从保证金中扣除费用。

五、工程竣工结算方式及其审查

（一）工程竣工结算的含义

工程竣工结算，是指施工企业按照合同规定的内容全部完成所承包的工程，经验收质量合格，并符合合同要求之后，向发包单位进行的最终工程价款结算。工程竣工结算分为工程竣工结算、新时期工程竣工结算和建设项目竣工总结算。

（二）工程竣工结算的编审

1. 工程竣工结算的编制

（1）单位工程竣工结算由承包人编制，发包人审查；实行总承包的工程，由具体承包人编制，在总承包人审查的基础上，发包人审查。

（2）新时期工程竣工结算或建设项目竣工总结算由总（承）包人编制，发包人可直接进行审查，也可以委托具有相应资质的工程造价咨询机构进行审查。政府投资项目，由同级财政部门审查。单项工程竣工结算或建设项目竣工总结算经承发包双方签字盖章后有效。

承包人应在合同约定期限内完成项目竣工结算编制工作，未在规定期限内完成且不能提出正当理由延期的，责任自负。

2. 工程竣工结算审查

单项工程竣工后，承包人应在提交竣工验收报告的同时，向发包人递交竣工结算报告及完整的结算资料，发包人进行审查。工程竣工结算审查是竣工结算阶段的一项重要工作。经审查核定的工程竣工结算是核定建设工程造价的依据,也是建设项目验收后编制竣工决算和核定新增固定资产价值的依据。因此,发包人、监理公司以及审计部门等,都十分关注竣工结算的审核把关。一般从以下几方面入手:

(1)核对合同条款。首先,应对竣工工程内容是否符合合同条件要求、工程是否竣工验收合格进行审核,只有按合同要求完成全部工程并验收合格的才能列入竣工结算。其次,应按合同约定的结算方法、计价定额、取费标准、主材价格和优惠条款等,对工程竣工结算进行审核,若发现合同开口或有漏洞,应请发包人与承包人认真研究,明确结算要求。

(2)检查隐蔽验收记录。所有隐蔽工程均需进行验收,由两人以上签证;实行工程监理的项目应经监理工程师签证确认。审核竣工结算时应该对隐蔽工程进行施工记录和验收签证,手续完整,工程量与竣工图一致,方可列入结算。

(3)落实设计变更签证。设计修改变更应由原设计单位出具设计变更通知单和修改图纸,由设计、校审人员签字并加盖公章,经建设单位和监理工程师审查同意。签证重大设计变更应经原部门审批,否则不应当列入结算。

(4)按图核实工程数量。

(5)认真核对单价。

(6)注意各项费用的计取。

(7)防止各种计算误差。

(三)竣工价款结算

1. 工程竣工价款结算过程

(1)发包人收到竣工结算报告及完整的结算资料后28天内无正当理由不支付工程竣工结算价款的,从第29天起按同期银行贷款利率向承包人支付拖欠工程价款的利息,并承担违约责任;合同约定有期限的,则从其约定视为认可。

(2)承包人如未在规定时间内提供完整的工程竣工结算资料,经发包人催促后14天内仍未提供或没有明确答复,发包人有权根据已有资料进行审查,责任由承包人自负。

(3)根据确认的竣工结算报告,承包人向发包人申请支付工程竣工结算款。

发包人应在收到申请后15天内支付结算款,到期没有支付的应承担违约责任。承包人可以催告发包人支付结算价款,如达成延期支付协议,承包人应按同期银行贷款利率支付拖欠工程价款的利息。如未达成延期支付协议,承包人可以与发包人协商该工程折价,或申请法院将该工程依法拍卖,承包人就该工程折价或者拍卖的价款优先受偿。

2. 索赔价款结算

承发包人未能按合同约定履行自己的各项义务或发生错误,给另一方造成经济损失的,由受损方按合同约定提出索赔,索赔金额按合同约定支付。

3. 合同以外零星项目工程价款结算

发包人要求承包人完成合同以外零星项目,承包人应在接受发包人要求的7天内就用工数量和单价、机械台班数量和单价、使用材料、金额等向发包人提出施工签证,发包人签证后施工。如发包人未签证,承包人施工后发生争议的,责任由承包人自负。

4. 竣工价款结算公式

竣工结算工程 = 合同价款 + 施工过程中合同价款调整数额 - 预付及已结算工程价款 - 保修金

六、工程价款价差调整的主要方法

工程价款价差调整的方法有工程造价指数调整法、实际价格调整法、调价文件计算法、调值公式法等,下面分别加以介绍。

(一)工程造价指数调整法

这种方法是由承发包双方采用当时的预算(或概算)定额单价计算出承包合同价,待竣工时,根据合理的工期及当地工程造价管理部门所公布的该月度(或季度)的工程造价指数,对原承包合同价予以调整。重点调整那些由于实际人工费、材料费、施工机械费等费用上涨及工程变更因素造成的价差,并对承包人给以调价补偿。

(二)实际价格调整法

在我国,由于建筑材料需市场采购的范围越来越大,有些地区规定对钢材、木材、水泥“三大材”的价格采取按实际价格结算的方法，工程承包人可凭发票按实报销。这种方法方便且正确。但由于是按实报销，承包商对降低成本不感兴趣，为了避免副作用，地方主管部门要定期发布最高限价，同时合同文件中应规定发包人或工程有权要求承包人选择更廉价的供应来源。

（三）调价文件计算法

这种方法是承发包双方采取按当时的预算价格承包的，在合同工期内，按照造价管理部门调价文件的规定，进行抽料补差（在同一价格期内按所完成的材料用量乘以价差）。也有的地方定期发布主要材料和管理价格，对这一时期的工程进行抽料补差。

（四）调值公式法

根据国际惯例，对建设项目工程价款的动态结算，一般均采用此法。事实上，在绝大多数国际工程项目中，承发包双方在签订合同同时就会明确列出这一调值公式，并以此作为价差调整的依据。

建筑安装工程费用价格调值公式一般包括固定部分、材料部分和人工部分。但当建筑安装工程的规模和复杂性增大时，公式也会变得更为复杂。非工程造价专业人员只需要了解一点：调值所调整的是可变部分在计价时刻的价格水平与基期价格水平之比。

第五节　竣工验收

一、建设项目竣工验收概述

（一）建设项目竣工验收的概念

建设项目竣工验收，是指由建设单位、施工单位和项目验收委员会，以项目批准的设计任务书和设计文件，以及国家或部门颁发的施工验收规范和质量检验标准为依据，按照一定的程序和手续，在项目（工业生产性项目）建成并试生产合格后,对工程项目的总体进行检验和认证、综合评价和鉴定的活动。

(二)建设项目竣工验收的任务

建设项目竣工验收的任务涉及以下两方面内容:(1)建设单位、勘察和设计单位、施工单位分别对建设项目的决策和论证、勘察和设计,以及施工的全过程进行最后的评价,对各自在建设项目进展过程中的经验和教训进行客观评价。(2)办理建设项目的验收和移交手续,并办理建设项目竣工结算和竣工决算,以及建设项目档案资料的移交和保修手续等。

二、建设项目竣工验收的内容

按投资项目建设程序,所有完工的新建项目和技术改造项目都应进行竣工验收。

竣工验收是工程项目由投资建设转入生产、使用和运营的标志,是全面检查建设工作是否符合设计要求和工程质量的重要环节。国家法律法规和各省级人民政府对项目的竣工验收有明确规定和严格要求。项目的竣工验收分两个阶段进行,体现在项目的竣工报告和验收报告的编制和审查。

(一)工程项目竣工报告

工程项目竣工报告是由项目单位编制的项目实施总结,主要从工程质量、进度和造价方面检验总结项目的建设工作。竣工报告包括以下主要内容:

(1)对项目工程质量的预验收。在建设单位的组织下,工程项目承包人和供货人对工程和设备质量进行检查。对照设计技术指标检查各单项工程的质量,填报各种竣工报表,提供验收资料。对设备及其安装工程要进行单机试运转和联动试车,考核设备的生产负荷能力,对其他辅助的民用工程一并检查。

(2)编制竣工决算书。项目竣工决算的主要内容包括:竣工工程概况、竣工财务决算和安装使用资产等。决算的主要报表包括工程概况表、财务决算表、交付使用资产总表及明细表,并按统一的格式填报。小型项目可只填报财务决算总表。

(3)竣工资料准备。项目竣工验收应准备的主要资料包括项目决策资料、设计基础资料、设计文件、项目管理合同和文件、施工合同和文件、设备供货合同和技术资料、生产准备资料和文件、财务管理和器材资料、科研和技术开发资料、隐蔽工程验收资料、阶段工程验收资料、工程竣工文件及资料等。

(4)项目竣工报告。项目竣工报告应全面总结工程实施的过程,确定项目的工程质量、工期和造价。

(二)工程项目验收报告

政府投资工程项目的验收,实行分级管理。大中型和限额以上项目由国家或地方投资主管部门组织,成立验收委员会或验收小组进行验收。验收委员会可由政府投资、建设、规划、国土资源、质量监督、环境、卫生、消防等行政主管单位组成,项目建设单位、勘察、设计、监理、施工单位等参加验收工作。验收委员会负责审查项目实施的各个环节,听取有关方面的工作报告,全面评价项目的设计、施工、设备的质量、进度和价款,最后提出项目的竣工验收报告,报送主管部门审批。企业投资项目的竣工验收由建设单位自行组织,并提交四方验收报告。

三、建设项目竣工验收的条件和依据

(一)竣工验收的条件

建设项目竣工验收应符合以下条件:(1)完成建设工程设计和合同约定的各项内容;(2)有完整的技术档案和施工管理资料;(3)有工程使用的主要建筑材料、建筑构配件和设备的进场试验报告;(4)有勘察、设计、施工、工程监理等单位分别签署的质量合格文件;(5)有施工单位签署的工程保修书。

(二)竣工验收的标准

建设项目竣工验收的标准如下:(1)生产性项目和辅助性公用设施已按设计要求完成,能满足生产使用;(2)主要工艺设备配套经联动负荷试车合格,形成生产能力,能够生产出设计文件所规定的产品;(3)必要的生产设施已按设计要求建成;(4)生产准备工作能适应投产的需要;(5)环境保护设施、劳动安全卫生设施、消防设施已按设计要求与主体工程同时建成使用;(6)生产性投资项目如工业项目的土建工程、安装工程、人防工程、管道工程、通信工程等工程的施工和竣工验收,必须按照国家和行业施工及验收规范执行。

(三)竣工验收的范围

凡新建、扩建、改建的基本建设项目和技术改造项目(所有列入固定资产投资计划的建设项目或单项工程),已按国家批准的设计文件所规定的内容建成,符合验收标准,即工业投资项目经负荷试车考核,试生产期间能够正常生产出合格产品,形成生产能力的;非工业投资项目符合设计要求,能够正常使用的。无论属于哪种建设性质,都应及时组织验收,办理固定资产移交手续。

四、建设项目竣工验收的形式

建设项目竣工验收的形式主要有以下三种:(1)事后报告验收形式,对一些小型项目或单纯的设备安装项目适用;(2)委托验收形式,对一般工程项目适用,委托某个有资格的机构为建设单位验收;(3)成立竣工验收委员会验收。

五、建设项目竣工验收的职责

验收委员会或验收组的主要职责是:(1)审查预验收情况报告和移交生产准备情况报告;(2)审查各种技术资料,如项目可行性研究报告、设计文件、概预算、有关项目建设的重要会议记录,以及各种合同、协议、工程技术经济档案等;(3)对项目主要生产设备和公用设施进行复验和技术鉴定,审查试车规格,检查试车准备工作,监督检查生产系统的全部带负荷运转,评定工程质量;(4)处理交接验收过程中出现的有关问题;(5)核定移交工程清单,签订交工验收证书;(6)提出竣工验收工作的总结报告和国家验收鉴定书。

六、建设项目竣工决算报告

(一)建设项目竣工决算报告的概念

建设项目竣工决算报告,是指所有建设项目竣工后,建设单位按照国家有关规定在新建、改建和扩建工程建设项目竣工验收阶段编制的报告。

(二)建设项目竣工决算报告的作用

首先,建设项目竣工决算报告是综合、全面地反映竣工项目建设成果及财务情况的总结性文件，它采用货币指标、实物数量、建设工期和各种技术经济指标，综合、全面地反映建设项目自开始建设到竣工为止的全部建设成果和财务状况。

其次，建设项目竣工决算报告是办理交付使用资产的依据，也是竣工验收报告的重要组成部分。

最后，建设项目竣工决算报告是分析和检查设计概算的执行情况，考核投资效果的依据。

（三）建设项目竣工决算报告的内容依据

大中型建设项目的竣工决算报告一般包括：竣工工程概况表、竣工财务决算表、建设项目交付使用财产总表和建设项目交付使用财产明细表等。

小型建设项目的竣工决算报告一般包括：竣工决算总表和交付使用财产明细表。

建设项目竣工财务决算表要根据大中型建设项目和小型建设项目分别制定。大中型建设项目竣工财务决算报表包括：建设项目竣工财务决算审批表、大中型建设项目概况表、大中型建设项目竣工财务决算表、大中型建设项目交付使用资产总表；小型建设项目竣工财务决算报表包括：建设项目竣工财务决算审批表、竣工财务决算总表、建设项目交付使用资产明细表。

竣工决算的编制依据主要有如下几类：(1)可行性研究报告、投资估算书、初步设计或扩大初步设计、修正总概算及其批复文件；(2)设计变更记录、施工记录或施工签证单及其他施工发生的费用记录；(3)经批准的施工图预算或标底造价、承包合同、工程结算等有关资料；(4)历年基建计划、历年财务决算及批复文件；(5)设备、材料调价文件和调价记录等。

七、新增资产价值的确定

新增资产，是指一定时期内通过投资活动所形成的新的资产价值，包括已经建成投入生产或交付使用的工程价值和达到固定资产标准的设备、工具、器具的价值，及有关应摊人员的费用及流动资产及知识产权等。

（一）新增资产价值的分类

新增资产可以分为固定资产、流动资产、无形资产、递延资产和其他资产，分

述如下:

1. 固定资产

固定资产,是指使用期限超过一年,单位价值在1000元、1500元或2000元以上,并且在使用过程中保持原有实物形态的资产。

2. 流动资产

流动资产,是指可以在一年或者超过一年的营业周期内变现或者耗用的资产。流动资产按资产的占用形态可分为现金、存货、银行存款、短期投资、应收账款及预付账款。

3. 无形资产

无形资产,是指特定主体所控制的,不具有实物形态,对生产经营长期发挥作用且能带来经济利益的资源。主要有专利权、非专利技术、商标权、商业信誉。

4. 递延资产

递延资产,是指不能全部计入当年损益,应当在以后年度分期摊销的各种费用,包括开办费、租入固定资产改良支出等。

5. 其他资产

其他资产,是指具有专门用途,但不参加生产经营的,经国家批准的特种物资、银行冻结存款和冻结物资、涉及诉讼的财产等。

(二)新增资产价值的确定方法

1. 固定资产价值的确定

新增固定资产价值以独立发挥生产能力的单项工程为对象。

2. 流动资产价值的确定

流动资产价值的确定主要是存货价值的确定,应区分是外购的还是自制的,对两种途径取得的存货的价值的计算方法不同。

货币资金,即现金、银行存款和其他货币资金(包括外埠存款、还未收到的在途资金、银行汇票和本票等资金),一律按实际入账价值核定计入流动资产。应收和应预付款,包括应收工程款、应收销售款、其他应收款、应收票据及预付分包工程款、预付分包工程备料款、预付工程款、预付备料款、预付购货款和待摊费用,对于其价值的确定,一般情况下是按应收和应预付款项的企业销售商品、产品或提供劳务时的实际成交金额或合同约定金额入账核算。

3. 无形资产价值的确定

(1)无形资产的计价原则

投资者以无形资产作为资本金或者合作条件投入时,按评估确认或合同协议约定的金额计价,具体而言:①购入的无形资产,按照实际支付的价款计价;②企业自创并依法申请取得的无形资产,按开发过程中的实际支出计价;③企业接受捐赠的无形资产,按照发票账单所持金额或者同类无形资产市价作价。

无形资产计价入账后,应在其有效使用期内分期摊销。

(2)无形资产的计价方法

①专利权的计价。专利权分为自创和外购两类。自创专利权的价值为开发过程中的实际支出,主要包括专利的研制成本和交易成本。由于专利权是具有独占性并能带来超额利润的生产要素,因此专利权转让价格不按成本估价,而是按照其所能带来的超额收益计价。

②非专利技术的计价。非专利技术的价值在于非专利技术的使用所能产生的超额获利能力,应在研究分析其直接和间接获利能力的基础上,准确计算出其价值。如果非专利技术是自创的,一般不作为无形资产入账,自创过程中发生的费用按当期费用处理。对于外购非专利技术,应由法定评估机构确认后再进行估价,往往通过能产生的收益采用收益法进行估价。

③商标权的计价。如商标是企业自创的,一般不作为无形资产入账,而将商标设计、制作、注册、广告宣传等发生的费用直接作为销售费用计入当期损益。只有当企业购入或转让商标时,才需要对商标权计价。商标权的计价一般依据被许可方新增的收益确定。

④土地使用权的计价。根据取得土地使用权方式的不同,按出让金等估算。如属于出让方式获得,以支付的金额作为无形资产计价;如属于行政划拨则,不作为无形资产计价。

4. 递延资产和其他资产价值的确定

(1)递延资产价值的确定

①开办费,是指在筹集期间发生的费用,不能计入固定资产或无形资产价值的费用,主要包括筹建期间人员工资、办公费、员工培训费、差旅费、印刷费、注册

登记费,以及不计入固定资产和无形资产购建成本的汇兑损益、利息支出等。根据现行财务制度规定,企业筹建期间发生的费用,应于开始生产经营起一次计入开始生产经营当期的损益。企业筹建期间开办费的价值可按其账面价值确定。

②以经营租赁方式租入的固定资产改良工程支出的计价,应在租赁期限内摊入制造费用或管理费用。

(2)其他资产

包括特准储备物资等,按实际入账价值核算。

第六节 建设项目保修

一、建设项目保修及其意义

(一)保修的含义

建设工程质量保修制度是国家确定的重要法律制度,是指建设工程在办理交工验收手续后,在规定的保修期限内(按合同有关保修的规定),因勘察设计、施工、材料等原因造成的质量缺陷,应由责任单位负责维修。项目保修是项目竣工验收交付使用后,在一定期限内由承包人到发包人或用户处进行回访,对于工程发生的确实是由于承包人施工责任造成的建筑物使用功能不良或无法使用问题,由承包人负责修理,直到达到正常使用的标准。保修回访制度属于建筑工程竣工后的管理范畴。

依照《民法典》第 795 条的规定,建设工程施工合同的内容包括质量保修范围和质量保证期。《建筑法》第 62 条第 1 款规定:"建筑工程实行质量保修制度。"

2019 年 4 月,国务院令第 714 号颁布《建设工程质量管理条例》,该条例规定,建设工程实行保修制度。建设工程承包单位在向建设单位提交工程竣工验收报告时,应当向建设单位出具质量保修书。质量保修书中应当明确建设工程的保修范围、保修期限和保修责任等。建设工程在保修范围和保修期限内发生质量问题的,施工单位应当履行保修义务,并对造成的损失承担赔偿责任。

（二）保修的意义

工程质量保修是一种售后服务方式，是《建筑法》和《建设工程质量管理条例》规定的承包人的质量保证责任。建设工程质量保修制度是重要法律制度，对于促进承包人加强质量管理、改进工程质量，保证社会公共安全及消费者的合法权益能够起到重要作用。

二、保修的范围和最低保修期限

在正常使用条件下，建设工程的保修范围应包括地基基础工程、主体结构工程、屋面防水工程和其他土建工程，以及电气管线、上下水管线的安装工程，供热、供冷系统工程等项目。实践中，工程质量问题一般主要包括以下几个方面：(1)屋面、地下室、外墙阳台、卫生间、厨房等处的渗水漏水问题；(2)各种通水管道（如自来水、热水、污水、雨水等）的漏水问题、各种气体管道的漏气问题、通气孔和烟道的堵塞问题；(3)水泥地面有较大面积的空鼓、裂缝或起砂问题；(4)内墙抹灰有较大面积起泡、脱落或墙面浆活起碱脱皮问题，外墙粉刷自动脱落问题；(5)暖气管线安装不妥，出现局部不热、管线接口处漏水等问题；(6)影响工程使用的地基基础、主体结构等质量问题；(7)由于施工不良造成的无法使用或不能正常发挥使用功能的工程部位问题；(8)由于用户使用不当造成的无法使用或不能正常使用功能的工程部位问题。

保修的期限应当按照保证建筑物在合理寿命内的正常使用，及维护使用者合法权益的原则确定。具体的保修范围和最低保修期限由国务院规定。按照《建设工程质量管理条例》第40条的规定，在正常使用条件下，建设工程的最低保修期限为：(1)基础设施工程、房屋建筑的地基基础工程和主体结构工程，为设计文件规定的该工程的合理使用年限；(2)屋面防水工程、有防水要求的卫生间、房间和外墙面的防渗漏，为5年；(3)供热与供冷系统，为2个采暖期、供冷期；(4)电气管线、给排水管道、设备安装和装修工程，为2年；(5)其他项目的保修期限由发包方与承包方约定。建设工程的保修期，自竣工验收合格之日起算。

三、保修的经济责任

保修的经济责任的确定分为以下几种情况：

(1)由于承包人未按施工质量验收规范、设计文件要求和施工合同约定组织施工而造成的质量缺陷所产生的工程质量保修,应当由承包人负责修理并承担赔偿责任。由于承包人采购的建筑材料、建筑构配件、设备等不符合质量要求,或承包人应进行而没有进行试验或检验就进入现场使用而造成质量问题的,应由承包人负责修理并承担相应的质量保修责任。

(2)由勘察设计人员造成的质量缺陷应由勘察人、设计人承担经济责任。设计单位在设计文件中选用的建筑材料、建筑构配件和设备,应当注明规格、型号、性能等技术指标,其质量要求必须符合国家规定的标准。除有特殊要求的建筑材料、专用设备、工艺生产线等以外,设计单位不得指定生产厂、供应商。

(3)由于发包人供应的材料、构配件或设备不合格造成质量缺陷的,或发包人竣工验收后未经许可自行改建造成质量问题的,应由发包人或使用人自行承担经济责任。由发包人指定分包或支解工程后发包,致使施工接口不好造成质量缺陷的,或发包人或使用人竣工验收后使用不当造成损坏的,应由发包人或使用人自行承担经济责任。

(4)不可抗力造成的质量缺陷不属于规定的保修范围。由于地震、洪水、台风等不可抗力原因造成损坏,或非施工原因造成的事故,承包人不承担经济责任,当发包人需要修理、维护服务时,承包人应提供相应的服务,但双方应签订协议,约定服务的内容和质量要求,所发生的费用由发包人按协议约定的方式支付。

(5)有的项目经发包人和承包人协商,根据工程的合理使用年限,采用保修保险方式。这种方式不需扣保留金,保险费由发包人支付,承包人应按约定的保修承诺履行其保修职责和义务。

建设工程在保修范围和保修期限内发生质量问题的,承包人应当履行保修义务,并对造成的损失承担赔偿责任。凡是由于用户使用不当而造成建筑功能不良或损坏的,不属于保修范围,应由发包人自行组织修理。

四、保修的操作方法

(一)发送保修证书(房屋保修卡)

在工程竣工验收的同时,最迟不应超过3~7天,由承包人向发包人发送建筑安装工程保修证书。保修证书一般应包括如下主要内容:(1)工程简况、房屋使用管理要求;(2)保修范围和内容;(3)保修时间;(4)保修说明;(5)保修情况记录;(6)保修单位(承包人)的名称、详细地址等。

(二)填写“工程质量修理通知书”

在保修期内,工程项目出现质量问题,影响使用的,使用人应填写工程质量修理通知书告知承包人,注明质量问题及部位、联系维修方式,要求承包人派人前往检查修理。修理通知书发出日期为约定起始日期,承包人应在7天内派出人员执行保修任务。

(三)实施保修服务

承包人接到工程质量修理通知书后,必须尽快派人到现场检查情况,并会同发包人共同作出鉴定,提出修理计划,明确经济责任,尽快组织人力物力进行维修,履行工程质量保修的承诺。发生涉及结构安全或者严重影响使用功能的紧急抢修事故,承包人接到保修通知后,应立即到达现场抢修。发生涉及结构安全的质量缺陷,发包人或者房屋建筑产权人应立即向当地建设主管部门报告,采取安全防范措施,由原设计单位或者相应资质等级的设计单位提出保修方案;承包人实施保障,原工程质量监督机构负责监督。

(四)验收

在发生问题的部位或项目修理完毕后,要在保修证书的“保修记录”栏内做好记录,并经发包人验收签认,至此修理工作完毕。

五、保修费用及其处理

(一)保修费用的含义

保修费用,是指对保修期间和保修范围内所发生的维修、返工等各项费用的支出。保修费用应按合同和有关规定合理确定和控制,一般可参照建筑安装工程造价的确定程序和方法计算,也可以按照建筑安装工程造价或承包工程合同价的一定比例计算。

(二)保修费用的处理

根据《建筑法》的相关规定,在保修费用的处理问题上,必须根据修理项目的性质、内容以及检查修理等多种因素的实际情况,区别保修责任的承担问题,由有关责任方承担保修的经济责任,由发包人和承包人共同商定经济处理办法。

根据《建筑法》第75条的规定,建筑施工企业违反该法规定,不履行保修义务或拖延履行保修义务的,责令改正,可以处以罚款。在保修期间因屋顶、墙面渗漏、开裂等质量缺陷造成的损失,有关责任企业应当依据实际损失给予实物或经济补偿。

因勘察设计原因、监理原因或者建筑材料、建筑构配件和设备等原因造成的质量缺陷,根据《民法典》的相关规定,施工企业可以在保修和赔偿损失之后,向有关责任者追偿。因建设工程质量不合格造成损害的,受损害人有权向责任者要求赔偿。因发包人或者勘察设计原因、施工原因、监理原因产生建设质量问题,造成他人损失的,以上单位应当承担相应的赔偿责任。受损害人可以向任何一方要求赔偿,也可以向以上各方提出共同赔偿要求,要求各方承担连带责任。有关各方在赔偿之后,可以在查明原因后向真正责任人追偿。

涉外工程的保修问题,除参照有关经济责任的划分进行处理外,还应依照原合同条款的有关规定执行。

下编

工程合同纠纷疑难问题解答

第七章 建设工程施工合同的订立

合同的成立取决于当事人之间的意思自治,具备民事权利能力的当事人达成一致,合同既成立;但合同成立后是否产生意思自治所要达到的法律效力,由法律进行价值评价。一方面,不同于一般民事合同的标的物,建设工程施工合同的标的物涉及国家利益和社会公共利益,国家对建设工程施工合同的效力给予了更多强制性干预和监管,依法成立的合同,还要符合法律相关规定才能发生法律效力。例如,法律规定建设工程施工合同订立之前,建设单位应当依法办理工程项目相关行政审批手续,否则合同无效;法律规定必须经过招投标程序发包的工程应当办理招标投标手续,否则合同无效。此外,法律对建设工程施工合同的缔约主体资格、形式要件等亦有特殊要求。

另一方面,我国法律、行政法规和部门规章等各层级法律均对建设工程施工合同进行管理和规范,一味将违反这些规范的合同认定为无效合同,不仅不符合《民法典》的立法本意,也不符合鼓励交易的原则要求。因此,区分这些强制性规范的性质,是处理建设工程施工合同纠纷的另一个难点,哪些规范属于效力性强制规范,哪些规范属于管理性强制规范,是建设工程施工合同效力认定的另一项考量关键,同时,对建设工程施工合同被认定为无效之后的法律后果,在实践中也有不同的处理方式,这些问题都要通过深入研究加以分析。

在建设工程施工合同中,保证金也是合同订立阶段的重要内容,本章第二节对保证金给予专门论述。

第一节　建设工程施工合同的成立及生效

1 建设工程施工合同纠纷中,合同主体盖章行为的法律效力如何认定?

建设工程施工合同的签订主体主要有发包人、承包人、分包人、转包人、挂靠人、被挂靠人、实际施工人等。合同主体的法定代表人或者其授权之人在合同上加盖法人公章的行为,表明其是以法人名义签订合同,后果由法人承担。但实践中,法定代表人常常在事后以加盖的公章是假章、所盖之章与备案公章不一致等为由,否定合同效力,由此产生争议。

代表人和代理人取得合法授权后,以被代表人或被代理人名义签订的合同,应当由被代表人或被代理人承担责任。法定代表人以签约人无代理权、加盖的是假章、所盖之章与备案公章不一致等为由否定合同效力的,法院不予支持。最高人民法院于 2019 年 11 月 8 日印发的《全国法院民商事审判工作会议纪要》第 41 条第 1 款规定:"司法实践中,有些公司有意刻制两套甚至多套公章,有的法定代表人或者代理人甚至私刻公章,订立合同时恶意加盖非备案的公章或者假公章,发生纠纷后法人以加盖的是假公章为由否定合同效力的情形并不鲜见。人民法院在审理案件时,应当主要审查签约人于盖章之时有无代表权或者代理权,从而根据代表或者代理的相关规则来确定合同的效力。"

2 发包人持有多枚公章,对承包人所持有的施工合同上加盖公章的真实性不予认可,进而否定合同的真实性,承包人应当如何维护自己的合法权益?

实践中,经常有发包人保存多套公章,对施工人提交的工程承发包合同上加盖公章的真实性不予认可,并申请司法鉴定。通过启动鉴定程序,发现检材与样本不一致,发包人就达到了其申请鉴定的目的,有利于其诉讼。承包人在无正当理由拒绝发包人申请司法鉴定的情况下,可以通过如下方式保护自己的权利:

首先，承包人可以向法院举证发包人使用过多枚不同的公章，如果举证成功，则动摇了鉴定结果的唯一性，可一定程度上阻却发包人的鉴定目的。

其次，若发包人刻意隐瞒其有多枚公章的事实，承包人可以举证证明加盖在合同上的公章在双方履行的其他合同或其他交易中使用过，从而证明诉争合同的真实性；或提交证据证明自己实际施工范围，以证明双方存在真实的施工合同关系，并且已经实际履行。

最后，可以通过分配举证责任保护承包人合法权益。承包人已提交施工合同等证据，可认定承包人已初步完成了自己的举证责任，举证责任随之发生转移，由发包人提交证据证明其主张的涉案工程并非由承包人完成。如果发包人无法完成此举证责任，则应承担举证不能的不利后果，可认定双方当事人存在施工合同关系，对发包人公章鉴定的申请不予准许。

3 自然人或个人合伙能否成为建设工程施工合同的主体？

自然人或个人合伙能成为建设工程施工合同的发包人主体。《建筑法》第83条规定的农民自建低层住宅是从建设主体即房屋产权权利主体而言的，无论是农民自己施工，还是将工程承包给个体工匠或者建设工程施工企业建设，都属于农民自建。农民将工程承包给个体工匠施工，其建设行为受《村庄和集镇规划建设管理条例》调整，而农民将自建住宅承包给建设工程施工企业的，建设工程施工企业的建筑活动受《建筑法》调整。所以，农民自建房发包给建设工程施工企业也是法律所允许的，自然人或个人合伙可以成为建设工程施工合同的主体。

自然人或个人合伙不能成为建设工程施工合同的承包人主体。《建筑法》第26条第1款规定，承包建设工程的单位应当持有依法取得的资质证书。第27条第2款规定，两个以上不同资质等级的单位实行联合共同承包的，应当按照资质等级低的单位的业务许可范围承揽工程。第29条第1款规定，建筑工程总承包单位可以将承包工程中的部分工程发包给具有相应资质条件的分包单位。由此可见，承包人均是具有一定资质的企业，自然人或个人合伙不能成为建设工程承包人的合法主体。

自然人或个人合伙虽然不能成为建设工程承包人的合法主体,但根据我国法律所规定的实际施工人制度,在一定条件下,自然人或个人合伙可以成为无效施工合同的实际施工人,从而参与到建设工程施工合同纠纷的处理中。

4 建设工程施工合同是否必须采用书面形式?

依据《民法典》第789条的规定,建设工程合同应当采用书面形式。这是《民法典》对建设工程施工合同订立提出的形式上的要求,但未采用书面形式订立的建设工程施工合同并非一定不成立。

《民法典》第490条规定:"当事人采用合同书形式订立合同的,自当事人均签名、盖章或者按指印时合同成立。在签名、盖章或者按指印之前,当事人一方已经履行主要义务,对方接受时,该合同成立。法律、行政法规规定或者当事人约定合同应当采用书面形式订立,当事人未采用书面形式但是一方已经履行主要义务,对方接受时,该合同成立。"

根据上述规定,法律或行政法规规定或合同约定应当采用书面形式订立合同,当事人未采用书面形式订立合同,但一方当事人实际履行了合同主要义务,对方表示接受的,表明当事人通过事实履行行为促使合同成立。此规则在学理上被称为履行治愈规则。在工程实践中,造价较低、工期较短的建设工程,当事人确有可能不采取书面形式订立施工合同,口头谈妥后直接施工,《民法典》该规定对该类情形有实际意义。

5 建设工程施工合同平行发包与支解发包的区别是什么?

平行发包,也称分别发包,广义的平行发包是指发包人将建设项目的设计、采购、施工等分别发包给不同的单位,狭义的平行发包是指发包人将一个或多个单位工程或由多个单位工程组成的单项工程合法地分别发包给数个施工单位施工。支解发包,是指发包人将一个单位工程的施工分解成若干部分再发包给不同的施工总承包或专业承包单位。

无论是狭义上的平行发包还是广义上的平行发包，与支解发包都有本质区别，平行发包是合法行为，支解发包为法律所明令禁止，但二者在外观上有一定相似性，其区分关键在于发包范围不同。平行发包的合同标的是单位工程或单项工程，而支解发包则是发包人将一个单位工程的施工分解成若干部分再发包给不同的承包人。将单位工程再分解发包，属于违法行为。

6 建设工程施工合同的主要内容是什么？承发包双方所签订合同的实质性内容与招投标文件不一致的如何处理？

理论上，承发包双方可以自行约定建设工程施工合同的内容，实践中，承发包双方一般依据住房和城乡建设部和国家市场监督管理总局发布的《建设工程施工合同（示范文本）》签订合同。依据《建设工程施工合同（示范文本）》（GF－2017－0201）的规定，合同由合同协议书、通用合同条款和专用合同条款三部分构成。

《建设工程施工合同（示范文本）》（GF－2017－0201）的合同协议书共计13条，包括工程概况、合同工期、质量标准、签约合同价与合同价格形式、项目经理、合同文件构成、承诺、词语含义、签订时间、签订地点、补充协议、合同生效、合同份数，集中约定了合同当事人基本的合同权利义务。

通用合同条款是承发包人根据《建筑法》《合同法》（现为《民法典》）等法律法规的规定，就工程建设项目实施涉及合同当事人的主要权利义务作出的详细约定。通用合同条款共计20条，具体条款分别为：一般约定，发包人，承包人，监理人，工程质量，安全文明施工与环境保护，工期和进度，材料与设备，试验与检验，变更，价格调整，合同价格、计量与支付，验收和工程试车，竣工结算，缺陷责任与保修，违约，不可抗力，保险，索赔，争议解决。

专用合同条款是对通用合同条款的细化，或双方当事人对其他事项的另行约定。针对不同建设工程的特点及具体情况，承发包双方可以通过谈判、协商，对相应的专用合同条款进行修改补充，但不得违反法律、法规的效力性强制性规定。在此前提下，合同履行优先适用专用条款的规定。

依据最高人民法院《关于审理建设工程施工合同纠纷案件适用法律问题的解释（一）》第2条的规定，工程范围、建设工期、工程质量、工程价款等属于合同的实质条款,双方所签合同的实质条款与招投标文件不一致的,应当以招投标文件为依据来认定当事人的合同权利与义务。

7 如何判断项目经理的行为是否属于职务行为?

《民法典》第170条规定:“执行法人或者非法人组织工作任务的人员,就其职权范围内的事项,以法人或者非法人组织的名义实施的民事法律行为,对法人或者非法人组织发生效力。法人或者非法人组织对执行其工作任务的人员职权范围的限制,不得对抗善意相对人。”据此,项目经理的职务行为,是指项目经理根据承包人的授权,履行其职务,对外实施民事法律行为的代理行为。项目经理的行为对施工企业是否构成职务代理,可以从以下三个方面进行判断。

首先,项目经理应当是承包人企业的工作人员。职务代理,是指代理人根据其在法人或者非法人组织中所担任的职务,依据其职权对外实施民事法律行为的代理。职务代理不能发生于实际施工人施工的项目,仅能发生在真正法律意义上的项目经理与建筑施工企业之间。在实际施工人施工的项目中,承包人授权实际施工人的代表在授权范围内从事相关民事活动,属于一般委托代理,而非职务代理,因为实际施工人与承包人企业之间是挂靠、转包等关系,而非该承包人的真正工作人员。

其次,项目经理以承包人企业的名义实施民事法律行为。代理人以被代理人的名义实施民事法律行为,是代理的一般构成要件,职务代理行为也不例外。

最后,项目经理实施的是其职权范围内的事项。规范的施工企业作为承包人,对其项目经理在履行施工承包合同时的职权,都有明确规定或授权,表现形式可以是在施工承包合同中约定,也可以是以现场岗位职责公示牌等方式予以规定或公示。项目经理在其职权范围内以该施工企业的名义实施具体的行为,包括项目资金的投入和使用、建材采购、分包、工程签证、竣工验收、结算工程款等,均属职务代理行为,对外应由承包人承担法律责任。

第二节　建设工程施工合同所涉及的保证金

1 建设工程合同所涉及的保证金种类有哪些？

建设工程合同所涉及的保证金主要包括投标保证金、履约保证金及农民工工资保证金。

投标保证金，是指在招投标活动中，投标人按照招标文件的要求向招标人出具的，以一定金额表示的投标责任担保。其功能在于保证投标人在提交投标文件后不得在投标有效期内随意撤回、撤销投标，中标后不得无正当理由不提交履约保证金，或不与招标人签订合同，或提出附加条件。否则，招标人有权不予返还其提交的投标保证金。投标保证金除现金外，还可以是银行出具的银行保函、保兑支票、银行汇票或现金支票等。

履约保证金，是指承包人向发包人提供的，用于保证其履行合同义务的担保。承包人不履行合同义务的，发包人可以按照合同约定扣除其全部或部分履约保证金。履约保证金可以是现金、银行汇票、支票，也可以约定由银行作为第三方担保机构出具履约保函替代履约保证金。

农民工工资保证金规定于《保障农民工工资支付条例》，该条例于 2019 年 12 月 30 日由国务院正式颁布，自 2020 年 5 月 1 日起施行。自此，农民工工资支付有了行政法规层面的保障和规制。该条例第 32 条规定：“施工总承包单位应当按照有关规定存储工资保证金，专项用于支付为所承包工程提供劳动的农民工被拖欠的工资。工资保证金实行差异化存储办法，对一定时期内未发生工资拖欠的单位实行减免措施，对发生工资拖欠的单位适当提高存储比例。工资保证金可以用金融机构保函替代。工资保证金的存储比例、存储形式、减免措施等具体办法，由国务院人力资源社会保障行政部门会同有关部门制定。”

② 法律对投标保证金的数额、期限及主要法律作用是如何规定的?

《招标投标法实施条例》第 26 条第 1 款规定:“招标人在招标文件中要求投标人提交投标保证金的,投标保证金不得超过招标项目估算价的 2%。投标保证金有效期应当与投标有效期一致。”

若投标人撤回投标,应当退还保证金。《招标投标法实施条例》第 35 条规定:“投标人撤回已提交的投标文件,应当在投标截止时间前书面通知招标人。招标人已收取投标保证金的,应当自收到投标人书面撤回通知之日起 5 日内退还。投标截止后投标人撤销投标文件的,招标人可以不退还投标保证金。”

开标后投标人未中标,对其投标保证金应当予以退还,对中标人的投标保证金亦应当退还。《招标投标法实施条例》第 57 条第 2 款规定:“招标人最迟应当在书面合同签订后 5 日内向中标人和未中标的投标人退还投标保证金及银行同期存款利息。”中标人可与招标人达成一致,将投标保证金转为履约保证金。

投标保证金不予退还的情形,主要依据招标文件的规定,在建设工程招投标领域实践,主要有以下几种情形:(1)投标人存在串标、围标行为;(2)提供虚假业绩证明;(3)隐瞒企业不良行为记录,隐瞒拟派项目经理、总工程师的不良行为记录;(4)中标后无正当理由不提交履约保证金或不与招标人签订合同等。这些具体要求通常在招标文件中加以规定,投标人按照投标文件的要求交纳投标保证金的,即视为招投标双方达成了合意,若发生招标文件中所规定的不予退还事由,保证金不予退还。

招标人不履行相关义务,也要承担相应的责任。《招标投标法实施条例》第 66 条规定:“招标人超过本条例规定的比例收取投标保证金、履约保证金或者不按照规定退还投标保证金及银行同期存款利息的,由有关行政监督部门责令改正,可以处 5 万元以下的罚款;给他人造成损失的,依法承担赔偿责任。”

③ 履约保证金的基本法律规定和处理原则是什么?

履约保证金的上限是中标合同金额的 10%。《招标投标法实施条例》第 58 条规定："招标文件要求中标人提交履约保证金的，中标人应当按照招标文件的要求提交。履约保证金不得超过中标合同金额的10%。"由于建设工程合同涉及金额一般比较大，且一般情况下承包人的利润率也不会达到10%，履约保证金就显得相当可观。就履约保证金的处理，有以下几个基本原则：

第一，招标人存在过错导致合同不能履行，履约保证金应当返还并赔偿损失。根据《工程建设项目施工招标投标办法》第85条的规定："招标人不履行与中标人订立的合同的，应当返还中标人的履约保证金，并承担相应的赔偿责任；没有提交履约保证金的，应当对中标人的损失承担赔偿责任。因不可抗力不能履行合同的，不适用前款规定。"

第二，中标人存在过错时，履约保证金不予退还。《招标投标法》第60条第1款规定："中标人不履行与招标人订立的合同的，履约保证金不予退还，给招标人造成的损失超过履约保证金数额的，还应当对超过部分予以赔偿；没有提交履约保证金的，应当对招标人的损失承担赔偿责任。"但因不可抗力不能履行合同的除外。

第三，合同无效的情况下，履约保证金应当予以返还。《民法典》第157条规定："民事法律行为无效、被撤销或者确定不发生效力后，行为人因该行为取得的财产，应当予以返还；不能返还或者没有必要返还的，应当折价补偿。有过错的一方应当赔偿对方由此所受到的损失；各方都有过错的，应当各自承担相应的责任。法律另有规定的，依照其规定。"

第四，工程虽未经竣工验收，但已交付，发包人也实际使用了该工程，则视为工程合格，达到了返还履约保证金的条件，发包人应当返还履行保证金。例如，最高人民法院（2018）最高法民终906号生效民事判决书认为："2014年5月19日，宁夏润恒公司与卧牛山公司签订了《A冷库合同》，约定卧牛山公司应于合同签订后3日内向宁夏润恒公司交纳20万元履约保证金，工程完工后返还履约保证金20万元。根据卧牛山公司提供的《建行客户专用回单》和《统一收据》，可以证明卧牛山公司已按约向宁夏润恒公司交纳了20万元履约保证金，宁夏润恒公司也收到了卧牛山公司向其交纳的履约保证金20万元。案涉工程虽未经竣工验收，但已交付宁夏恒润公司，宁夏恒润公司也实际使用了部分案涉工程，且双方还于2016年3月19日对案涉工程进行了结算。故一审法院认定返还履行保证金的条件已成就,判决宁夏恒润公司向卧牛山公司返还履约保证金20万元,具有事实和法律依据,并无不当,本院予以维持。”该案当事人不服,向最高人民法院申请再审,最高人民法院作出(2019)最高法民申1686号民事裁定书,驳回再审申请,维持了原判决。

第五,履约保证金的利息自应当返还之日计付,而非自发包人收到保证金之日计付。自应当返还之日起按全国银行间同业拆借中心公布的贷款市场报价利率支付履约保证金的利息,至款清之日止。例如,最高人民法院(2019)最高法民终108号生效民事判决书认为:“根据案涉《补充协议》第5条的约定,万特公司应在案涉工程竣工验收合格后一周内将400万元履约保证金一次性返还中色十二冶公司。《最高人民法院关于审理建设工程施工合同纠纷案件适用法律问题的解释》第十三条[①]的规定:‘建设工程未经竣工验收,发包人擅自使用后,又以使用部分质量不符合约定为由主张权利的,不予支持;但是承包人应当在建设工程的合理使用寿命内对地基基础工程和主体结构质量承担民事责任。’案涉工程虽未进行竣工验收,但已于2014年11月1日投入使用,故万特公司应于2014年11月8日返还中色十二冶公司支付的400万元履约保证金。因万特公司并未按期返还保证金,应自2014年11月8日起按银行同期同类贷款利率支付该400万元履约保证金的利息至款清之日止。”该案当事人不服,向最高人民法院申请再审,最高人民法院作出(2019)最高法民申6107号民事裁定,驳回再审申请,维持了原判决。

履约保证金的返还约定不是与工程进度相对应,而是在一定期限内,按照明确的时间节点和约定的利率,返还相应的本金和利息,该约定的性质为借款合同。

例如,最高人民法院(2013)民一终字第153号生效民事判决书认为:“双方在《补充合同》中将《委托合同》第五条第三项‘甲方按工程进度款的比例每月支付给乙方’的约定,变更为‘1.4亿元人民币履约保证金在扣除中标标段合同总额10%的现金履约保证金后的实际使用总额部分(未中标前按1.4亿元人民币支付利息)的本金和利息在2年之内(即2005年11月26日之前)返还完毕,利息按照银行同期贷款利率执行。还款时间为:2005年1月10日前偿还本息25%;2005

① 此解释已失效,相关规定参见最高人民法院《关于审理建设工程施工合同纠纷案件适用法律问题的解释(一)》第14条。

年4月10日前偿还本息25%；2005年7月10日前偿还本息25%；2005年11月26日前偿还本息25%’，履约保证金的返还已不再与工程进度相对应，而是在2年时间内，按照明确的时间节点和约定的利率，返还相应的本金和利息。《补充合同》中有关履约保证金的约定，其性质为借款合同。由于作为资金出借方的中铁十五局系建筑企业，并非以资金融通为常业，其与海星集团公司之间的借款系为生产经营需要所进行的临时性资金拆借行为，不违反国家金融管制的强制性规定，也不存在非法目的及《中华人民共和国合同法》（以下简称《合同法》）第五十二条①规定的其他无效情形，故《补充合同》中具有借款合同性质的‘履约保证金’的约定有效。”该判决当事人不服，向最高人民法院提出申诉，最高人民法院作出（2014）民申字第1783号民事裁定，驳回再审申请，维持了原判决。

4　工程建设领域农民工工资保证金制度的基本规定有哪些？

2016年1月17日，国务院办公厅发布《关于全面治理拖欠农民工工资问题的意见》，第7条规定：“完善工资保证金制度。在建筑市政、交通、水利等工程建设领域全面实行工资保证金制度，逐步将实施范围扩大到其他易发生拖欠工资的行业。建立工资保证金差异化缴存办法，对一定时期内未发生工资拖欠的企业实行减免措施、发生工资拖欠的企业适当提高缴存比例。严格规范工资保证金动用和退还办法。探索推行业主担保、银行保函等第三方担保制度，积极引入商业保险机制，保障农民工工资支付。”

2019年12月30日，《保障农民工工资支付条例》发布，并于2020年5月1日起施行。该条例是我国第一部保障农民工工资权益的行政法规，体现了国家对保障农民工工资支付工作的高度重视，标志着我国治理拖欠农民工工资问题进入法治化轨道。

2021年8月17日，人力资源和社会保障部、住房和城乡建设部、交通运输部、水利部、银保监会、国家铁路局、中国民用航空局联合发布《工程建设领域农民工工资保证金规定》，在《保障农民工工资支付条例》的基础上，对工程建设领域中农

① 《合同法》已失效，相关规定参见《民法典》第146条。

民工工资保证金的存储、使用和监管等进行了细化。

5 《保障农民工工资支付条例》规定发包人、总承包人及分包人应当就农民工工资支付承担怎样的保障义务?

《保障农民工工资支付条例》对农民工工资支付的形式与要求、农民工工资的保证、工程建设领域用工及工资支付要求、拖欠农民工工资相关行为的法律责任及追偿程序进行了详细规定,分述如下:

1. 发包人就保障农民工工资支付应当承担的义务

(1)发包人要保障项目建设资金到位,否则单位及相关负责人将面临行政处罚或处分。《保障农民工工资支付条例》第23条规定:“建设单位应当有满足施工所需要的资金安排。没有满足施工所需要的资金安排的,工程建设项目不得开工建设;依法需要办理施工许可证的,相关行业工程建设主管部门不予颁发施工许可证。政府投资项目所需资金,应当按照国家有关规定落实到位,不得由施工单位垫资建设。”第59条规定:“政府投资项目政府投资资金不到位拖欠农民工工资的,由人力资源社会保障行政部门报本级人民政府批准,责令限期足额拨付所拖欠的资金;逾期不拨付的,由上一级人民政府人力资源社会保障行政部门约谈直接责任部门和相关监管部门负责人,必要时进行通报,约谈地方人民政府负责人。情节严重的,对地方人民政府及其有关部门负责人、直接负责的主管人员和其他直接责任人员依法依规给予处分。”第61条规定:“对于建设资金不到位、违法违规开工建设的社会投资工程建设项目拖欠农民工工资的,由人力资源社会保障行政部门、其他有关部门按照职责依法对建设单位进行处罚;对建设单位负责人依法依规给予处分。相关部门工作人员未依法履行职责的,由有关机关依法依规给予处分。”

(2)发包人应当向承包人提供工程款支付担保,否则,导致拖欠农民工工资的,将被限制新建项目,并记入征信系统。《保障农民工工资支付条例》第24条第1款规定:“建设单位应当向施工单位提供工程款支付担保。”第49条规定:“建设单位未依法提供工程款支付担保或者政府投资项目拖欠工程款,导致拖欠农民工工资的,县级以上地方人民政府应当限制其新建项目,并记入信用记录,纳入国家信用信息系统进行公示。”

(3)发包人应依据合同约定及时足额拨付人工费至农民工工资专用账户,否则,承包人如拖欠农民工工资,发包人将以尚未结清的工程款为限额先行垫付农民工工资。《保障农民工工资支付条例》第24条第2款规定:“建设单位与施工总承包单位依法订立书面工程施工合同,应当约定工程款计量周期、工程款进度结算办法以及人工费用拨付周期,并按照保障农民工工资按时足额支付的要求约定人工费用。人工费用拨付周期不得超过1个月。”第29条第1款、第2款规定:“建设单位应当按照合同约定及时拨付工程款,并将人工费用及时足额拨付至农民工工资专用账户,加强对施工总承包单位按时足额支付农民工工资的监督。因建设单位未按照合同约定及时拨付工程款导致农民工工资拖欠的,建设单位应当以未结清的工程款为限先行垫付被拖欠的农民工工资。”

(4)发包人违法发包、违法违规建设导致拖欠农民工工资的,由建设单位清偿。《保障农民工工资支付条例》第36条第1款规定:“建设单位或者施工总承包单位将建设工程发包或者分包给个人或者不具备合法经营资格的单位,导致拖欠农民工工资的,由建设单位或者施工总承包单位清偿。”第37条规定:“工程建设项目违反国土空间规划、工程建设等法律法规,导致拖欠农民工工资的,由建设单位清偿。”

2. 总承包人保障农民工工资支付应当承担的义务

(1)施工总承包要建立专款账户,并规范农民工工资账户资料。《保障农民工工资支付条例》第26条规定:“施工总承包单位应当按照有关规定开设农民工工资专用账户,专项用于支付该工程建设项目农民工工资。开设、使用农民工工资专用账户有关资料应当由施工总承包单位妥善保存备查。”施工总承包单位开设的农民工工资专用账户是欠薪预警系统进行风险评估的主要依据之一。同时,农民工实名制用工、工资专户收支专款专用,增加了施工总承包单位使用工程进度款的压力,也对施工总承包单位资金周转形成压力。

(2)施工总承包单位按照工资支付周期编制书面工资支付台账,并保存至少3年;施工总承包单位还应当与农民工订立劳动合同,并实名登记,建立用工管理台账,保存至完工且工资全部结清后3年,否则将承担不利后果。《保障农民工工资支付条例》第50条规定:“农民工与用人单位就拖欠工资存在争议,用人单位应当提供依法由其保存的劳动合同、职工名册、工资支付台账和清单等材料;不提供的,依法承担不利后果。"实务中要特别注意的是工资,支付台账中应当有农民工本人的亲笔签名,他人代签的要有明确的授权委托手续。承包人应当留存工资保证金,专项用于支付被拖欠的农民工工资;工资保证金可以由金融机构保函代替。

(3)总承包人不得扣押或变相扣押农民工证件。《保障农民工工资支付条例》第31条第4款规定:"用于支付农民工工资的银行账户所绑定的农民工本人社会保障卡或者银行卡,用人单位或者其他人员不得以任何理由扣押或者变相扣押。"该条规定系总结实践中经验,为真正落实农民工实名制管理、人工费专户收支专款专用管理而设置。若承包人被举报,查实存在规定情形的,承包人的单位法定代表人、项目负责人、直接负责人及相关责任人员均要接受行政处罚,被处以罚款。同时,为保障农民工权益,依据《保障农民工工资支付条例》第34条的规定,施工总承包单位应当在施工现场醒目位置设立农民工工资维权信息告示牌,以期最大限度保障农民工合法权益。

(4)总承包人要设立劳资专员监督分包人支付农民工工资,并推行代分包人发放农民工工资制度。《保障农民工工资支付条例》第28条第2款规定:"施工总承包单位应当在工程项目部配备劳资专管员,对分包单位劳动用工实施监督管理,掌握施工现场用工、考勤、工资支付等情况,审核分包单位编制的农民工工资支付表,分包单位应当予以配合。"第30条第2款规定:"施工总承包单位对分包单位劳动用工和工资发放等情况进行监督。"上述规定一定程度上是对"合同相对性"原则的突破,总承包人需要特别予以重视。

除监督分包人支付农民工工资外,国家推行由总承包人代发农民工工资制度。《保障农民工工资支付条例》第31条第1款规定:"工程建设领域推行分包单位农民工工资委托施工总承包单位代发制度。"该规定综合考虑了分包人的抗风险能力、资金实力及管理能力,认为委托施工总承包人代分包人发放农民工工资更有利于农民工工资的支付。

(5)施工总承包人要承担先行垫付农民工工资的义务。首先,分包人拖欠农民工工资的,由总包人先清偿工资。《保障农民工工资支付条例》第30条第3款规定:"分包单位拖欠农民工工资的,由施工总承包单位先行清偿,再依法进行追偿。"该规定采用无过错原则,总承包人先行清偿未附任何条件,并不需要以总承包人欠付分包人工程款或人工费为前提,只要出现分包人拖欠农民工工资情形,施工总承包人即须先行清偿。总承包人支付后可以再行追偿,但存在追偿不回的可能,如通过诉讼或仲裁渠道,亦会增加讼累。因此,为避免损失,施工总承包人可以要求分包人提供一定的农民工工资担保,以规避风险。

(6)总承包人转包、违法分包工程项目的,总承包人须垫付被拖欠的农民工工资。《保障农民工工资支付条例》第30条第4款规定:“工程建设项目转包,拖欠农民工工资的,由施工总承包单位先行清偿,再依法进行追偿。”总承包人违法挂靠、出借资质的,亦应当承担先行垫付的责任,《保障农民工工资支付条例》第36条规定:“建设单位或者施工总承包单位将建设工程发包或者分包给个人和不具备合法经营资格的单位,导致拖欠农民工工资的,由建设单位或者施工总承包单位清偿。施工单位允许其他单位或者个人以施工单位的名义对外承揽建设工程,导致拖欠农民工工资的,由施工单位清偿。”《保障农民工工资支付条例》出台前,农民工可能以实际施工人的身份起诉总承包人支付工资,但其不一定能证明自己属于实际施工人,所以农民工越过分包人向总承包人追偿欠付工资存在一定困难。上述两条规定虽然仍未解决该问题,但明确了施工总承包人清偿拖欠的工资的责任。

施工总承包人若未按规定开设或者使用农民工工资专用账户、存储工资保证金,或者未提供合格金融机构的保函,或者没有实行劳动用工实名制管理,将被处以罚款;情节严重的,可能被处以限制承接新工程项目、降低资质等级,直至吊销资质证书等。

3.分包人就保障农民工工资支付应当承担的义务

(1)与农民工订立劳动合同,进行用工实名登记,建立用工管理台账,不得以任何理由扣押或者变相扣押农民工的社会保障卡或者银行卡。对分包单位的要求和责任的规定与对施工总承包单位的相同。

(2)分包人对所招用的农民工进行实名制管理,并对工资支付负直接责任。在分包人的农民工工资委托施工总承包单位代发时,分包人应当按月考核农民工工作量、编制工资支付表并经农民工本人签字确认后交施工总承包单位支付。同时,分包人应当配合施工总承包人对其劳动用工进行监督管理。

施工总承包人代发分包人的农民工工资的制度,一方面,减轻了分包人的农民工工资支付压力;另一方面,相对增加了分包人的资金压力。原先分包人按季度甚至按年支付农民工工资,其可以用农民工工资周转材料采购、设备租赁及现场管理,这也是分包人容易拖欠农民工工资的原因之一,施工总承包人代发分包人的农民工工资后,分包人就没有了这部分资金,对分包人的资金管理提出了更高的要求。

6 当前我国法律对农民工工资保证金数额的具体规定是什么?

2021 年 8 月 17 日,人力资源和社会保障部、住房和城乡建设部、交通运输部、水利部、银保监会、国家铁路局、中国民用航空局联合发布《工程建设领域农民工工资保证金规定》。就农民工工资保证金的缴存比例,该规定的第 11 条第 1 ~ 3 款规定:“工资保证金按工程施工合同额(或年度合同额)的一定比例存储,原则上不低于 1%,不超过 3%,单个工程合同额较高的,可设定存储上限。施工总承包单位在同一工资保证金管理地区有多个在建工程,存储比例可适当下浮但不得低于施工合同额(或年度合同额)的 0.5%。施工合同额低于 300 万元的工程,且该工程的施工总承包单位在签订施工合同前一年内承建的工程未发生工资拖欠的,各地区可结合行业保障农民工工资支付实际,免除该工程存储工资保证金。”就减免措施,该规定的第 12 条规定:“施工总承包单位存储工资保证金或提交银行保函后,在工资保证金管理地区承建工程连续 2 年未发生工资拖欠的,其新增工程应降低存储比例,降幅不低于 50%;连续 3 年未发生工资拖欠且按要求落实用工实名制管理和农民工工资专用账户制度的,其新增工程可免于存储工资保证金。施工总承包单位存储工资保证金或提交银行保函前 2 年内在工资保证金管理地区承建工程发生工资拖欠的,工资保证金存储比例应适当提高,增幅不低于 50%;因拖欠农民工工资被纳入‘严重失信主体名单’的,增幅不低于 100%。”

7 建设工程分包合同中的“背靠背”结算条款的效力如何认定?

“背靠背”条款,是指施工总承包人在进行工程分包并与分包人签订分包合同时,约定待总承包人与发包人进行结算且发包人支付工程款后,总承包人再向分包人支付工程价款,总承包人向分包人支付工程价款的条件是总承包人获得发包人支付的工程价款。

实务中,对建设工程分包合同中的"背靠背"结算条款效力的认定有争议。"背靠背"结算条款的本质是总承包人转移建设工程价款欠付的风险,但确实是总承包人与分包人之间的意思自治行为,依法可以被认定为有效。北京市高级人民法院《关于审理建设工程施工合同纠纷案件若干疑难问题的解答》第22条规定:"分包合同中约定待总包人与发包人进行结算且发包人支付工程款后,总包人再向分包人支付工程款的,该约定有效。因总包人拖延结算或怠于行使其到期债权致使分包人不能及时取得工程款,分包人要求总包人支付欠付工程款的,应予支持。总包人对其与发包人之间的结算情况以及发包人支付工程款的事实负有举证责任。"

对于有效建设工程分包合同中的"背靠背"结算条款,若总承包人怠于行使自己的权利,不积极向发包人主张工程款,分包人可以不受"背靠背"条款的约束,主张分包工程款。例如,江苏省高级人民法院(2014)苏民终字第0258号民事判决书认为,总承包人无证据证明其按约定及时积极向建设单位追索工程欠款,也无证据证明建设单位有暂时不能支付工程款的合理理由,总承包人未积极地促成工程款全部到账,其又以协议内容("背靠背"结算条款)主张支付工程款的条件尚不具备,有违诚信,法院不予支持。

特别要注意的是,"背靠背"条款中不应将"建设单位向总包人付款"扩大解释为"建设单位向总包人支付全部工程款",在总承包人无法证明建设单位支付工程款对应的分包项目的前提下,只要建设单位向总承包人支付部分工程款,总承包人向分包人付款的条件即应视为成就。同时,建设单位已支付的工程款远高于总承包人应向分包人支付的工程款的,若总承包人不能证明建设单位支付款项对应的工程项目,则不得对抗分包人的付款请求权。例如,福建省高级人民法院(2010)闽民终字第344号民事判决书认为,总承包人未能证明建设单位支付的工程款相对应的工程项目,而其已收到的建设单位支付的工程款远远超过其应支付的分包工程款,从公平合理的角度出发,应认定其尚未支付的分包工程款的付款条件已经成就。

在不能认定总承包人积极向发包人追讨工程款的举证责任是否完成时,一般倾向于支持分包人。

第八章 建设工程施工合同的效力

第一节 建设工程施工合同的无效及效力待定

1 建设工程施工合同无效主要有哪些情形？

建设工程施工合同无效，首先适用《民法典》相关民事法律行为无效的规定。《民法典》第146规定了虚假表示与隐藏的行为无效，第153条规定了违反法律、行政法规的强制性规定及违背公序良俗的民事法律行为无效，第154条规定了恶意串通的民事法律行为无效。《民法典》就合同无效的一般规定，当然适用于建设工程施工合同。针对建设工程施工合同，《民法典》第791条对建设工程的发包、承包、分包进行了规定，明确了建设工程施工合同支解发包和转包无效。

除《民法典》外，最高人民法院《关于审理建设工程施工合同纠纷案件适用法律问题的解释（一）》的第1条、第3条、第7条规定了建设工程施工合同无效的主要情形，具体如下：

（1）发包人未取得建设工程规划许可证等规划审批手续，而对外发包工程所订立的建设工程施工合同无效；

（2）承包人未取得建筑施工资质或者超越资质等级承包建设工程所订立的施工合同无效；

（3）不具有建筑施工资质的建筑施工企业借用具有相应资质条件的建筑企业的名义和资质证书，即通过挂靠证书与建设单位订立的施工合同无效；

(4)必须进行招标的建设工程项目未招标或者中标无效而订立的施工合同无效；

(5)承包人转包订立的施工合同无效；

(6)承包人违法分包订立的施工合同无效。

上述几种无效情形，是实践中建设工程施工合同无效的主要情形，有必要详细加以研究。

2 可否依据建设工程施工许可证判断建设工程施工合同的效力？

建设工程施工许可证是非常重要的行政许可，达到一定规模的建设工程开工建设必须取得施工许可证，否则即是违法施工，但施工许可证不是判定建设工程施工合同是否有效的标准。最高人民法院(2013)民申字第1615号生效民事裁定认为："《中华人民共和国建筑法》第七条虽然规定建设单位在开工前应当向有关主管部门申请领取施工许可证，但该规范系管理性强制性规定，因此，案涉工程是否办理建设工程施工许可证并不影响案涉合同的效力。"另外，从程序上看，取得施工许可证的前提条件之一就是确定合法的施工单位，市场经济条件下，建设单位通过有效的施工合同确定合法的施工单位后，方办理施工许可证。

3 除建设工程施工许可证外，建设工程还涉及哪些许可证？

依据最高人民法院《关于审理建设工程施工合同纠纷案件适用法律问题的解释(一)》第3条的规定，建设工程规划许可证是判定建设工程施工合同效力的标准。在城市工程建设中，除土地使用权证书外，还需取得建设用地规划许可证方能办理建设工程规划许可证，最后才能申请施工许可证开工建设。建设用地规划许可证和建设工程规划许可证均由规划行政主管部门审批，是建设项目符合城市规划要求的最重要的法律保障文件。这两个行政许可，均在《城乡规划法》中加以规定。

建设用地规划许可证的取得条件和审批方式，主要规定在《城乡规划法》第37条和第38条。《城乡规划法》第37条规定："在城市、镇规划区内以划拨方式提供国有土地使用权的建设项目,经有关部门批准、核准、备案后,建设单位应当向城市、县人民政府城乡规划主管部门提出建设用地规划许可申请,由城市、县人民政府城乡规划主管部门依据控制性详细规划核定建设用地的位置、面积、允许建设的范围,核发建设用地规划许可证。建设单位在取得建设用地规划许可证后,方可向县级以上地方人民政府土地主管部门申请用地,经县级以上人民政府审批后,由土地主管部门划拨土地。”第38条规定:“在城市、镇规划区内以出让方式提供国有土地使用权的,在国有土地使用权出让前,城市、县人民政府城乡规划主管部门应当依据控制性详细规划,提出出让地块的位置、使用性质、开发强度等规划条件,作为国有土地使用权出让合同的组成部分。未确定规划条件的地块,不得出让国有土地使用权。以出让方式取得国有土地使用权的建设项目,建设单位在取得建设项目的批准、核准、备案文件和签订国有土地使用权出让合同后,向城市、县人民政府城乡规划主管部门领取建设用地规划许可证。城市、县人民政府城乡规划主管部门不得在建设用地规划许可证中,擅自改变作为国有土地使用权出让合同组成部分的规划条件。”

违法占地的后果规定在《城乡规划法》第39条:“规划条件未纳入国有土地使用权出让合同的,该国有土地使用权出让合同无效;对未取得建设用地规划许可证的建设单位批准用地的,由县级以上人民政府撤销有关批准文件;占用土地的,应当及时退回;给当事人造成损失的,应当依法给予赔偿。”

建设工程规划许可证,由《城乡规划法》第40条、第41条予以规定。《城乡规划法》第40条规定:“在城市、镇规划区内进行建筑物、构筑物、道路、管线和其他工程建设的,建设单位或者个人应当向城市、县人民政府城乡规划主管部门或者省、自治区、直辖市人民政府确定的镇人民政府申请办理建设工程规划许可证。申请办理建设工程规划许可证,应当提交使用土地的有关证明文件、建设工程设计方案等材料。需要建设单位编制修建性详细规划的建设项目,还应当提交修建性详细规划。对符合控制性详细规划和规划条件的,由城市、县人民政府城乡规划主管部门或者省、自治区、直辖市人民政府确定的镇人民政府核发建设工程规划许可证。城市、县人民政府城乡规划主管部门或者省、自治区、直辖市人民政府确定的镇人民政府应当依法将经审定的修建性详细规划、建设工程设计方案的总平面图予以公布。”第41条规定:“在乡、村庄规划区内进行乡镇企业、乡村公共设施和公益事业建设的，建设单位或者个人应当向乡、镇人民政府提出申请，由乡、镇人民政府报城市、县人民政府城乡规划主管部门核发乡村建设规划许可证。在乡、村庄规划区内使用原有宅基地进行农村村民住宅建设的规划管理办法，由省、自治区、直辖市制定。在乡、村庄规划区内进行乡镇企业、乡村公共设施和公益事业建设以及农村村民住宅建设，不得占用农用地；确需占用农用地的，应当依照《中华人民共和国土地管理法》有关规定办理农用地转用审批手续后，由城市、县人民政府城乡规划主管部门核发乡村建设规划许可证。建设单位或者个人在取得乡村建设规划许可证后，方可办理用地审批手续。”

4 建设工程施工合同效力补正的方式有哪些？

建设工程施工合同效力补正，依据最高人民法院《关于审理建设工程施工合同纠纷案件适用法律问题的解释（一）》第 3 条、第 4 条之规定，主要有以下两种方式：

第一种，承包人超越资质等级许可的业务范围签订建设工程施工合同，在建设工程竣工前取得相应资质等级的，建设工程施工合同效力得以补正。特别要注意的是，此处的合同效力补正的时间点是在建设工程竣工前，而非起诉前。其原因在于，企业资质表明承包人的施工能力，竣工后才取得的相应资质，只能保障将来的工程质量。对于竣工前取得的相应资质，结合工程验收，可对工程质量起到一定的保障作用。

第二种，当事人以发包人未取得建设工程规划许可证等规划审批手续为由提起诉讼，但发包人在起诉前取得建设工程规划许可证等规划审批手续的，建设工程施工合同效力得以补正。特别要注意的是，此处的合同效力补正的时间点是在起诉前，而非法庭辩论终结前。其原因在于，法院受理案件，是司法权对法律关系的介入，建设工程施工规划许可审批问题涉及行政权的行使，为保证司法权的被动性和超然性，防止司法权与行政权的相互作用，将规划许可证的补正时间确定在起诉前是合理的。从实际操作的角度看，如果将效力补正截止时间延迟至一审法庭辩论终结前，会导致合同效力问题在法庭审理过程中存在不确定性，不利于法庭归纳争议焦点及当事人的举证。例如，某案件按无效合同提交司法鉴定机构开始了司法鉴定,若再允许当事人对合同效力进行补正,会动摇既有的司法程序,亦不利于当事人形成对司法确定性的期待。

5 建设施工企业未取得安全生产许可证或安全生产许可证失效,对施工合同效力有何影响?

安全生产许可证是建设施工企业必备的一个证件,企业未取得安全生产许可证或证照过期的,不得从事特定的生产活动。安全生产许可证制度非常重要,体现在《安全生产法》第20条、《安全生产许可证条例》第2条、《建筑施工企业安全生产许可证管理规定》第2条、原建设部《关于严格实施建筑施工企业安全生产许可证制度的若干补充规定》第1条等规定中。我国对建设施工企业实行安全生产许可制度,所有施工总承包企业、专业承包企业均应依法申领建设施工企业安全生产许可证,未领取的,不得从事生产活动。

我国法律及司法解释没有就建设施工企业未取得安全生产许可证是否会导致合同无效问题作出规定,最高人民法院《关于审理建设工程施工合同纠纷案件适用法律问题的解释(一)》亦未涉及此问题。对此,有观点认为,法律法规关于安全生产许可证的规定虽然未被明确为效力性强制性规定,但违反该规定客观上会损害社会公共利益,属于《民法典》第153条规定的违反法律、行政法规强制性规定导致合同无效的情形。另一种观点认为,法律法规关于安全生产许可证的规定属于管理性强制性规定而非效力性强制性规定,并不影响施工合同的效力。

审判实务中,第二种观点得到了相当的支持,即不宜以建筑施工企业有无安全生产许可证作为判定建设工程施工合同效力的依据。例如,广西壮族自治区崇左市中级人民法院(2017)桂14民终805号生效民事判决书认为,承包人作为建设施工企业,对已到期的安全生产许可证没有办理延期手续存在过错,但并不影响其所签的建设工程施工合同的效力。该判决非常有代表性,具体分析如下:

首先,最高人民法院在2019年11月8日发布的《全国法院民商事审判工作会议纪要》第30条规定:"……下列强制性规定,应当认定为'效力性强制性规定':强制性规定涉及金融安全、市场秩序、国家宏观政策等公序良俗的;交易标的禁止买卖的,如禁止人体器官、毒品、枪支等买卖;违反特许经营规定的,如场外配资合同;交易方式严重违法的,如违反招投标等竞争性缔约方式订立的合同;交易场所违法的，如在批准的交易场所之外进行期货交易。关于经营范围、交易时间、交易数量等行政管理性质的强制性规定，一般应当认定为'管理性强制性规定'。"无安全许可证缔约行为不属于上述应当认定为效力性强制性规定的行为，因此，法律法规关于安全生产许可证的规定属于管理性强制性规定而非效力性强制性规定。其次，就安全许可证制度的立法本意来看，主要还是规范企业生产行为，而非企业交易行为。最后，就无安全许可证而施工的行为，法律规定了相应的法律后果，主要是企业接受行政处罚。按照《安全生产许可证条例》第 19 条、第 20 条的规定，建筑施工企业未取得安全生产许可证或许可证有效期满后未办理延期而擅自从事施工活动的，应当受到行政处罚，如责令停产停业、没收非法所得、罚款等；造成重大事故或其他严重后果，构成犯罪的，还须承担刑事责任。综上所述，应当认定建筑施工企业未取得安全生产许可证或安全生产许可证失效，不影响施工合同的效力。

6 哪些项目属于必须招标的项目？

依法应当招标的项目，未经过招标，双方合同因违反法律、行政法规强制性规定而无效。对于必须招标的项目，我国法律有明确规定。

在法律层面上，《招标投标法》第 3 条对必须招标项目的规定作出了根本规定："在中华人民共和国境内进行下列工程建设项目包括项目的勘察、设计、施工、监理以及与工程建设有关的重要设备、材料等的采购，必须进行招标：（一）大型基础设施、公用事业等关系社会公共利益、公众安全的项目；（二）全部或者部分使用国有资金投资或者国家融资的项目；（三）使用国际组织或者外国政府贷款、援助资金的项目。前款所列项目的具体范围和规模标准，由国务院发展计划部门会同国务院有关部门制订，报国务院批准。法律或者国务院对必须进行招标的其他项目的范围有规定的，依照其规定。"

在规章层面上，依照《招标投标法》第 3 条的授权立法，必须招标的项目，2018 年 6 月之前，以原国家发展计划委员会于 2000 年 5 月 1 日发布的《工程建设项目招标范围和规模标准规定》（已失效）为依据；2018 年 6 月之后，以 2018 年 6 月 1 日起施行的《必须招标的工程项目规定》和其配套文件《必须招标的基础设施和公用事业项目范围规定》（发改法规〔2018〕843 号）为依据。

综合上述法律规定,必须招标的项目范围可归纳如下:

第一,从资金来源角度看:(1)全部或者部分使用国有资金投资或者国家融资的项目包括使用预算资金在200万元以上,并且该资金占投资额10%以上的项目,和使用国有企业事业单位资金,并且该资金占控股或者主导地位的项目;(2)使用国际组织或者外国政府贷款、援助资金的项目,包括使用世界银行、亚洲开发银行等国际组织贷款、援助资金的项目,和使用外国政府及其机构贷款、援助资金的项目。

第二,从项目性质角度看:不属于以上情形的大型基础设施、公用事业等关系社会公共利益、公众安全的项目,必须招标的具体范围包括:煤炭、石油、天然气、电力、新能源等能源基础设施项目,铁路、公路、管道、水运及公共航空和A1级通用机场等交通运输基础设施项目,电信枢纽、通信信息网络等通信基础设施项目,防洪、灌溉、排涝、引(供)水等水利基础设施项目,城市轨道交通等城建项目。

第三,从资金规模角度看:必须招标的项目还要达到一定的资金规模标准,资金规模标准规定在《必须招标的工程项目规定》第5条:"本规定第二条至第四条规定范围内的项目,其勘察、设计、施工、监理以及与工程建设有关的重要设备、材料等的采购达到下列标准之一的,必须招标:(一)施工单项合同估算价在400万元人民币以上;(二)重要设备、材料等货物的采购,单项合同估算价在200万元人民币以上;(三)勘察、设计、监理等服务的采购,单项合同估算价在100万元人民币以上。同一项目中可以合并进行的勘察、设计、施工、监理以及与工程建设有关的重要设备、材料等的采购,合同估算价合计达到前款规定标准的,必须招标。"

就必须招标的项目,国家发改委办公厅于2020年10月19日下发了《关于进一步做好〈必须招标的工程项目规定〉和〈必须招标的基础设施和公用事业项目范围规定〉实施工作的通知》,对具体如何理解和适用《必须招标的工程项目规定》和《必须招标的基础设施和公用事业项目范围规定》予以详细规定,对实践中确定必须招标的项目有重要的指导意义。

7 涉及企业商业秘密的工程如何进行招投标?

《招标投标法》第66条规定:"涉及国家安全、国家秘密、抢险救灾或者属于利用扶贫资金实行以工代赈、需要使用农民工等特殊情况,不适宜进行招标的项目,按照国家有关规定可以不进行招标。”实践中，有企业以该条规定为依据，以涉及高度商业机密应比照国家秘密处理，主张工程项目属于不适宜招标的项目，对此，最高人民法院(2009)民一终字第7号生效判决书认为：“《中华人民共和国保守国家秘密法》实施后，企业的商业秘密如果成为国家秘密，应当通过中央有关机关与国家保密局会签规范性文件的形式来确认……所以，本案所涉的公司商业秘密不能认定为‘国家机密’。退而言之，不进行招标在性质上要重于法定招标形式的选择(即不采取公开招标，而采取邀请招标)。对后者，《中华人民共和国招标投标法》第十一条规定，国务院发展计划部门确定的国家重点项目和省、自治区、直辖市人民政府确定的地方重点项目不适宜公开招标的，经国务院发展计划部门或者省、自治区、直辖市人民政府批准，可以进行邀请招标。根据举轻以明重的法律解释原则，如果认定本案工程属于《中华人民共和国招标投标法》第六十六条规定的‘国家秘密’的范围，至少也应经过国务院发展计划部门或省、自治区、直辖市人民政府的批准。本案中，发包人提供的证据并不足以证明有权机关已经认定西部化工公司商业秘密属于国家秘密且涉案工程项目可以不进行招标的事实。”最高人民法院的态度很明确，商业秘密上升到国家秘密，需要相应的程序，并非凭当事人自己的主张即可认定。

8 如何认定投标人以低于成本的报价竞标？

工程建设成本，一般是指承包人为达到工程约定的质量标准，必须消耗或使用的人工、材料、机械设备、管理费等工程建设所必须支出的费用。对于《招标投标法》第33条所规定的低于成本中标有两种理解，一种是指投标人完成该项目的企业个别成本，另一种是指一般情况下完成该项目的社会平均成本。

工程项目的社会平均成本，以工程定额计价表示。定额计价法，是指以在一定生产条件下生产出一定计量单位的质量合格的产品所需要消耗的人工、材料、机械台班的数量为标准，计算出工程总价款的计价方法，主要依据的是各地建设行政主管部门定期发布的工程建设定额。工程定额，是指在正常施工生产条件下，完成一定计量单位产品的人工、材料、机械和资金消费的规定额度，按照编制程序和用途分为施工定额、预算定额、概算定额、概算指标和投资估算指标五种，是确定一定计量单位的分项工程所需人工、材料、机械台班合理消耗数量的最高标准。

定额计价的过程为,根据图纸计算出工程量,然后套用定额单价计算出人工费、材料费、机械费等直接工程费用,再根据直接工程费套用有关定额计算出直接费、间接费、利润、税金等费用,并汇总得出工程造价。国家及地方制定工程定额的方法,就是通过一套科学的统计方法测算社会一般条件下生产的水平,所以定额计价体现了工程项目的社会平均成本。定额计价法在我国计划经济时代在建设工程领域被普遍采用,能准确反映建筑行业的劳动生产力水平和投资所产生的效益。问题在于,政府行政主管部门制定的定额计价标准往往难以客观反映不同规模的建设施工企业的施工、技术和管理水平,以及建筑产品之间的差异性和多样性,机械地套用定额计价,无法准确反映不同承包人的实际水平,在一定程度上限制了建设施工企业之间的公平竞争。

就《招标投标法》第33条所称的"低于成本",最高人民法院民事审判第一庭的意见为,是指低于投标人为完成投标项目所需支出的个别成本,投标人以中标合同约定价格低于社会平均成本为由,主张符合《招标投标法》第33条规定的情形,合同约定价格条款无效的,法院不予支持。

最高人民法院(2014)民申字第848号生效民事裁定书对此问题进行了认定,该裁定书认为:"《招标投标法》第三十三条所称的'低于成本',是指低于投标人的为完成投标项目所需支出的个别成本。每个投标人的管理水平、技术能力与条件不同,即使完成同样的招标项目,其个别成本也不可能完全相同,个别成本与行业平均成本存在差异,这是市场经济环境下的正常现象。本案中,杭萧钢构公司主张合同约定价格低于其成本价的依据是中汇公司出具的《工程造价咨询报告书》中载明的社会平均成本,该社会平均成本不能等同于杭萧钢构公司的个别成本,因其申请再审未提交证明其自身成本的其他相关证据,故杭萧钢构公司主张合同约定的价格低于其自身成本没有事实依据。"

最高人民法院(2015)民申字第884号生效民事裁定书也持相同意见。该裁定书认为:"每个投标人的管理水平、技术能力与条件不同,即使完成同样的招标项目,其个别成本也不可能完全相同,个别成本与行业平均成本存在差异,这是市场经济环境下的正常现象。实行招标投标的目的,正是为了通过投标人之间的竞争,特别在投标报价方面的竞争,择优选择中标者,因此,只要投标人的报价不低于自身的个别成本,即使是低于行业平均成本,也是完全可以的。"

9 低于成本价招投标签订的建设工程施工合同的效力如何认定?

从立法来看,《招标投标法》第33条规定:"投标人不得以低于成本的报价竞标,也不得以他人名义投标或者以其他方式弄虚作假,骗取中标。"该法条并未对投标人以低于成本的报价竞标的法律后果予以明确规定。从司法实践来看,投标人以中标合同约定价格低于社会平均成本为由,主张符合《招标投标法》第33条规定的情形,合同约定价格条款无效的,法院通常不予支持。行业平均成本不等于个别成本,当事人没有证据证明合同约定价格低于其个别成本的,对其涉案《建筑工程施工合同》无效的主张法院不予支持。由此可见,在司法实践中,对个别成本与行业平均成本进行区分处理,明确合同约定价格低于行业平均成本不导致合同无效。

问题是,低于个别成本是否会导致合同无效?对该问题也可以从社会利益角度加以分析。低于成本价中标的工程,工程质量是没有保障的,承包人为最后获利,可能会降低工程材料质量和工程管理标准,降低工程质量。鉴于建设工程涉及重大社会公共安全利益,双方以低于成本价签订的合同不能受到法律的认可,应当被认为无效。实践中,如果投标人在竞标时压低价格中标,则可以依据工程质量验收结果决定如何处理,如果验收不合格,按照合同无效办理;如果工程质量验收合格,则按照《民法典》第793条之规定,参照合同关于工程价款的约定折价补偿承包人。总之,不能使行为人以违法行为获利。

10 邀请招标的条件是什么?应当公开招标而邀请招标的,建设工程施工合同是否有效?

必须招标的工程项目未经过招标的,合同无效。《招标投标法》第10条规定,招标分为公开招标和邀请招标。公开招标,是指招标人以招标公告的方式邀请不特定的法人或者其他组织投标。邀请招标,也称选择性招标或有限竞争性招标,是指招标人以投标邀请书的方式邀请特定的法人或其他组织投标。邀请招标的工程项目范围规定在《招标投标法》第11条、《招标投标法实施条例》第8条及《工程建设项目施工招标投标办法》第11条中。

《招标投标法》第11条规定:"国务院发展计划部门确定的国家重点项目和省、自治区、直辖市人民政府确定的地方重点项目不适宜公开招标的,经国务院发展计划部门或者省、自治区、直辖市人民政府批准,可以进行邀请招标。"

《招标投标法实施条例》第8条第1款规定:"国有资金占控股或者主导地位的依法必须进行招标的项目,应当公开招标;但有下列情形之一的,可以邀请招标:(一)技术复杂、有特殊要求或者受自然环境限制,只有少量潜在投标人可供选择;(二)采用公开招标方式的费用占项目合同金额的比例过大。"

《工程建设项目施工招标投标办法》第11条第1款规定:"依法必须进行公开招标的项目,有下列情形之一的,可以邀请招标:(一)项目技术复杂或有特殊要求,或者受自然地域环境限制,只有少量潜在投标人可供选择;(二)涉及国家安全、国家秘密或者抢险救灾,适宜招标但不宜公开招标;(三)采用公开招标方式的费用占项目合同金额的比例过大。"

应当公开招标而只进行邀请招标的,应当接受相应的法律后果。根据《招标投标法实施条例》第64条的规定,应当公开招标而采用邀请招标的,由有关行政监督部门责任招标人改正,可以处10万元以下的罚款,对招标单位直接负责的主管人员和其他直接责任人员依法给予处分。但该条对建设工程施工合同的效力没有加以规定。有观点认为,根据我国法律和司法解释的相关规定,招投标领域导致建设工程施工合同无效的情形,是"建设工程必须进行招标而未招标"和"中标无效",必须招标的项目没有进行公开招标而是邀请招标,并不属于以上两种法定情形,而且只是违反了管理性的法律规定,建设工程施工合同应当被认定为有效,招标人及其单位直接负责的主管人员和其他直接责任人员应依法承担行政责任。该观点虽然在逻辑上有一定道理,但没有注意到当事人会以邀请招标为名逃避公开招标。

11 中标无效如何认定及处理?

根据《招标投标法》和《工程建设项目施工招标投标办法》的规定,中标无效的情形主要有以下八种:

第一种,泄露标底。招标人向他人透露已获取招标文件的潜在投标人的名称、数量或可能影响公平竞争的有关招投标的其他情况,或者泄露标底影响中标结果的,中标无效。

第二种,围标、串标。投标人相互串通投标或者与招标人串通投标的,投标人以向招标人或者评标委员会成员行贿的手段谋取中标的,中标无效。

第三种,借用他人名义投标。投标人以他人名义投标或者以其他方式弄虚作假,骗取中标的,中标无效。

第四种,招标代理机构泄露招标资料,影响中标。招标代理机构泄露应当保密的与招投标活动有关的情况和资料,或者与招标人、投标人串通,损害国家利益、社会公共利益或者他人合法权益,影响中标结果,并且中标人为受益人的,中标无效。

第五种,招标、投标方私下接触。招标人违法与投标人就投标价格、投标方案等实质性内容进行谈判,影响中标结果的,中标无效。

第六种,违法确定或更换评标专家。招标人违法确定或者更换评标委员会成员,其作出的评审决定无效。

第七种,在中标候选人以外确定中标人。招标人在评标委员会依法推荐的中标候选人以外确定中标人的,中标无效。

第八种,所有投标被否决后自行确定中标人。依法必须招标的项目在所有投标被评标委员会否决后自行确定中标人的,中标无效。

中标无效的后果,依据《招标投标法》第 64 条、《招标投标法实施条例》第 81 条的规定处理。对于依法必须进行招标的项目,可以在评标委员会推荐的其他中标候选人中依法重新确定中标人;或者由招标人重新发布招标公告或发出投标邀请书,重新进行招标。第二种处理办法在第一种方法可能违反公平、公开、公正原则的情况下适用。

另外,如果项目已经开始施工甚至已经竣工,重新进行招标则无意义,此时应按照《民法典》第 793 条的规定处理,即建设工程施工合同无效,但如果工程经竣工验收合格,承包人有权要求参照合同关于工程价款的约定折价补偿承包人。

⑫ 除法院或仲裁机构，可否由人民政府来认定中标无效？

对于中标无效，由法院或仲裁机构在诉讼或仲裁程序中认定，当无异议，除此之外，可否由人民政府行使行政权直接认定中标无效，则存在一定的争议。

支持者认为，可以由县级以上建设行政主管部门行使该权力，其依据是住房和城乡建设部发布的《房屋建筑和市政基础设施工程施工招标投标管理办法》第49条之规定，该条规定："招标投标活动中有《招标投标法》规定中标无效情形的，由县级以上地方人民政府建设行政主管部门宣布中标无效，责令重新组织招标，并依法追究有关责任人责任。"

反对者认为，《招标投标法》第7条仅赋予了建设行政主管部门监督权及行政处罚权，而未赋予行政机关认定民事合同无效的权力，《房屋建筑和市政基础设施工程施工招标投标管理办法》第49条规定缺少上位法依据，且该办法属于行政规章，即使在诉讼程序中也不是判断合同效力的依据。因此，应由法院或仲裁机构认定中标无效，而不是由人民政府来认定。

对此争议，可以从以下几个方面来理解。首先，从法律角度来看，《招标投标法》第7条规定："招标投标活动及其当事人应当接受依法实施的监督。有关行政监督部门依法对招标投标活动实施监督，依法查处招标投标活动中的违法行为。对招标投标活动的行政监督及有关部门的具体职权划分，由国务院规定。"据此，对招投标活动的行政监督及有关部门的具体职权划分情况，法律授权了国务院出台具体规定。

其次，从行政法规角度看，《招标投标法实施条例》第4条对招投标活动的行政监督及有关部门的具体职权划分作出了明确规定，即"国务院发展改革部门指导和协调全国招标投标工作，对国家重大建设项目的工程招标投标活动实施监督检查。国务院工业和信息化、住房和城乡建设、交通运输、铁道、水利、商务等部门，按照规定的职责分工对有关招标投标活动实施监督。县级以上地方人民政府发展改革部门指导和协调本行政区域的招标投标工作。县级以上地方人民政府有关部门按照规定的职责分工，对招标投标活动实施监督，依法查处招标投标活动中的违法行为。县级以上地方人民政府对其所属部门有关招标投标活动的监督职责分工另有规定的，从其规定。财政部门依法对实行招标投标的政府采购工程建设项目的预算执行情况和政府采购政策执行情况实施监督。监察机关依法对与招标投标活动有关的监察对象实施监察”。该条规定表明，国务院认可了县级以上地方人民政府对其所属部门有关招投标活动的监督职责的分工规定。结合《房屋建筑和市政基础设施工程施工招标投标管理办法》第 49 条的规定可见，建设行政主管部门查处招投标活动中的违法行为，是有行政法规和法律等上位法依据的。国家法律授权县级以上行政机关宣布无效合同的权力，根源在于招投标程序中的程序违法行为可以由建设行政主管部门实施监督并依法查处，相应地，由行政机关宣布通过违法的招投标程序中标无效，并无不当。在司法实践中，法院一般应尊重建设行政主管部门作出的中标无效的决定。

13 如何认定转包、挂靠及违法分包？

转包、挂靠及违法分包均会导致建设工程施工合同无效，但实践中如何认定转包、挂靠及违法分包行为，还是有一定难度的，仅依靠施工现场外观并不容易辨认。例如，合法承包人在工地现场施工的工人确实来自各个地方，而其使用的施工机械也可以合法租赁，不一定是承包人自己持有的，所以仅从施工现场外观看，不一定能区分转包、挂靠及违法分包的承包人。为此，住房和城乡建设部制定并于 2019 年 1 月 1 日施行的《建筑工程施工发包与承包违法行为认定查处管理办法》对如何认定转包、挂靠及违法分包提出了认定标准。

首先，对于转包行为，应依据《建筑工程施工发包与承包违法行为认定查处管理办法》第 7 条、第 8 条的规定加以认定。转包，是指承包单位承包工程后，不履行合同约定的责任和义务，将其承包的工程全部或者支解后以分包的名义分别转给其他单位或个人施工的行为。存在下列情形之一的，应当认定为转包，但有证据证明属于挂靠或者其他违法行为的除外：

(1)承包单位将其承包的全部工程转给其他单位(包括母公司承接建筑工程后将所承接工程交由具有独立法人资格的子公司施工的情形)或个人施工的。

(2)承包单位将其承包的全部工程支解以后，以分包的名义分别转给其他单位或个人施工的。

(3)施工总承包单位或专业承包单位未派驻项目负责人、技术负责人、质量管理负责人、安全管理负责人等主要管理人员，或派驻的项目负责人、技术负责人、质量管理负责人、安全管理负责人中一人及以上与施工单位没有订立劳动合同且没有建立劳动工资和社会养老保险关系，或派驻的项目负责人未对该工程的施工活动进行组织管理，又不能进行合理解释并提供相应证明的。

(4)合同约定由承包单位负责采购的主要建筑材料、构配件及工程设备或租赁的施工机械设备，由其他单位或个人采购、租赁，或施工单位不能提供有关采购、租赁合同及发票等证明，又不能进行合理解释并提供相应证明的。

(5)专业作业承包人承包的范围是承包单位承包的全部工程，专业作业承包人计取的是除上缴给承包单位"管理费"之外的全部工程价款的。

(6)承包单位通过采取合作、联营、个人承包等形式或名义，直接或变相将其承包的全部工程转给其他单位或个人施工的。

(7)专业工程的发包单位不是该工程的施工总承包或专业承包单位的，但建设单位依约作为发包单位的除外。

(8)专业作业的发包单位不是该工程承包单位的。

(9)施工合同主体之间没有工程款收付关系，或者承包单位收到款项后又将款项转拨给其他单位和个人，又不能进行合理解释并提供材料证明的。

两个以上的单位组成联合体承包工程，在联合体分工协议中约定或者在项目实际实施过程中，联合体一方不进行施工也未对施工活动进行组织管理，并且向联合体其他方收取管理费或者其他类似费用的，视为联合体一方将承包的工程转包给联合体其他方。

其次，对于挂靠行为，应依据《建筑工程施工发包与承包违法行为认定查处管理办法》第 9 条、第 10 条的规定加以认定。挂靠，是指单位个人以其他有资质的施工单位的名义承揽工程的行为。承揽工程，不仅包括订立合同、办理有关施工手续、从事施工活动等工作，还包括参与投标等活动。存在下列情形之一的，属于挂靠：

(1)没有资质的单位或个人借用其他施工单位的资质承揽工程的。

(2)有资质的施工单位相互借用资质承揽工程的，包括资质等级低的借用资质等级高的、资质等级高的借用资质等级低的，以及相同资质等级相互借用的。

(3)施工总承包单位或专业承包单位未派驻项目负责人、技术负责人、质量管理负责人、安全管理负责人等主要管理人员，或派驻的项目负责人、技术负责人、质量管理负责人、安全管理负责人中一人及以上与施工单位没有订立劳动合同且没有建立劳动工资和社会养老保险关系，或派驻的项目负责人未对该工程的施工活动进行组织管理，又不能进行合理解释并提供相应证明的。

(4)合同约定由承包单位负责采购的主要建筑材料、构配件及工程设备或租赁的施工机械设备，由其他单位或个人采购、租赁，或施工单位不能提供有关采购、租赁合同及发票等证明，又不能进行合理解释并提供相应证明的。

(5)专业作业承包人承包的范围是承包单位承包的全部工程，专业作业承包人计取的是除上缴给承包单位"管理费"之外的全部工程价款的。

(6)承包单位通过采取合作、联营、个人承包等形式或名义，直接或变相将其承包的全部工程转给其他单位或个人施工的。

(7)专业工程的发包单位不是该工程的施工总承包或专业承包单位的，但建设单位依约作为发包单位的除外。

(8)专业作业的发包单位不是该工程承包单位的。

(9)施工合同主体之间没有工程款收付关系，或者承包单位收到款项后又将款项转拨给其他单位和个人，又不能进行合理解释并提供材料证明的。

最后，对于违法分包，应依据《建筑工程施工发包与承包违法行为认定查处管理办法》第 11 条、第 12 条的规定加以认定。违法分包，是指承包单位承包工程后违反法律法规规定，把单位工程或分部分项工程分包给其他单位或个人施工的行为。存在下列情形之一的，属于违法分包：

(1)承包单位将其承包的工程分包给个人的。

(2)施工总承包单位或专业承包单位将工程分包给不具备相应资质单位的。

(3)施工总承包单位将施工总承包合同范围内工程主体结构的施工分包给其他单位的，钢结构工程除外。

(4)专业分包单位将其承包的专业工程中非劳务作业部分再分包的。

(5)专业作业承包人将其承包的劳务再分包的。

(6)专业作业承包人除计取劳务作业费用外，还计取主要建筑材料款和大中型施工机械设备、主要周转材料费用的。

14 指定分包对合同效力有什么影响?

指定分包,是指由发包人挑选或指定分包人的行为,常被称为"甲指",区别于总承包单位自主选定分包人。指定分包在国际咨询工程师联合会(FIDIC)的合同中被允许,在我国则有部分部门规章作出了禁止性规定,例如,《工程建设项目施工招标投标办法》第66条规定:"招标人不得直接指定分包人。"但部门规章及地方性法规不能决定民事合同效力。其他相关规定并没有指出发包人指定分包合同的效力,如最高人民法院《关于审理建设工程施工合同纠纷案件适用法律问题的解释(一)》就并未规定指定分包会导致合同无效,《建筑工程施工发包与承包违法行为认定查处管理办法》亦未将指定分包纳入违法分包的范畴。

依照合同法的一般原理,如果指定分包部分不是工程项目的主体工程,则可以认定属于附条件的民事合同,合法有效。对于必须招标的项目,在招标过程中招标人不得指定分包人,但招标结束确定中标人后,双方可以协商由发包人指定非主体部分工程的分包人。该观点被最高人民法院的司法解释所支持。最高人民法院《关于审理建设工程施工合同纠纷案件适用法律问题的解释(一)》第13条第1款规定:"发包人具有下列情形之一,造成建设工程质量缺陷,应当承担过错责任:(一)提供的设计有缺陷;(二)提供或者指定购买的建筑材料、建筑构配件、设备不符合强制性标准;(三)直接指定分包人分包专业工程。"故指定分包并不当然导致建设工程施工合同无效。

15 建设单位支解发包工程,是否影响建设工程施工合同的效力?

最高人民法院《关于审理建设工程施工合同纠纷案件适用法律问题的解释(一)》第1条规定了建设工程施工合同无效的五种情形,包括施工主体资质不合格、实际施工人借用资质、必须招标的工程未招标或中标无效、转包、违法分包,确认这五类施工合同无效的法律依据是《建筑法》《招标投标法》《民法典》的相关规定。除上述五种情形外,《建筑法》第24条还规定了禁止发包人将工程支解发包,但支解工程发包并没有被最高人民法院的司法解释纳入导致合同无效的情形,也没有明确支解发包的法律后果,对此应当如何理解?

从违法后果看，支解发包行为和上述五种行为的危害后果是相同的，法律对此予以否定性评价。最高人民法院《关于审理建设工程施工合同纠纷案件适用法律问题的解释（一）》第1条所明确列举的五种导致合同无效的情形，都是工程质量不能得到保障而影响公共安全，或损害国家利益的行为。建设单位支解发包工程的行为同样会导致这些问题的发生。另外，建设单位支解发包的后果与施工单位转包、层层分包的后果都是管理无序，可能导致工程组织失控。所以，工程支解后发包，当事人所签订的建设工程施工合同应当被认定为无效合同。

最高人民法院的司法解释未将支解工程发包纳入导致合同无效的情形，在拟定建设工程施工合同司法解释时，确实有意见认为建设单位支解发包的施工合同应当被列入无效合同之类，但最终没有列入，是因为考虑修改《建筑法》可能扩大调整范围，将一些专业性的建设工程纳入其中，而这些建设工程有其自身的施工惯例，包括将本应由一个施工单位承包完成的单位工程分解发包给多个施工单位。在这种情况下，"一刀切"地禁止支解发包的规定就与这些施工惯例相冲突。为与以后《建筑法》的修改保持一致，建设工程司法解释暂时对支解发包的施工合同的效力未进行明确。

本质上讲，该问题涉及我国《建筑法》的调整对象的划分。世界大多数国家由建设法统一调整所有的建设工程法律关系。我国只有《建筑法》而没有统一的建设法，相当一部分建设工程项目，如铁路、机场、港口、水利及公路等，是由专门的主管部门加以管理并制定相应的规章。由此，在如何理解支解的问题上，不同的工程项目会有不同的解释。

但是，在《建筑法》修改之前，对于违反《建筑法》的强制性规定，对建筑工程支解发包的，仍可以按照《民法典》第153条的规定确认无效。

第二节　建设工程施工合同效力相关问题

1　可撤销的建设工程施工合同主要包括哪些情形？

《民法典》规定，重大误解、欺诈、胁迫和显失公平属于合同可撤销事由，分别规定在《民法典》第147～151条。《民法典》第147条规定："基于重大误解实施的民事法律行为,行为人有权请求人民法院或者仲裁机构予以撤销。”第148条规定:“一方以欺诈手段,使对方在违背真实意思的情况下实施的民事法律行为,受欺诈方有权请求人民法院或者仲裁机构予以撤销。”第149条规定:“第三人实施欺诈行为,使一方在违背真实意思的情况下实施的民事法律行为,对方知道或者应当知道该欺诈行为的,受欺诈方有权请求人民法院或者仲裁机构予以撤销”。第150条规定:“一方或者第三人以胁迫手段,使对方在违背真实意思的情况下实施的民事法律行为,受胁迫方有权请求人民法院或者仲裁机构予以撤销。”第151条规定:“一方利用对方处于危困状态、缺乏判断能力等情形,致使民事法律行为成立时显失公平的,受损害方有权请求人民法院或者仲裁机构予以撤销。”上述规定均适用于建设工程施工合同,而实践中,显失公平属于比较常见的建设工程施工合同可撤销的事由。

当前建筑市场普遍是发包人的市场,市场供求关系的失衡决定了建设工程施工合同中出现显失公平的条款也是普遍存在的现象,显失公平的构成要件是合同内容违反了公平、等价有偿的原则,双方权利义务明显不对等,利益严重失衡,或是合同当事人一方具有明显的优势,另一方则处于无经验或经验缺乏状态。显失公平的建设工程施工合同以前一种情形为多,主要表现为发包人利用自己的市场优势,要求承包人缴纳履约保证金、加大质量保证金比例、大幅度压低工程造价或不合理地缩短建设工期,而承包人为承包工程,违背内心真实意思表示而同意发包人提出的条件,以至于双方合同的权利义务利益关系明显失衡。

合同签订时显失公平,撤销权人可以依据《民法典》第151条的规定行使撤销权撤销合同。如果合同履行中出现显失公平,可适用情势变更原则,变更或者解除合同。

2 建设工程施工合同被撤销的法律后果是什么?

《民法典》第157条规定,民事法律行为无效、被撤销或者确定不发生效力后,行为人因该行为取得的财产,应当予以返还,不能返还或者没有必要返还的,应当折价补偿。有过错的一方应当赔偿对方由此所受到的损失,各方都有过错的,应当各自承担相应的责任。据此,根据民法基本原理,建设工程施工合同被撤销的法律后果,与合同无效的法律后果一致,即对于承包人已经在建设工程中付出的费用,发包人应折价补偿,有过错的一方承担损害赔偿责任。《民法典》第 793 条亦规定,建设工程施工合同无效,但是建设工程经验收合格的,可以参照合同关于工程价款的约定折价补偿承包人。

就折价补偿数额范围,最高人民法院明确当事人不能因合同无效而获益。最高人民法院《全国法院民商事审判工作会议纪要》第 32 条规定,在确定合同不成立、无效或者被撤销后财产返还或者折价补偿的范围时,要根据诚实信用原则的要求,在当事人之间合理分配,不能使不诚信的当事人因合同不成立、无效或者被撤销而获益。合同不成立、无效或者被撤销的情况下,当事人所承担的缔约过失责任不应超过合同履行利益。

3 建设工程施工合同纠纷中,有撤销权的当事人未请求撤销合同,法院应如何处理?

最高人民法院明确规定,撤销权应由当事人行使,法院不应当依职权撤销合同。依据《全国法院民商事审判工作会议纪要》第 42 条的规定,如当事人一方主张合同无效,依据的却是可撤销事由,法院应当全面审查合同是否具有无效事由及当事人主张的可撤销事由。当事人关于合同无效的事由成立的,法院应当认定合同无效;当事人主张合同无效的事由不成立,而可撤销的事由成立的,因合同无效和可撤销的后果相同,法院也可以结合当事人的诉讼请求,直接判决撤销合同。

4 建设工程总承包合同无效,分包合同、供货合同是否也无效?

建设工程总承包合同与建设工程分包合同、供货合同等,属于不同的法律关系,是相对独立的合同,但分包合同的效力与总承包合同的效力具有相关性,总承包合同无效或解除后,分包合同也应当无效或解除。

例如,最高人民法院(2016)最高法民再 53 号生效民事判决书认为:"沙伯公司、三星公司和土木公司最终形成的是建设工程'发包—总包—分包'的关系……三星公司与土木公司及其深圳分公司之间的分包合同亦为当事人之间的真实意思表示,且不违反我国法律、行政法规的规定,应认定为有效。该分包合同虽然独立于上述总包合同,但总包合同是签订、履行分包合同的前提和基础。沙伯公司与三星公司之间的总包合同解除后,三星公司即丧失了总承包人的法律地位,三星公司与土木公司及其深圳分公司之间的分包合同即失去了继续履行的必要性和可能性,使分包合同陷于履行不能。在此情形下,分包合同应予解除。即使三星公司可能因此向土木公司及其深圳分公司承担相应的违约责任,但这不能作为阻却分包合同解除的事由。总包合同解除必然导致分包合同解除。"

但在此问题上,供货合同和分包合同不同。建设工程分包合同涉及占用施工场地问题,如果总承包合同无效或解除,则分包商失去占有施工现场的依据,由此,分包合同亦应当无效或解除。供货合同则不然,供货合同属于买卖合同,其履行与否,可以不依据总承包合同。因此,实践中应当结合个案案情,对照《民法典》《建筑法》等法律法规的效力性强制性规定,对分包合同和供货合同的有效性分别进行认定,而不应依据其上游的总承包合同的效力进行唯一判断。

5 结算协议与结算和清理条款的区别是什么?建设工程施工合同无效是否影响结算协议的效力?

结算协议与结算和清理条款有本质区别。结算协议独立于建设工程施工合同,是双方另行签订的协议,其表现形式主要是《结算协议》《退场清理协议》《价款处理协议》等,而结算和清理条款是建设工程施工合同的条款。

最高人民法院明确了结算协议的独立性和有效性。《关于审理建设工程施工合同纠纷案件适用法律问题的解释(一)》第 29 条规定:"当事人在诉讼前已经对建设工程价款结算达成协议,诉讼中一方当事人申请对工程造价进行鉴定的,人民法院不予准许。"结算协议独立于建设工程施工合同之外,其效力不受建设工程施工合同效力的影响。

例如,最高人民法院(2016)最高法民申 3511 号生效民事裁定书认为:"2013 年 12 月 24 日,鑫臻酒店与黑龙江建工集团签订《纠纷处理协议》,明确约定案涉工程交付、工程款结算及违约责任等内容，且协议上有鑫臻房开公司、鑫臻酒店、黑龙江建工集团、普定县人民政府、普定县住房和城乡建设局五方盖章及法定代表人、代理人、负责人签字。《纠纷处理协议》系普定县人民政府组织下，各方当事人为解决施工过程中发生的纠纷而达成一致意见的协议，而非原建筑工程承包合同的补充和变更。原审判决认定《纠纷处理协议》作为清算协议，具有独立的法律效力，应作为处理双方争议的依据，并无不当。”

结算协议的效力虽然不受建设工程施工合同效力的影响，但依然受《民法典》关于民事法律行为效力条款的规定约束。在双方当事人就工程价款的结算达成一致意见并形成结算协议后，就结算协议中未涉及的工程变更、工期延误、利息等事项当事人能否再行主张权利，实践中有不同的认识。

例如，北京市高级人民法院认为，结算协议具有终局性，北京市高级人民法院《关于审理建设工程施工合同纠纷案件若干疑难问题的解答》第 24 条规定：“……结算协议生效后，承包人依据协议要求支付工程款，发包人以因承包人原因导致工程存在质量问题或逾期竣工为由，要求拒付、减付工程款或赔偿损失的，不予支持，但结算协议另有约定的除外……结算协议生效后，承包人以因发包人原因导致工程延期为由，要求赔偿停工、窝工等损失的，不予支持，但结算协议另有约定的除外。”该观点的出发点是认定结算协议系双方协商的结果，涵盖了工程施工合同一切权利义务内容的协议，未涉及的部分，视为当事人已经对自己的权利作出了处分。

当事人对结算协议是否具有终局性产生争议，本质上还是属于当事人对合同事项约定不明。《民法典》第 510 条规定：“合同生效后，当事人就质量、价款或者报酬、履行地点等内容没有约定或者约定不明确的，可以协议补充；不能达成补充协议的，按照合同相关条款或者交易习惯确定。”因此，实务中，当事人在结算协议中就利息、违约责任等方面的内容约定不明，又不能达成补充协议的，应按照合同有关条款、建设工程领域的交易习惯，并结合工程造价金额、索赔数额、违约金额及利息数额等，公平合理地确定结算协议中除工程款外是否含盖了索赔、违约金等内容。建设工程合同惯例可参照住房和城乡建设部、原国家工商行政管理总局发布的《建设工程施工合同(示范文本)》。

6 当事人达成结算协议后,发包人能否以质量问题提出抗辩,不支付工程款?

结算协议如果未说明对质量认可,因此发生纠纷属于约定不明,应从约定不明的相关法律规定上寻求解决办法。《民法典》第510条规定:“合同生效后,当事人就质量、价款或者报酬、履行地点等内容没有约定或者约定不明确的,可以协议补充;不能达成补充协议的,按照合同相关条款或者交易习惯确定。”因此,实务中,当事人在结算协议中就是否协议达成即表示付款条件必然已成就、发包人是否放弃了质量抗辩权等内容未明确约定或约定不明,而不能达成补充协议的,应按照合同有关条款、建设工程领域的交易习惯确定。

依照住房和城乡建设部、原国家工商行政管理总局发布的《建设工程施工合同(示范文本)》(GF-2017-0201),发包人应先组织竣工验收,对工程质量等情况认可后,再与承包人进行结算,此程序是建设工程领域的交易习惯。因此,可以认定,发包人同意与承包人达成结算协议,原则上应视为发包人认可工程质量,付款条件已经成就。承包人依据结算协议起诉主张发包人支付工程款,发包人再以工程未经竣工验收或质量不合格为由拒付或减付工程款的,对该抗辩一般不应再予支持。

最高人民法院也不支持此种情况下的抗辩。民事审判第一庭编著的《最高人民法院建设工程施工合同司法解释(二)理解与适用》认为,“发包人原则上可以建设工程未竣工或质量不合格为由,抗辩承包人的工程价款请求权。但在建设工程未竣工或质量可能不合格的情形下,一旦发包人同意与承包人签订工程价款的结算协议,就可以推定发包人认可建设工程现状并愿意支付相应的工程价款以结束与承包人之间的建设工程施工合同关系,这是发包人对自身权利的处分,应予尊重”。

在具体案件中,建设工程施工合同的履行情况复杂,还应具体问题具体分析,结合结算协议签订时的具体条件、签订结算协议的过程、质量不合格的程度及修复费用的多少等,公平合理地确定结算协议达成后发包人的质量抗辩权问题,使纠纷得以公正解决。

建设工程施工合同的当事人在签订结算协议时应注意对结算协议与施工合同的关系作出约定,明确结算协议独立于施工合同;对结算范围作出明确约定,防止工程结算出现遗项、漏项，若属于阶段性价款结算，可以明确结算未涉及的工程双方以后再进行结算；对工程质量也要作出约定，双方应对质量合格达成一致。

7 《民法典》第 793 条是否赋予了承包人不选择参照合同关于工程价款的约定而选择工程定额标准进行结算的权利？

《民法典》第 793 条第 1 款规定："建设工程施工合同无效，但是建设工程经验收合格的，可以参照合同关于工程价款的约定折价补偿承包人。"该条款虽然用词是"可以"，但并未赋予承包人不选择参照合同约定而是依据工程定额标准进行据实结算的权利。

工程经竣工验收合格，但合同被认定无效，承发包双方均可以请求按照合同约定折价支付工程款，除非双方另行协商一致，以合同约定的结算方式以外的其他方式结算。

司法实践通说认为，关于诉争工程价款的确定应依据鉴定意见还是参照合同约定的问题，涉及对最高人民法院《关于审理建设工程施工合同纠纷案件适用法律问题的解释》第 2 条的理解问题。该解释于 2004 年 10 月发布，现已失效，但由于《民法典》第 793 条的规定源于该条解释，对该解释的理解对于正确把握《民法典》第 793 条具有决定性意义。该解释对于无效合同的工程价款结算原则上采取了参照合同约定结算的补偿方式，虽然在表述中出现"承包人请求参照合同约定支付工程价款"，但这并不意味着承包人对于两种折价补偿方式享有选择权。

最高人民法院《关于审理建设工程施工合同纠纷案件适用法律问题的解释》第 2 条确立了建设工程施工合同无效，但建设工程经竣工验收合格时的折价补偿原则，即"参照合同约定支付工程价款"。该条并未赋予承包人选择参照合同约定或者工程定额标准进行结算的权利，除非双方另行协商一致，同意按照定额价或市场价据实结算，否则，一般应参照合同约定支付工程价款。

司法实践中，若双方当事人没能达成一致，不能依据一方的申请依照工程定额结算。原因在于，定额计价常高于市场定价。若支持承包人以定额据实结算，则承包人可能以低价中标，在工程完工验收后，自己找出合同无效的事由，依照定额结算获取高于合同约定的工程款。当事人不能因为违反法律的行为获利，是一项基本原则。

8 建筑工程施工合同被确认无效,但建设工程经竣工验收合格,承包人请求支付的工程价款中,是否包含利润?

《民法典》第793条第1款规定:“建设工程施工合同无效,但是建设工程经验收合格的,可以参照合同关于工程价款的约定折价补偿承包人。”关于如何折价,《民法典》没有详细规定。对于工程款中的直接费、间接费部分必须支付给承包人,当无异议;承包人要依法纳税,税金也应当支付给承包人。对于利润部分是应当支付给承包人,还是按比例分配,则存在不同理解。有观点认为,由于合同无效,双方当事人均有过错,利润应当在承发包人之间进行分配。

对此,最高人民法院民事审判第一庭认为,应当将利润支付给承包人。最高人民法院民事审判第一庭在《最高人民法院建设工程施工合同司法解释的理解与适用》一书中指出,“如果合同无效,承包人只能主张合同约定价款中的直接费和间接费,则承包人融入建筑工程产品当中的利润及税金就被发包人获得,发包人依据无效合同取得承包人应得的利润,这与无效合同的处理原则不符,其利益向一方当事人倾斜,不能很好地平衡当事人之间的利益关系”。

最高人民法院认为,不应当在承发包双方之间按比例分配利润。最高人民法院(2017)最高法民终360号生效民事判决书认为:“案涉工程的价值为工程造价,包括规费和利润……私法救济目的是使双方的利益恢复均衡,如果自折价补偿款中扣减部分规费和利润,则雅居园公司既享有工程项目的价值,又未支付足额对价,获得额外利益,不符合无效合同的处理原则。故雅居园公司主张在工程造价中扣除50%的利润和规费,缺乏依据。”

对于必须进行招标的工程,发包人违反招投标法定程序,未依法办理相关手续,导致中标无效的,施工合同亦无效。在此情况下,工程中标无效的主要过错在发包人。工程竣工验收合格后,可以参照合同约定结算工程价款。如果承包人不能取得利润,则发包人既不支付利润,又得到了与有效合同效果相同的合格建筑产品,如此一来,发包人因自己的违法行为而获取了额外利益,与民法的基本原则相违背,故对发包人的主张不能予以支持。

9 建设工程施工合同无效后当事人赔偿责任的范围是什么？

《民法典》第157条规定了民事法律行为无效、被撤销或确定不发生效力的法律后果，当事人的合同行为亦不例外。合同被确定无效后，有过错方应对无过错方因合同无效造成的损失进行赔偿；双方都有过错的，按照过错程度对损失进行分担。该赔偿责任的性质为缔约过失责任，所赔偿的损失范围限于信赖利益而非履行利益。具体而言，信赖利益主要是直接损失，包括缔约费用、准备履行合同所支出的费用及利息等。

信赖利益损失，就发包人而言，主要包括招标费用、合同订立和备案支出的费用、准备履约的费用等。就承包人而言，主要包括投标费用、合同订立支出的费用、准备履约的费用等。如果合同无效而工程已经实际部分履行，但延误了工期或质量不合格，则工期索赔、质量索赔等损失也要纳入损失赔偿，其原因在于，如果质量合格，无效合同的承包人是可以主张参照合同支付工程价款的，故质量不合格时，给相对方造成的损失其也应当赔偿。

合同无效后损失数额的举证责任，按照最高人民法院《关于审理建设工程施工合同纠纷案件适用法律问题的解释（一）》第6条的规定，由主张赔偿的一方当事人举证，其应当就对方过错、损失大小、过错与损失之间的因果关系承担举证责任。损失大小无法确定时，如一方当事人请求参照合同约定的质量标准、建设工期、工程价款支付时间等内容确定损失大小，法院可以结合双方过错程度、过错与损失之间的因果关系等因素作出裁判。

10 建设工程施工合同被确认无效后，发包人与第三方签订的房屋买卖合同因逾期交房所产生的违约责任损失是否可以纳入合同无效的过错赔偿范围？

发包人与第三方签订的合同因发包人与承包人所签订的合同无效而产生违约责任，该违约责任应当由发包人向第三方承担。发包人承担后，在承包人应当承担合同无效的缔约过失责任的情况下，发包人可否向承包人追偿，需综合分析无效合同当事人订立合同的过错程度、无效合同当事人的过错与损失之间的因果关系等,在符合一定条件下可以纳入赔偿范围。

发包人与第三人签订的房屋买卖合同因逾期交房发生违约损失,在建设工程施工合同被确认无效后,如果承包人在签订合同时已经知道或应当知道该损失的发生,且该损失与承包人的过错有因果关系,则该损失可以纳入无效合同过错责任赔偿范围,发包人可以追偿。

第九章 建设工程价款争议

建设工程施工合同关于工程价款的条款，主要针对预付款、进度款和结算款，这三者是工程价款最主要的部分。支付工程价款的义务主要由发包人承担，工程价款给付请求权是承包人在合同中享有的最基本的权利，也是建设工程施工合同最容易发生纠纷的部分。建设工程施工合同涉及的资金数量庞大，工程价款争议还可能涉及相当数量的利息。除此之外，工程质量和工期纠纷的解决，最终也体现在工程价款上。实际上，所有建设工程施工合同的争议都与工程价款结算存在直接或间接的关系，因此，在法律实践中，建设工程价款结算纠纷或者拖欠工程价款纠纷是建设工程施工合同履行中最频发的一种纠纷，要特别加以详细研讨。

第一节 建设工程价款结算依据

1 建设工程价款结算依据是什么？实践中发包人和承包人签订多份施工合同的原因是什么？

从约原则是建设工程价款结算的主要原则，因此建设工程价款结算的主要依据是当事人签订的合同，并依据最终的工程量确定工程价款。

实践中，常有当事人签订两份以上建设工程施工合同，为工程价款纠纷留下隐患。签订多份施工合同的原因主要有以下几种：

第一种，规避招标。某些项目必须招标，发包方已确定了某一施工单位，但若进行真正的招投标,对该施工单位来讲也存在不确定性。因此就出现了发包方在招标前即已先确定施工单位并与之签订施工合同,再由该施工单位参与组织并配合,形式上进行招标程序,确定该施工单位为中标人。之后,双方再签订另一份施工合同备案,以规避政府对施工的监管。规避招标行为是违法的。《招标投标法》第 43 条规定:"在确定中标人前,招标人不得与投标人就投标价格、投标方案等实质性内容进行谈判。"第 55 条规定:"依法必须进行招标的项目,招标人违反本法规定,与投标人就投标价格、投标方案等实质性内容进行谈判的,给予警告,对单位直接负责的主管人员和其他直接责任人员依法给予处分。前款所列行为影响中标结果的,中标无效"。

第二种,招标后的备案合同与实际履行的合同不一致。《招标投标法》第 46 条第 1 款规定:"招标人和中标人应当自中标通知书发出之日起三十日内,按照招标文件和中标人的投标文件订立书面合同。招标人和中标人不得再行订立背离合同实质性内容的其他协议。"实践中,有的发包人会利用其优势地位,在签订中标合同时变更招投标文件中已经确定的实质性内容,或抛开招投标确定的合同实质内容,另行签署一份用于实际履行的合同。形成投标文件中确定的合同备案与实际履行的合同不一致,是为"黑白合同"。

第三种,为办理施工许可证签订两份合同。依据《建筑法》第 7 条的规定,"建筑工程开工前,建设单位应当按照国家有关规定向工程所在地县级以上人民政府建设行政主管部门申请领取施工许可证"。在我国,达到一定规模标准的建筑工程需要实行施工许可证制度,主要是行政管理的需要,保证开工建设的工程符合法定条件,并便于有关行政主管部门全面掌握建筑工程项目的数量、规模、施工队伍等的基本情况,从而实施有效的监督和管理。

但申请施工许可证的前提之一即是已经确定建筑施工企业,并要提交建设工程总承包合同。有些发包人为控制成本,会向行政机关提交合乎法律规定的建设工程施工合同文本,而与施工单位另行签订实际履行的合同,如将工程项目中的个别分部分项工程或专业工程割离,另行进行指定分包人,此种情况下,可能会出现发包人与同一总承包单位签订的两份施工合同。

第四种,中标的备案合同和存档备案的合同不一致。实践中,有的发包人将中标的建设工程施工合同报建设行政主管部门备案后,由于工程变更、价格调整等原因，将内容不同的建设工程施工合同报项目所在地的城市建设档案馆存档备案，由此产生了两份不同的合同。

2 存在两份以上施工合同，如何确定工程价款结算依据？

两份以上的施工合同并存且当事人对结算依据有纠纷的情况下，确定哪一份合同作为工程价款结算的依据，需分情况讨论。

第一，对必须招标的项目，以有效的中标通知书为依据签订合同。对必须招标的项目，两份以上施工合同实质内容不一致时，应以有效的中标合同为准。就合同实质内容，最高人民法院《关于审理建设工程施工合同纠纷案件适用法律问题的解释（一）》第2条规定，工程范围、建设工期、工程质量、工程价款均系建设工程施工合同的核心条款。该条第2款则是对变相降低工程价款如何处理的规定。实践中，当事人另行签订合同时并不直接变更中标合同价款，而是约定了高于市场价购买承建房屋、无偿建设住房配套设施、让利、向发包人捐赠财物等内容，相当于变相降低了工程价款，若发生争议，当事人请求法院确认这些条款无效的，应当予以支持。

第二，在招投标程序合法的情况下，当事人背离合同实质内容而另行签订建设工程施工合同的，结算时仍须以招标文件、投标文件、中标通知书为依据。最高人民法院《关于审理建设工程施工合同纠纷案件适用法律问题的解释（一）》第22条规定："当事人签订的建设工程施工合同与招标文件、投标文件、中标通知书载明的工程范围、建设工期、工程质量、工程价款不一致，一方当事人请求将招标文件、投标文件、中标通知书作为结算工程价款的依据的，人民法院应予支持。"

第三，对于非必须招标的项目，若发包人进行了合法有效的招投标程序发包的，则应当以有效的中标合同为准。最高人民法院《关于审理建设工程施工合同纠纷案件适用法律问题的解释（一）》第23条规定："发包人将依法不属于必须招标的建设工程进行招标后，与承包人另行订立的建设工程施工合同背离中标合同的实质性内容，当事人请求以中标合同作为结算建设工程价款依据的，人民法院应予支持，但发包人与承包人因客观情况发生了在招标投标时难以预见的变化而另行订立建设工程施工合同的除外。"

依据《招标投标法》进行招投标签订的协议,不完全属于合同双方自己的私法意思自治范畴。出于对其他投标人公平及维护社会公正秩序的考量,对于不属于必须招标的项目,发包人自己按照招标程序进行了招投标,双方即应当按照中标合同结算,任何背离中标合同实质内容的其他协议都不能作为结算工程价款协议,除非客观情况发生了在招投标时难以预见的变化。

要注意的是,对于非必须招标的项目,当事人通过招投标程序发承包,但中标合同无效而当事人另行签订的施工合同有效的,则按照有效的合同进行结算。

第四,对不需要办理施工许可证的小规模项目,如果当事人未经过招投标程序发承包而签订两份以上有效合同的,则按照实际履行的合同为结算依据。此为尊重当事人意思自治原则的体现。不需要办理施工许可证的小规模项目,按照《建筑工程施工许可管理办法》第 2 条第 2 款的规定,是指工程投资额在 30 万元以下或者建筑面积在 300 平方米以下的建筑工程,可以不申请办理施工许可证。实践中特别要注意,各地的规定标准有所不同。

第五,多份施工合同均无效的情形下,以实际履行的合同为结算依据。最高人民法院《关于审理建设工程施工合同纠纷案件适用法律问题的解释(一)》第 24 条规定:"当事人就同一建设工程订立的数份建设工程施工合同均无效,但建设工程质量合格,一方当事人请求参照实际履行的合同关于工程价款的约定折价补偿承包人的,人民法院应予支持。实际履行的合同难以确定,当事人请求参照最后签订的合同关于工程价款的约定折价补偿承包人的,人民法院应予支持。"该条司法解释采用参照合同约定折价补偿的表述,是科学的,防止了所谓"无效合同有效化"的理解。

3 工程范围、工期、质量、价款方面的改变,是否构成"实质性内容不一致"?

工程范围、建设工期、工程质量、工程价款的约定与中标合同内容不一致的合同,并不必然构成最高人民法院《关于审理建设工程施工合同纠纷案件适用法律问题的解释(一)》第 2 条所指的实质性内容不一致。依法正常进行的合同变更不属于实质性内容不一致。

依据最高人民法院民事审判第一庭的观点①,判断两份合同在内容上是否构成“实质性不一致”,首先,要考量相关条款是否属于价款、质量或工期等涉及当事人基本权利义务的条款,当事人经协商对上述条款以外的合同内容的变更,如一些技术人员变更、检验验收等细微变更,不构成实质性内容不一致;其次,要衡量内容不一致所达到的程度,只有上述内容的变更足以影响当事人的基本合同权利义务,才可以定为构成“实质性内容不一致”,细微差别不属于实质性不同;最后,如果在合同履行过程中,因设计变更导致工程量明显增加或减少等影响中标合同的实际履行,也应认定属于正常的合同变更,而不构成最高人民法院《关于审理建设工程施工合同纠纷案件适用法律问题的解释(一)》第2条所指的“实质性不一致”。

4 中标的建设工程施工合同签订后,承包人向发包作出的让利承诺书是否属于实质性变更合同?

最高人民法院《关于审理建设工程施工合同纠纷案件适用法律问题的解释(一)》第2条第2款规定:“招标人和中标人在中标合同之外就明显高于市场价格购买承建房产、无偿建设住房配套设施、让利、向建设单位捐赠财物等另行签订合同,变相降低工程价款,一方当事人以该合同背离中标合同实质性内容为由请求确认无效的,人民法院应予支持。”

最高人民法院民事审判第一庭认为,招标人与中标人按照招标文件和中标人的投标文件订立建设工程施工合同后,中标人出具让利承诺书,承诺对承建工程予以大幅度让利,实质上是对工程价款的实质性变更,应当认定该承诺无效。②

5 司法实践中,如何确定多份合同中当事人实际履行的施工合同?

最高人民法院《关于审理建设工程施工合同纠纷案件适用法律问题的解释

---

① 参见最高人民法院民事审判第一庭编:《民事审判指导与参考》(总第58辑),人民法院出版社2014年版,第116页。

② 参见最高人民法院民事审判第一庭编:《民事审判指导与参考》(总第38集),法律出版社2009年版,第173页。

(一)》第24条规定:“当事人就同一建设工程订立的数份建设工程施工合同均无效,但建设工程质量合格,一方当事人请求参照实际履行的合同关于工程价款的约定折价补偿承包人的,人民法院应予支持。实际履行的合同难以确定,当事人请求参照最后签订的合同关于工程价款的约定折价补偿承包人的,人民法院应予支持。”该条规定体现了实际履行合同的重要性,因此,确定当事人实际履行的是哪份施工合同具有重大意义。但是,由于施工合同履行具有周期长、参与主体多、变更多等特点,判断多份合同中哪份是实际履行的施工合同,也是审理建设工程施工合同纠纷的难点。

实践中,可以从施工范围、工期、项目部管理人员、预付款数额、进度款数额、验收方式、结算方式、质保金数额、奖惩方式等方面进行比较,确定实际履行的合同。

通过上述方法仍不能确定的情况下,按照最高人民法院《关于审理建设工程施工合同纠纷案件适用法律问题的解释(一)》第24条第2款的规定,推定最后签订的合同为实际履行的合同。

6 确定工程量的基本依据是什么?

在工程量清单计价模式下,投标人必须根据招标文件中提供的工程量清单所规定的工作内容和工程量编制标书并确定投标的建设工程报价,工程量是确定工程造价的重要依据,工程量的核算是工程价款结算的基础。2003年,原建设部发布国家标准《建设工程工程量清单计价规范》(GB50500-2003,已失效),确定了我国在建设工程领域实行工程量清单计价的标准和办法。住房和城乡建设部分别于2008年和2012年上述规范进行修改,2013年7月1日起施行的《建设工程工程量清单计价规范》(GB50500-2013),为目前我国建设工程领域工程量确认的基本依据。

第二节　工 程 签 证

1　如何理解工程签证，工程签证的法律意义是什么？

我国法律、行政法规层面，对工程签证尚未有权威的法律定义，但工程签证是实践中非常重要的概念。一般认为，工程签证，是指按承发包合同约定，由承发包双方代表就施工过程中涉及合同价款之外的责任事件所作的签认证明。参考《建设工程工程量清单计价规范》（GB50500－2013）对于“现场签证”的定义，是指“发包人现场代表（或其授权的监理人、工程造价咨询人）与承包人现场代表就施工过程中涉及的责任事件所作的签认证明”。承发包双方签订的建设工程施工合同，不能提前预判工程施工过程中的所有问题，在施工过程中，双方就施工所遇到的问题进行新的合意，就是签证。

工程签证主要分为工程经济签证、工程工期签证、工程技术签证，分述如下：

（1）工程经济签证，包括工程量签证和费用签证，是指在施工过程中由于发包方的要求、设计变更、场地环境变化，造成成本增加或经济损失而由工程监理或甲方代表所签发的变更凭据。例如，应发包人要求承包人做的零星工作；施工现场挖出文物，施工方需要额外付出的成本；设计变更造成已完工程的返工损失费，以及新施工方案引起的成本增加；等等。

（2）工程工期签证，是指甲方或监理签发的变更凭据，确认在施工过程中因材料、设备的延迟及发包方等原因造成的施工时间的延长。由于工程占用资金量很大，工期对甲乙方资金的时间价值都有决定性意义。故工期签证对承发包双方在工期提前奖、工期延误罚款的计算中起着至关重要的作用。实践中工期签证以甲方的原因居多，例如，因发包方的原因造成承包人无法开工、连续施工而延误的工期；重大设计变更造成工程量增加；因不可抗力因素造成工程暂停施工；等等。乙方原因则主要为工伤事故导致延期。因乙方原因延期要支付罚款。

（3）工程技术签证，主要是指施工单位的施工组织设计方案、施工技术措施需要修改。施工中的施工组织设计一般包括施工方案、施工现场总平面布置图、施工进度计划和安全保证措施、劳动力及材料供应计划、施工机械设备的选用、质量保证体系及措施、安全生产、文明施工措施、环境保护、成本控制措施等。重大的方案变化还应征得勘察、设计人员的同意,保障工程安全。

工程签证一般应当包括以下内容:事件起因、时间、地点、参与人员及简介;工程量、计价的依据及金额;发包方、承包人和监理人等各方经办人员共同签字、盖章。工程签证多由承包方制作并向监理工程师、发包方代表提交,之后,监理工程师、发包方代表予以签字确认。

在法律意义上,结合工程签证的签订过程,可以认定工程签证属于双方建设工程施工合同的变更。由于我国《民法典》合同编规定建设工程合同需要采取书面形式,工程签证也需要采取书面形式。

2 法律对签证单的具体要求是什么?只有签字没有盖章如何处理?

签证单属于合同变更,依据《民法典》的相关规定,建设工程合同必须采用书面形式,并要求有授权人员的签字。财政部、原建设部《建设工程价款结算暂行办法》第15条规定:"发包人和承包人要加强施工现场的造价控制,及时对工程合同外的事项如实纪录并履行书面手续。凡由发、承包双方授权的现场代表签字的现场签证以及发、承包双方协商确定的索赔等费用,应在工程竣工结算中如实办理,不得因发、承包双方现场代表的中途变更改变其有效性。"可见,部门规章层面并未要求发包人或承包人对签证盖章,由承发包双方授权的现场代表签字即可,该规定与《民法典》合同编的规定相一致,《民法典》合同编规定合同签字或盖章生效。承发包双方现场代表签字的行为,可视为代表单位履行的职务行为,即职务代理。双方施工合同另有约定必须盖章的除外。例如,最高人民法院(2015)民申字第1740号民事裁定书认为,发包人某公司对其主张的承包人所提交的工程签证单为其与发包人代表王某共同伪造的事实,未提供足够证据。双方当事人在建设工程施工合同中约定由王某作为发包人代表,且王某持有发包人签发的授权委托书,授权范围是涉案工程项目的造价控制等。承包人提交的工程签证单上不仅大部分有王某的签名,且全部盖有监理单位公章。王某本人出庭接受质证称,存在争议的工程签证单中的签名均为其本人所签,盖章过程是先由施工单位盖章再交由监理公司认可后盖章，最后由王某将工程签证单交发包人的法定代表人柯某审核后由柯某盖章交予王某。鉴于王某系发包人的代表，王某代表发包人对工程签证单予以确认，同时，监理单位在工程签证单上签章，说明该部分工程签证已经得到监理确认，足以认定工程签证单的真实性。

通常情况下，工程签证由施工单位制作交由监理单位审核，最后由发包方签字确认。实践中，签证的纠纷主要源于两类：一是对授权人员权限的认定；二是对非授权人员，如承包方普通施工员、发包单位一般工作人员、监理工程师等签字的签证的效力的认定。

上述两类争议的焦点问题是发包方及承包人的工作人员签证的行为是否应认定为表见代理。而表见代理属于无权代理的一种，虽是无权代理的一种，其法律后果却仍由被代理人承担，这种立法的目的主要是保护善意第三人的利益，维护交易的安全。

最高人民法院《关于当前形势下审理民商事合同纠纷案件若干问题的指导意见》第 14 条规定："人民法院在判断合同相对人主观上是否属于善意且无过失时，应当结合合同缔结与履行过程中的各种因素综合判断合同相对人是否尽到合理注意义务，此外还要考虑合同的缔结时间、以谁的名义签字、是否盖有相关印章及印章真伪、标的物的交付方式与地点、购买的材料、租赁的器材、所借款项的用途、建筑单位是否知道项目经理的行为、是否参与合同履行等各种因素，作出综合分析判断。"据此可知，最高人民法院倾向于将建设工程领域项目经理等人超越权限及一般工作人员对外签订协议的行为纳入表见代理的范畴来衡量。

根据上述规定，判断承发包工作人员是否超越权限及一般工作人员签证的行为是否构成表见代理，一方面，要考察行为人是否具有代理权或者具有代理权的表象；另一方面，要考察相对人主观上是否善意且无过错地相信行为人有代理权。北京市高级人民法院《关于审理建设工程施工合同纠纷案件若干疑难问题的解答》第 9 条规定："当事人在施工合同中就有权对工程量和价款洽商变更等材料进行签证确认的具体人员有明确约定的，依照其约定，除法定代表人外，其他人员所作的签证确认对当事人不具有约束力，但相对方有理由相信该签证人员有代理权的除外；没有约定或约定不明，当事人工作人员所作的签证确认是其职务行为的，对该当事人具有约束力，但该当事人有证据证明相对方知道或应当知道该签证人员没有代理权的除外。”

3 对于工程签证时限性的规定是什么?

工程签证有时限要求,这是由工程施工的时限性所决定的。就设计变更,财政部和原建设部于 2004 年 10 月发布的《建设工程价款结算暂行办法》作出了相关规定。该办法第 10 条规定:“工程设计变更价款调整……(二)在工程设计变更确定后 14 天内,设计变更涉及工程价款调整的,由承包人向发包人提出,经发包人审核同意后调整合同价款。……(三)工程设计变更确定后 14 天内,如承包人未提出变更工程价款报告,则发包人可根据所掌握的资料决定是否调整合同价款和调整的具体金额。重大工程变更涉及工程价款变更报告和确认的时限由发承包双方协商确定。收到变更工程价款报告一方,应在收到之日起 14 天内予以确认或提出协商意见,自变更工程价款报告送达之日起 14 天内,对方未确认也未提出协商意见时,视为变更工程价款报告已被确认。确认增(减)的工程变更价款作为追加(减)合同价款与工程进度款同期支付。”特别要注意,该条规定了 14 天的期限,收到报告 14 天内未作出回应的,视为认可,这是对良好的工程管理提出的要求。

该规定第 14 条还规定了零星工程的签证时限:“(六)合同以外零星项目工程价款结算　发包人要求承包人完成合同以外零星项目,承包人应在接受发包人要求的 7 天内就用工数量和单价、机械台班数量和单价、使用材料和金额等向发包人提出施工签证,发包人签证后施工,如发包人未签证,承包人施工后发生争议的,责任由承包人自负。”

《建设工程价款结算暂行办法》属于部门规章,并非法律或行政法规,依据当事人意思自治原则,就签证的适用,当事人施工合同中有约定的从其约定;如无约定,则可参照适用《建设工程价款结算暂行办法》。

4 仅有监理单位确认的工程量签证或报表是否有效?

我国监理制度借鉴国际咨询工程师联合会(FIDIC)合同的工程师制度,但二者有本质不同。我国监理合同属于委托合同,监理人作为受托人在授权范围内为发包人提供建设工程施工的监督和管理服务,其与建设单位是委托关系,与施工单位属于监理与被监理的关系,除非由发包人授权,否则其签字不能作为结算依据。我国工程实践和司法实践都规定,监理工程师对施工单位提报的工程量签证或报表只有审核权而无确认权,除非发包人与承包人对监理工程师签署的工程量签证或工程量报表的效力作出明确约定,否则只有监理单位确认的工程量签证或报表的,一般不能单独作为结算依据,需结合其他证据综合认定价款。

从工程建设监理的一般程序看,监理单位也无权确认工程量签证或报表,除非发包人授权。依据我国工程实践,监理人的工作程序如下:(1)编制工程建设监理规划;(2)按工程建设进度、分专业编制工程建设监理细则;(3)按照建设监理细则进行建设监理;(4)参与工程竣工预验收,签署建设监理意见;(5)建设监理业务完成后,向项目法人提交工程建设监理档案资料。由此可以认定,监理工程师不具备签认工程决算月报表的法定职责。建设工程实践中,在施工合同中约定监理工程师享有该权利的情况基本不存在。

施工过程中,如果对多份签认的结果各方当事人并未提出异议,唯独对一份或几份签认结果不认可,应当认定相关签认行为构成了表见代理,认可监理工程师对施工月报表的签认效力;或当事人可提出抗辩:如果不认定这一份或几份签证,就全部的签证均不认可,也可以达到一定的诉讼效果。虽然监理工程师签认的工程量月报表不能直接被认定具有签证的效力,但在司法实践中,该签字属于书证,在民事诉讼法意义上具有证据效力,和其他证据结合,可以用来认定案件。

5 如何理解据实结算,什么时候适用?

据实结算与按约结算相对,是指建设工程最终的结算价格需要依照实际发生的工程量及定额价款计算,分为量的据实结算和价的据实结算。据实结算主要发生在以下几种情况:

(1)对于某些紧急工程,合同签订时工程量及价款均不确定,为及时进行施工,当事人可约定据实结算,依据实际发生的工程量及定额计算价款。

(2)发生设计变更时,对新增部分工程量据实结算。最高人民法院《关于审理建设工程施工合同纠纷案件适用法律问题的解释(一)》第 19 条第 2 款规定:“因设计变更导致建设工程的工程量或者质量标准发生变化,当事人对该部分工程价款不能协商一致的,可以参照签订建设工程施工合同时当地建设行政主管部门发布的计价方法或者计价标准结算工程价款。”

(3)合同约定据实结算而合同无效时,按照《民法典》第 793 条的规定,可参照合同约定据实结算工程量。

(4)工程量及价款约定不明时,可依据据实结算来确定双方利益。

第三节　工程价款审计价格

1　施工合同的审计种类有哪些?国有企事业单位作为当事人在施工合同中对工程价款约定不明时,能否直接认定由国家审计机关的审计定价?

审计,是指由专设机关依照法律对国家各级政府及金融机构、企业事业组织的重大项目和财务收支进行事前和事后审查的独立性经济监督活动。按照审计主体的不同,审计可分为政府审计、独立审计和内部审计。政府审计,是指国家审计机关代表国家所实施的审计,主要针对国有企事业单位。独立审计,是指依据《注册会计师法》的规定,由有关主管部门审核批准成立的会计师事务所和审计事务所的注册会计师所执行的独立审计。内部审计,是指由企业或单位等组织内部设置的审计部门和专职审计人员对本部门、本单位及下属单位进行的审计。

实践中,一些政府发包项目,包括国有企业、事业单位发包项目,在工程结算时认为,由于需要动用国有资金,其工程项目的结算要以国家审计为依据。该主张看似有理,实际没有法律依据。《民法典》第 510 条规定了合同没有约定或者约定不明的补救措施。该条规定:“合同生效后,当事人就质量、价款或者报酬、履行地点等内容没有约定或者约定不明确的,可以协议补充;不能达成补充协议的,按照合同相关条款或者交易习惯确定。”其中,并没有以国家审计定价的规定。

② 工程结算的一般程序是什么？发包人收到承包人送审价后不予答复的后果是什么？

工程结算的一般程序是乙方向甲方报价，甲方审核。工程完工后，承包人报送给监理单位、建设单位工程结算价，经发包人审核同意，形成结算价；或经监理单位、建设单位初审后，报中介机构或财政评审单位审核通过，再经发包人同意，形成结算价。

特别要注意的是，双方当事人如果没有明确约定以国家审计机构审定的价格作为结算价格，即使一方或双方均为国家机关或国有企事业单位，亦不能推定适用审计价格作为结论。最高人民法院(2012)民提字第205号生效民事判决书认为，"根据审计法的规定，国家审计机关的审计系对工程建设单位的一种行政监督行为，审计人与被审计人之间因国家审计发生的法律关系与本案当事人之间的民事法律关系性质不同。因此，在民事合同中，当事人对接受行政审计作为确定民事法律关系依据的约定，应当具体明确，而不能通过解释推定的方式，认为合同签订时，当事人已经同意接受国家机关的审计行为对民事法律关系的介入"。该案例被《最高人民法院公报》登载，具有相当的指导意义。

承包人的送审价在一定条件下可被视为竣工结算依据。最高人民法院《关于审理建设工程施工合同纠纷案件适用法律问题的解释(一)》第21条规定："当事人约定，发包人收到竣工结算文件后，在约定期限内不予答复，视为认可竣工结算文件的，按照约定处理。承包人请求按照竣工结算文件结算工程价款的，人民法院应予支持。"以送审价作为工程价款结算依据，须双方在建设工程施工合同中有明确的约定，且承包人必须有证据证明发包人已经收到了其提交的竣工结算文件及结算资料。

就当事人双方如何约定该条款，《建设工程施工合同(示范文本)》(GF-2017-0201)中有科学的表述。该示范文本的通用条款第14.2条"竣工结算审核"规定："除专用合同条款另有约定外，监理人应在收到竣工结算申请单后14天内完成核查并报送发包人。发包人应在收到监理人提交的经审核的竣工结算申请单后14天内完成审批，并由监理人向承包人签发经发包人签认的竣工付款证书。监理人或发包人对竣工结算申请单有异议的，有权要求承包人进行修正和提供补充资料，承包人应提交修正后的竣工结算申请单。发包人在收到承包人提交竣工结算申请书后28

天内未完成审批且未提出异议的,视为发包人认可承包人提交的竣工结算申请单,并自发包人收到承包人提交的竣工结算申请单后第 29 天起视为已签发竣工付款证书”。该条款已成为拟定条款的有效参考,特别是当事人双方没有约定审核期限时,法院可以将该示范文本视为行业惯例,参考示范文本该条款确定甲方的合理审核期限。

3 政府发包项目,审计机关审计的建设工程造价审计结论与建设工程施工合同约定的工程价款不同,如何确定价款?

该问题在实践中是比较常见和棘手的,发包人出于资金安全考虑,要以审计机关的结论为支付依据。最高人民法院以答复、会议纪要、公报案例等多种形式多次予以明确:一般情况下,要以从约原则确定工程价款。

首先,审计是国家对建设单位的一种行政监督,不影响建设单位和承建单位的合同效力。最高人民法院2001 年4 月2 日发布的《关于建设工程承包合同案件中双方当事人已确认的工程决算价款与审计部门审计的工程决算价款不一致时如何适用法律问题的电话答复意见》中指出:“审计是国家对建设单位的一种行政监督,不影响建设单位与承建单位的合同效力。建设工程承包合同案件应以当事人的约定作为法院判决的依据。只有在合同明确约定以审计结论作为结算依据或者合同约定不明确、合同约定无效的情况下,才能将审计结论作为判决的依据。”

其次,存在有效合同的情况下,当事人请求以审计机关结论为支付价款的依据,一般不予准许。依据《2015 年全国民事审判工作会议纪要》第 49 条的规定,“依法有效的建设工程施工合同,双方当事人均应依约履行。除合同另有约定,当事人请求以审计机关作出的审计报告、财政评审机构作出的评审结论作为工程价款结算依据的,一般不予支持”。

最后,最高人民法院明确了《审计法》与《合同法》(现为《民法典》)的不同适用范围。2014 年第 4 期《最高人民法院公报》“裁判文书选登”所载最高人民法院(2012)民提字第 205 号生效民事判决书认为:“根据审计法的规定及其立法宗旨,法律规定审计机关对政府投资和以政府投资为主的建设项目的预算执行情况和决算进行审计监督,目的在于维护国家财政经济秩序,提高财政资金使用效益,防止建设项目中出现违规行为。重庆建工集团与中铁十九局之间关于案涉工程款的结算,属于平等民事主体之间的民事法律关系。因此,本案诉争工程款的结算,与法律规定的国家审计的主体、范围、效力等，属于不同性质的法律关系问题，即无论案涉工程是否依法须经国家审计机关审计，均不能认为，国家审计机关的审计结论，可以成为确定本案双方当事人之间结算的当然依据，故对重庆建工集团的上述主张，本院不予采信，对案涉工程的结算依据问题，应当按照双方当事人的约定与履行等情况确定。"

本质上讲，行政审计与当事人合同约定的计价，系不同的计价方式。最高人民法院(2014)民一终字第89号生效民事判决书认为："《协议书》约定的工程价款结算方式为：双方共同委托中介评估机构评估并经周村区政府审计局审计后确定。合同履行过程中，双方并未委托中介评估机构对案涉工程造价进行评估。周村区审计局向黄河工程公司发出的《审计通知书》所载内容表明，该局并非依照案涉《协议书》约定对案涉工程造价数额进行确认，而是依照行政职权及上级指令，对案涉工程结算情况进行行政审计，黄河工程公司报送的工程决算书，属于审计内容……上述事实亦表明双方当事人并未就以周村区审计局出具的工程结算书作为结算依据形成合意。周村区政府认为黄河工程公司向周村区审计局提交工程结算书，该公司在《姜萌路工程审计现场实测约定书》上签字，表明双方对案涉工程以审计机关审计结论作为结算依据形成合意，缺乏事实依据，本院不予支持。"该判决充分地表明了，审计计价是依照行政职权及上级指令，而非按照工程承发包市场的计价规律计价。

④ 国家审计部门对建设工程的财政评审结论属于什么性质？如何认定其效力？

财政部曾发布《关于加强建设项目工程预(结)算竣工决策审查管理工作的通知》，依据该通知第2条的规定，凡有国家财政性资金安排的建设工程项目工程预(结)算须经财政部门设立的工程预(结)算审核机构审核。该审核结算作为工程价款的法定结算依据，对承发包双方均有法律约束力。司法实践中的主流观点则认为，财政部门对财政投资的评定审核是国家对建设单位基本建设资金的监督管理，不影响建设单位与承建单位的合同效力及履行，但是建设合同中明确约定以财政部门对财政投资的审核结论作为结算依据的，审核结论应当作为结算的依据。

司法实践在此问题上的主流观点更体现市场经济条件下工程价款结算原则，

上述财政部《关于加强建设项目工程预（结）算竣工决算审查管理工作的通知》已经废止，财政部门对财政投资的评定审核不能被当成合同效力的依据。

5 地方性法规中规定政府投资建设项目竣工结算以审计结果作为依据的，应该如何认定？

2015年5月，中国建筑业协会向全国人大常委会法工委提交了《关于申请对规定“以审计结果作为建设工程竣工结算依据”的地方性法规进行立法审查的函》，该来函就地方性法规中以政府审计结果作为政府投资和以政府投资为主的建设项目竣工结算依据的条款提出建议，认为相关规定混淆了行政法律关系与民事法律关系的界限，与《审计法》《合同法》（现为《民法典》）的相关规定相抵触。

收到审查建议后，全国人大常委会法工委对有关审计的地方性法规进行了梳理，发现有部分省、自治区、直辖市和一些设区的市在地方性法规中对审计结果作为政府投资和以政府投资为主的建设项目竣工结算依据作了规定。这些规定主要有三种情况：一是直接规定审计结果应当作为竣工结算的依据；二是规定建设单位应当在招标文件中载明或者在合同中约定以审计结果作为竣工结算的依据；三是规定建设单位可以在招标文件中载明或者在合同中约定以审计结果作为竣工结算的依据。

对此，全国人大常委会法工委《对地方性法规中以审计结果作为政府投资建设项目竣工结算依据有关规定的研究意见》认为，行政法律关系应当与民事法律关系相区别。该意见指出，以审计结果作为竣工结算的依据和规定应当在招标文件中载明或者在合同中约定以审计结果作为竣工结算的依据存在问题。“我们研究认为，审计法第二十二条规定，‘审计机关对政府投资和以政府投资为主的建设项目的预算执行情况和决算，进行审计监督’。为执行审计法的规定，地方性法规对保障审计监督作出具体规定，是必要的。但是，地方性法规规定的第一、二种情况，即直接规定以审计结果作为竣工结算的依据和规定应当在招标文件中载明或者在合同中约定以审计结果作为竣工结算的依据，虽然可以在一定程度上加强对政府投资资金的保障，在法律上却存在以下问题：一是扩大了审计决定的效力范围。根据审计法的规定，审计机关对政府投资和以政府投资为主的建设项目的预算执行情况和决算，进行审计监督；审计机关在法定职权范围内作出的审计报告、审计决定，被审计单位应当执行；被审计单位对审计机关作出的有关财务收支的审计决定不服的，可以依法申请行政复议或者提起行政诉讼。审计法规范的是审计机关与被审计单位之间的行政关系，不是被审计单位与其合同相对方的民事合同关系。审计法的规定不宜直接引申为应当以审计结果作为被审计单位与施工单位进行结算的依据。地方性法规以审计结果作为被审计单位与施工单位进行结算的依据，实质上是以审计决定改变建设工程合同，扩大了审计决定的法律效力范围。二是限制民事权利，超越了地方立法权限。根据立法法规定，民事基本制度只能制定法律。地方性法规为执行法律、行政法规的规定，可以根据本行政区域的实际情况作出具体规定，但无权对法律规定的民事权利作出限制或者减损的规定。在投资建设活动中，负责政府投资和以政府投资为主建设工程的建设单位与施工单位是平等的民事主体，双方签订的建设工程合同属于民事合同。虽然建设工程出资全部或者主要源于国家财政，有一定的特殊性，但并不能因此改变二者之间平等的民事法律关系。地方性法规强制要求以审计结果作为合同双方竣工结算依据，将适用于被审计单位的审计决定扩大适用于被审计单位的合同相对人，限制了施工企业正当的合同权利，缺乏上位法依据，超越了地方立法权。此外，目前各地对该问题所做的规定相互之间差异较大，也不利于法制统一和在全国范围内形成一致的市场规则。”

全国人大常委会法工委认为，以审计结果作为竣工结算依据的条款，应当予以清理纠正。“根据宪法、立法法的规定，地方性法规不得与法律相抵触，不得超越地方立法权限。为维护国家法制统一，对地方性法规中直接规定以审计结果作为竣工结算的依据和规定应当在招标文件中载明或者在合同中约定以审计结果作为竣工结算依据的条款，应当予以清理纠正。地方性法规规定的第三种情况，即规定建设单位可以在招标文件中载明或者在合同中约定以审计结果作为竣工结算的依据的条款，不存在与法律不一致、超越地方立法权限的问题。”

政府投资建设领域的制度不完善，浪费资金的问题，应当通过多种措施予以治理。全国人大常委会法工委认为，“审计制度是国家治理体系的重要组成部分，审计监督对保障国有资金的安全和效益，维护国家财经秩序，促进廉政建设具有重要作用。各地方应当在维护法制统一原则基础上，保障审计机关依照法定职权和程序加强审计监督，依法维护审计结论的权威性和强制力，保证审计工作的有效性，保护审计人员的积极性，并依法维护合同当事人的合法权益。针对现实中存在的政府投资建设领域管理制度不完善、国有资金浪费严重等问题,应当在法律规定的框架内,多措并举,通过加强综合治理措施加以解决。一是加快培育完善工程造价咨询中介市场,加强中介市场的政府监督和行业自律,为建设单位和施工单位提供优质的造价咨询服务,以减轻审计机关的压力。二是加强对建设单位追责力度,对审计中发现的超概算、超预算等问题,强化建单位本身的行政责任和有关责任人的责任。三是对施工单位虚报、重复计算工程量等问题,可以通过民事仲裁或者诉讼等途径解决。四是对建设单位和施工单位恶意串通骗取国家资金的,可以通过合同无效等法律规定的制度解决。五是对构成犯罪的单位和个人,可以由司法机关依法追究刑事责任。"

该意见表明,全国人大常委会法工委的态度比较明确,如果双方约定以审计结果作为竣工结算依据,有效,但地方立法不能进行强制干预。

6 除双方约定外,以建设工程造价审计结论结算工程价款的主要情形是什么?

《民法典》第510条规定:"合同生效后,当事人就质量、价款或者报酬、履行地点等内容没有约定或者约定不明确的,可以协议补充;不能达成补充协议的,按照合同相关条款或者交易习惯确定。"第511条规定:"当事人就有关合同内容约定不明确,依据前条规定仍不能确定的,适用下列规定:……(二)价款或者报酬不明确的,按照订立合同时履行地的市场价格履行;依法应当执行政府定价或者政府指导价的,依照规定履行。……"依据上述规定,建设工程承发包双方在建设工程施工合同中对工程价款约定不明,而合同履行地政府审计主管部门出具了建设工程造价审计结论的,依照审计结论定价。

7 发包人故意迟延提交行政审计或财政审查,承包人应当如何主张权利?

实践中,某些政府发包项目承发包双方在建设工程施工合同中约定了行政审计或财政评审作为结算工程价款的依据,但发包人故意迟延提交行政审计或财政评审,承包人应当及时主张权利。行政审计或财政评审就其性质而言,属于附条件合同中的条件。《民法典》第159条规定:“附条件的民事法律行为,当事人为自己的利益不正当地阻止条件成就的,视为条件已经成就;不正当地促成条件成就的,视为条件不成就。”因此,发包人故意迟延提交行政审计或财政评审,视为其为自己的利益不正当地阻止条件成就,承包人可以要求以审核价来确认工程造价。

从操作层面来看,承包人处理需要发包人提交政府审计机关审计的合同,要特别注意在签订合同时明确约定好提交行政审计或财政评审的期限;并且要有证据意识,注意保留提请发包人按时提交行政审计或财政评审的证据,必要时需要做公证,得以在诉讼中承担相应的举证责任。

若承发包双方约定了以行政审计或财政审核为依据进行结算,因行政审计或财政审核均有相应的法定程序,最终期限可能比较长,会给施工企业造成利息等方面的损失,特别是建设工程造价往往较高,该部分的利息损失也往往较大,实践中有经过四五年才最终审计完毕的,其利息可达工程造价的30%左右,该部分利息全由发包人支付,也不尽妥当,因为审核期限并非发包人完全可控。实务中,还是应该先尊重当事人的约定,如双方在合同中明确约定了行政审计或财政审核期限过长的处理办法,按照约定处理;如果没有约定或约定不明,由裁判机构根据公平合理原则并结合工程实际,合理确定审计或财政评审期限,从而确定应付工程款的利息起算点,如一个财政年度。

第四节　建设工程价款利息及违约金

1　迟延支付建设工程价款的利息属于损失还是法定孳息?对于其为利息的主张应当如何处理?

对于建设工程价款的利息是损失还是法定孳息,在学界和司法实务界一直存在争论。从最高人民法院《关于审理建设工程施工合同纠纷案件适用法律问题的解释(一)》的立法精神来看,已经将利息作为一种法定孳息。

最高人民法院《关于审理建设工程施工合同纠纷案件适用法律问题的解释(一)》第27条规定:“利息从应付工程价款之日开始计付。当事人对付款时间没有约定或者约定不明的,下列时间视为应付款时间:(一)建设工程已实际交付的,为交付之日;(二)建设工程没有交付的,为提交竣工结算文件之日;(三)建设工程未交付,工程价款也未结算的,为当事人起诉之日。"该条的三项规定都将支付利息和支付工程价款确定在同一时间点。承担或支付利息,作为司法解释规定的一项附随义务,与当事人的付款责任同时产生,应该作为一种法定孳息对待。

例如,最高人民法院(2018)最高法民终605号民事判决书认为:"虽然一审法院认定《施工总承包合同》及《补充协议》均无效,但利息属于工程款的法定孳息,应当在工程款逾期时一并支付。"

关于建设工程价款利息处理的基本规定在最高人民法院《关于审理建设工程施工合同纠纷案件适用法律问题的解释(一)》的第26条,当事人对欠付工程价款利息计付标准有约定的,按照约定处理;没有约定的,按照中国人民银行发布的同期同类贷款利率或同期贷款市场报价利率计息确定。

2 施工合同可否垫资?垫资及利息如何处理?

施工合同可以垫资,一定程度上,这是工程承包人实力的体现。施工合同纠纷中的垫资及其利息,应按照最高人民法院《关于审理建设工程施工合同纠纷案件适用法律问题的解释(一)》第25条的规定处理,该条第1款规定:"当事人对垫资和垫资利息有约定,承包人请求按照约定返还垫资及其利息的,人民法院应予支持,但是约定的利息计算标准高于垫资时的同类贷款利率或者同期贷款市场报价利率的部分除外。"最高人民法院的该条司法解释确定了承包人可以垫资,但垫资利息不得高于同期贷款市场报价利率。

3 对未交接工程,双方当事人如何确定计算欠付工程款的起息点?

最高人民法院《关于审理建设工程施工合同纠纷案件适用法律问题的解释(一)》明确,工程款利息属于法定孳息,应当自工程欠款发生时起算,但工程款包括预付款、进度款、延期的付款、结算款及质保金等,如何确定工程款起算时间,比较复杂,一般按形象进度付款。故合同对于利息起算时间有约定的,应当遵从当事人的约定,在当事人对于支付工程价款没有约定或约定不明的情况下,则应当适用最高人民法院《关于审理建设工程施工合同纠纷案件适用法律问题的解释(一)》第27条的规定:“利息从应付工程价款之日开始计付。当事人对付款时间没有约定或者约定不明的,下列时间视为应付款时间:(一)建设工程已实际交付的,为交付之日;(二)建设工程没有交付的,为提交竣工结算文件之日;(三)建设工程未交付,工程价款也未结算的,为当事人起诉之日。”

“交付”,既包括现实交付,也包括拟制交付,即将涉案工程的控制权转交给发包人。若双方当事人没有明确的交付行为,应当以涉案工程实际投入使用之时拟制为交付之日。双方当事人对于工程没有明确的交接手续,可以依据上述规定,以工程实际投入使用时间作为欠付工程款的起算点。

4 发包人在承担违约金责任之外,是否需要再支付欠付工程款的利息?

承包人是否有权要求发包人在承担违约金责任之外,再支付欠付工程款的利息,首先还是依照从约原则,如果当事人明确约定在承担利息之外还应赔偿损失或者承担其他违约责任,承包人也提出了相应的请求,则应当从其约定。

如果当事人仅约定承担违约责任的方式,而未约定支付欠付工程款利息的,则承包人仍旧有权在请求发包人承担违约责任之外,再请求发包人支付欠付工程款的利息,其理由在于,欠付工程款的利息属于法定孳息,资金的时间价值理应得到尊重。

但违约金数额过高的,可以请求法院或仲裁机构予以减免,《民法典》第585条第2款规定:“……约定的违约金过分高于造成的损失的,人民法院或者仲裁机构可以根据当事人的请求予以适当减少”。司法实践中,违约金的利息数额一般以实际损失的30%掌握。

5 施工合同纠纷中,一方当事人否定违约,进而未提出违约金过高的请求,法院是否可以主动酌情减少违约金?

就违约金的调整,法律有相关规定。《民法典》第585条规定:“当事人可以约定一方违约时应当根据违约情况向对方支付一定数额的违约金,也可以约定因违约产生的损失赔偿额的计算方法。约定的违约金低于造成的损失的,人民法院或者仲裁机构可以根据当事人的请求予以增加;约定的违约金过分高于造成的损失的,人民法院或者仲裁机构可以根据当事人的请求予以适当减少。当事人就迟延履行约定违约金的,违约方支付违约金后,还应当履行债务。”

若一方当事人坚持未违约而未提出减少违约金,就此种情况法院能否主动调整,实践中存在争议。

通说认为,对于违约金过高,当事人坚称自己未违约,其目的是抵销、动摇或者吞并对方的违约金请求权,此种情况下,如果当事人固守其未违约的主张,从逻辑上看,其认为自己不应支付违约金,无论法院判定其应支付多少违约金,其均会认为违约金过高,法院如果机械地认为当事人未主张违约金过高就不能调整违约金,则可能造成事实上的不公平,因此,当事人仅主张未违约,法院可以主动酌减违约金。

6 双方工程款结算数额尚未确定时,承包人能否以超过约定给付期限为由主张预期违约金?

如给付期间届满,而工程款数额尚未按约定方式确定,宜从探究当事人真实意思出发,根据《民法典》规定的体系解释原则,可理解为双方已约定将工程款结算金额确定时间作为确定工程款给付日期及给付期间起点的依据。《民法典》第466条第1款规定:“当事人对合同条款的理解有争议的,应当依据本法第一百四十二条第一款的规定,确定争议条款的含义。”实践中,亦有生效案例确认不应当支付违约金。

7 承包人未开具发票,发包人是否可以此为由拒付工程款?

此问题涉及合同的主要义务、从给付义务。在合同中没有约定发包人拒付权的情况下,发包方不能以承包人未开具发票为由拒付工程款。《民法典》第490条规定:“当事人采用合同书形式订立合同的,自当事人均签名、盖章或者按指印时合同成立。在签名、盖章或者按指印之前,当事人一方已经履行主要义务,对方接受时,该合同成立。法律、行政法规规定或者当事人约定合同应当采用书面形式订立，当事人未采用书面形式但是一方已经履行主要义务，对方接受时，该合同成立。”

主要义务，一般是指根据合同性质决定的直接影响合同的成立及当事人订约目的的义务，最高人民法院《关于审理建设工程施工合同纠纷案件适用法律问题的解释(一)》规定了工程价款、质量、工期等属于合同的主要内容。建设工程施工合同的主要义务与当事人的缔约目的紧密相连，对主要义务的不履行将会导致当事人订立合同的目的无法实现，一方当事人的违约行为将会造成根本违约，债权人有权解除合同。在建设工程施工合同中，开具发票的义务不属于建设工程施工合同中的主要义务，一方当事人违反该义务不构成根本违约，根据权利义务对等原则，另一方当事人也不能仅因为对方未及时出具相应发票而拒绝履行给付工程款的义务，更不能因此主张解除合同。承包人在收取工程款后不出具发票，发包人可通过行政管理途径向税务部门反映。如果合同中明确约定承包人不开具发票，发包人有拒付权的，按照意思自治原则，遵照该约定，发包方可以承包人未开具发票为由拒付工程款。

第五节　以建设工程抵偿工程款

1 可否以建设工程抵扣工程款？

在建设工程价款结算过程中，如发包人没有能力按照合同约定清偿承包人的工程价款，双方可协商通过以承包人所建房屋抵顶施工人工程价款。以建设工程抵扣工程款，属于以物抵债协议，涉及物权及合同债权，需要分情况加以研究。

就以物抵债，最高人民法院根据是否履行期限届满，有不同的规定。最高人民法院于 2019 年 11 月发布的《全国法院民商事审判工作会议纪要》第 44 条规定：“当事人在债务履行期限届满后达成以物抵债协议，抵债物尚未交付债权人，债权人请求债务人交付的，人民法院要着重审查以物抵债协议是否存在恶意损害第三人合法权益等情形，避免虚假诉讼的发生。经审查，不存在以上情况，且无其他无效事由的，人民法院依法予以支持。当事人在一审程序中因达成以物抵债协议申请撤回起诉的,人民法院可予准许。当事人在二审程序中申请撤回上诉的,人民法院应当告知其申请撤回起诉。当事人申请撤回起诉,经审查不损害国家利益、社会公共利益、他人合法权益的,人民法院可予准许。当事人不申请撤回起诉,请求人民法院出具调解书对以物抵债协议予以确认的,因债务人完全可以立即履行该协议,没有必要由人民法院出具调解书,故人民法院不应准许,同时应当继续对原债权债务关系进行审理。"

该纪要第45条针对"履期届满前达成的以物抵债协议"规定:"当事人在债务履行期届满前达成以物抵债协议,抵债物尚未交付债权人,债权人请求债务人交付的,因此种情况不同于本纪要第71条规定的让与担保,人民法院应当向其释明,其应当根据原债权债务关系提起诉讼。经释明后当事人仍拒绝变更诉讼请求的,应当驳回其诉讼请求,但不影响其根据原债权债务关系另行提起诉讼。"

由此可见,最高人民法院认为,履行期届满后达成的以建设工程折抵工程款协议原则上有效,但存在恶意损害第三人合法权益、涉嫌虚假诉讼等情形及存在其他无效事由的,则认定无效,而且以物抵债协议与让与担保有本质区别,二者并不相同。

就以物抵债协议的工程范围要特别注意,国家投资的重大建设工程项目,涉及公共利益、社会利益的工程项目,不能以物抵债。这些项目大致包括以下几类:(1)大型基础设施、煤炭、石油、天然气、电力、新能源等能源基础设施项目;(2)铁路、公路、管道、港口以及公共航空和A1级通用机场等交通运输基础设施项目;(3)电信基站、通信信息网络等通信基础设施项目;(4)防洪、发电、灌溉、排涝、引水、供水等水利基础设施项目;(5)城市轨道交通等城建项目;(6)教育设施、医疗设施等项目。《民法典》第153条规定:"违反法律、行政法规的强制性规定的民事法律行为无效。但是,该强制性规定不导致该民事法律行为无效的除外。违背公序良俗的民事法律行为无效。"上述工程项目若以物抵债,属于违背公序良俗的民事法律行为,应当被归于无效。

2 发包人以已经抵押的建设工程折抵工程款,是否有效?

就抵押物的转让,《民法典》相较原《物权法》作出了一定的修订。原《物权法》规定,抵押期间,抵押人未经抵押权人同意,不得转让抵押财产,除非受让人代为清偿债务消灭抵押权。《民法典》规定,抵押人在抵押期间可以转让抵押物。《民法典》第406条规定:"抵押期间,抵押人可以转让抵押财产。当事人另有约定的,按照其约定。抵押财产转让的,抵押权不受影响。抵押人转让抵押财产的,应当及时通知抵押权人。抵押权人能够证明抵押财产转让可能损害抵押权的,可以请求抵押人将转让所得的价款向抵押权人提前清偿债务或者提存。转让的价款超过债权数额的部分归抵押人所有,不足部分由债务人清偿。"

最高人民法院也认为抵押物可以转让。《2015年全国民事审判工作会议纪要》认为,当事人仅以转让抵押房地产未经抵押权人同意为由,请求确认转让合同无效的,一般予以支持。受让人因抵押登记未涂销无法办理物权转移登记而请求解除合同的,可予以支持。《民法典》及最高人民法院相关文件均支持合同效力与物权变动相区分,故发包人以设定抵押权的建筑物抵偿工程款,合同有效。如抵押权人不同意变更登记,承包人不能要求继续履行以物抵债合同,可以要求解除合同并要求发包人承担违约责任。发包人清偿建设工程价款的责任也应当继续履行。

3 发包人可否将已经预售的商品房抵偿工程价款?

商品房预售是房地产商常用的融资方式,当发包人由于各种原因,需要以已经预售的商品房抵偿工程价款时,要区分不同的情况予以处理。

情况一,购房消费者未支付全部或大部分房款的,本质上此种情形属于"一房二卖",如果开发商已经向承包人交付房产,则以房抵债协议有效,购房人可以向开发商主张违约责任。最高人民法院《第八次全国法院民事商事审判工作会议(民事部分)纪要》第15条规定:"审理一房数卖纠纷案件时,如果数份合同均有效且买受人均要求履行合同的,一般应按照已经办理房屋所有权变更登记、合法占有房屋以及合同履行情况、买卖合同成立先后等顺序确定权利保护顺位。但恶意办理登记的买受人,其权利不能优先于已经合法占有该房屋的买受人。对买卖合同的成立时间,应综合主管机关备案时间、合同载明的签订时间以及其他证据确定。"如果房屋尚未交付给承包人,则购房人享有预先权。

情况二,购房消费者已办理了预告登记的,发包人与承包人的以物抵债协议在预告期内不能对抗预售协议。《民法典》第221条规定:“当事人签订买卖房屋的协议或者签订其他不动产物权的协议,为保障将来实现物权,按照约定可以向登记机构申请预告登记。预告登记后,未经预告登记的权利人同意,处分该不动产的,不发生物权效力。预告登记后,债权消灭或者自能够进行不动产登记之日起九十日内未申请登记的,预告登记失效。”由此,发包人与购房消费者办理了预告登记的,未经过购房消费者的同意,发包人以房抵债的行为不发生物权效力。此种情形下,以物抵债的债权不能对抗已办理预告登记的购房消费者的权利。

4 建设工程施工合同被确认无效后,发包人与承包人签订的以房抵工程款协议的效力如何认定?

建设工程施工合同被确认无效后,如果工程质量经验收合格,可以参照当事人约定折价,如当事人在合同无效后又达成协议以房抵债,在不违反国家法律法规强制性规定的情况下,应当认定协议的效力。

如果以房抵债的协议是在建设工程施工合同中约定的,而施工合同被确认无效,是否以房抵债的协议也一并无效?司法实践认为,以房抵顶工程款协议的效力是否受施工合同无效的影响,应根据该协议的内容综合进行分析判定。根据相关司法解释的精神,无论施工合同是否有效,发包人都负有支付工程价款的义务,以房抵顶工程款协议为当事人对欠付的工程款进行结算的约定,性质上属于发包人与承包人对结算方式的一种约定。如果合同无效,但工程质量验收合格,可以参照合同约定进行结算。

5 以房抵顶工程款合同的性质是什么?

《最高人民法院公报》2017年第9期刊登的《通州建总集团有限公司与内蒙古兴华房地产有限责任公司建设工程施工合同纠纷案》中,将以房抵顶工程款合同定性为诺成性合同。该案裁判摘要第1条为:“对以物抵债协议的效力、履行等问题的认定,应以尊重当事人的意思自治为基本原则。一般而言,除当事人有明确约定外,当事人于债务清偿期届满后签订的以物抵债协议,并不以债权人现实地受领抵债物，或取得抵债物所有权、使用权等财产权利，为成立或生效要件。只要双方当事人的意思表示真实，合同内容不违反法律、行政法规的强制性规定，合同即为有效。”最高人民法院于2019年11月发布的《全国法院民商事审判工作会议纪要》，进一步对以房抵顶工程款合同系诺成性合同作了阐述。

6 建设工程施工中以房屋抵顶工程款协议，属于债的更改还是新债清偿？

以物抵债协议属于债的更改还是新债清偿，关键在于当事人是否有明确消灭债的合意。《最高人民法院公报》2017年第9期刊登的《通州建总集团有限公司与内蒙古兴华房地产有限责任公司建设工程施工合同纠纷案》的裁判摘要，对此予以了明确解释：

(1)对以物抵债协议的效力、履行等问题的认定，应以尊重当事人的意思自治为基本原则。一般而言，除当事人有明确约定外，当事人于债务清偿期届满后签订的以物抵债协议，并不以债权人现实地受领抵债物，或取得抵债物所有权、使用权等财产权利，为成立或生效要件。只要双方当事人的意思表示真实，合同内容不违反法律、行政法规的强制性规定，合同即为有效。

(2)当事人于债务清偿期届满后达成的以物抵债协议，可能构成债的更改，即成立新债务，同时消灭旧债务；亦可能属于新债清偿，即成立新债务，与旧债务并存。基于保护债权的理念，债的更改一般需有当事人明确消灭旧债的合意，否则，当事人于债务清偿期届满后达成的以物抵债协议，性质一般应为新债清偿。

(3)在新债清偿情形下，旧债务于新债务履行之前不消灭，旧债务和新债务处于衔接并存的状态；在新债务合法有效并得以履行完毕后，因完成了债务清偿义务，旧债务才归于消灭。

(4)在债权人与债务人达成以物抵债协议、新债务与旧债务并存时，确定债权是否得以实现，应以债务人是否按照约定全面履行自己义务为依据。若新债务届期不履行，致使以物抵债协议目的不能实现的，债权人有权请求债务人履行旧债务，且该请求权的行使，并不以以物抵债协议无效、被撤销或者被解除为前提。

7 房价上涨，发包人拒绝履行以房屋抵顶工程款协议而继续以现金支付，应当如何处理？

实践中，在发包人与承包人达成以房抵顶工程款协议后，由于房屋价格上涨可观，有的发包人拒绝履行以房抵债协议，以新债旧债并存为由，要求清偿旧债，仍以金钱方式清偿工程款，而拒绝履行交付房屋及过户登记手续。

在此种情况下，依据《最高人民法院公报》刊登案例的观点，债的更改一般需有当事人明确消灭旧债的合意，否则，当事人于债务清偿期届满后达成的以物抵债协议，性质一般应为新债清偿，新旧债并存。在新债清偿情形下，旧债务于新债务履行之前不消灭，旧债务和新债务处于衔接并存的状态；在新债务合法有效并得以履行完毕后，因完成了债务清偿义务，旧债务才归于消灭。

由此，为避免纠纷，承包人可在与发包人签订的以房屋抵顶工程款协议中，明确约定该抵债协议系债的更改。例如，可在协议中加入："双方一致同意本协议签订时生效并恪照履行，原有工程款结算债权债务关系消灭，除因法律和客观上的原因（不可归责于双方的原因）导致本协议不能履行外，任何一方不得再要求以金钱方式实现债权、清偿债务。"

实践中，承包人也需要现金清偿其他主体的债务，如机械、劳务及材料款等，所以承包人也需要将房屋变现。故以房抵债的一般程序是，双方先约定以某些房屋抵顶某部分数额的工程款，并将该房屋初始登记在发包方名下，确定购房人后，购房人将购房款支付承包人，承包人出具证明，由发包方与买主签订房屋买卖合同、出具发票，并协助买主办理房屋过户手续。

第六节　建设工程价款结算中的其他争议

1 发包人能否以承包人未提交竣工资料为由拒绝支付工程款？

判定发包人是否可以以未提交竣工资料为抗辩理由拒绝支付工程款，需要根据权利义务相一致原则进行分析。司法实践中一般认为,依据双务合同的本质,合同抗辩的范围限于对价义务。一方不履行对价义务的,相对方可享有抗辩权。竣工资料的制作、保存和提交是建设工程施工工作的一项重要组成部分,是工程建设及竣工验收工作的主要内容,是工程进行检查、维护、管理、使用、改建和扩建的原始依据,竣工资料还是发包方办理产权登记的重要凭据。如不能办理产权登记,还可能因逾期向购房人交房而承担违约责任。所以,竣工资料的提交属于承包人向发包人履行合同的主要义务之一,可与发包人的付款义务形成对价。发包人应当可以竣工资料尚未移交为由拒绝支付工程款。

2 工程项目代建模式下如何保护承包人追索工程款的权利?

项目代建,是指业主不亲自实施工程项目的建设管理,而是委托代建人履行项目管理职责。一般认为,项目代建是指对非经营性政府投资项目通过招标等方式,选择专业化的项目管理单位负责建设实施,严格控制项目投资、质量和工期,竣工验收后移交给使用单位的工程管理模式。国务院办公厅《关于保障性安居工程建设和管理的指导意见》在"重点发展公共租赁住房"部分规定,"政府投资的公共租赁住房项目可以委托企业代建,市县人民政府逐年回购"。国务院《关于加快棚户区改造工作的意见》亦在"鼓励民间资本参与改造"部分规定,"鼓励和引导民间资本根据保障性安居工程任务安排,通过直接投资、间接投资、参股、委托代建等多种方式参与棚户区改造"。

项目代建关系符合《民法典》合同编规定的委托合同的特征,业主与代建人之间的委托代建关系是与施工合同关系不同的法律关系,根据合同相对性的原则,代建人应向承包人支付工程款。例如,最高人民法院(2018)最高法民申1191号生效民事裁定书认为:"委托代建合同关系与建设工程施工合同关系是两个独立的法律关系。根据合同相对性原理,金豆公司作为发包方向施工方支付工程款,与棚改办向金豆公司支付工程回购款(代建费用),是基于两个不同的法律关系产生的合同义务。"也就是说,代建合同中委托方不负有向施工单位支付工程款的义务。

特别要注意的是,如果业主在施工中履行了本应由代建人履行的施工合同主要义务,则委托人与代建人就工程款承担连带清偿责任,如业主直接向承包人付款等,属于委托人越过委托合同,直接参与了施工合同的履行,其在先行为使承包人产生了信赖利益,承包人有权要求委托人与代建人承担连带责任。例如,广东省高级人民法院(2014)粤高法民终字第18号生效民事判决书认为,委托代建合同约定代建人作为发包人负责施工单位的招标工作,但实际上委托人作为招标人确定了施工单位,然后授权代建人与中标单位签订施工合同。之后三方签订补充协议,明确代建人代委托人向承包人支付工程款的行为视为委托人直接付款,承包人直接向委托人开具工程款发票,其余事项继续按施工合同执行。这表明委托人以发包人的身份参与了涉案工程的招标,履行了代建人作为项目法人应承担的部分责任。最终法院判令委托人、代建人向承包人连带支付工程款。

3 承发包双方签订固定总价合同,是否一定不能变更工程价款?

当事人双方签订固定总价合同,原则上不应当变更工程价款。但有如下情形时,应当予以变更。

第一,工程量发生变更。依据《民法典》的相关规定,对于因设计变更等原因导致工程款数额发生增减变化的,在可以区分合同约定部分和设计变更部分的工程时,不需要对整个工程造价进行鉴定,只需根据公平原则对增减部分按合同约定的结算方法和结算标准计算工程款即可。

北京市高级人民法院《关于审理建设工程施工合同纠纷案件若干疑难问题的解答》(京高法发〔2012〕245号)第11条“固定总价合同履行中,当事人以工程发生设计变更为由要求对工程价款予以调整的,如何处理?”的答复,有相当参考价值,具体如下:“建设工程施工合同约定工程价款实行固定总价结算,在实际履行过程中,因工程发生设计变更等原因导致实际工程量增减,当事人要求对工程价款予以调整的,应当严格掌握,合同对工程价款调整有约定的,依照其约定;没有约定或约定不明的,可以参照合同约定标准对工程量增减部分予以单独结算,无法参照约定标准结算的,可以参照施工地建设行政主管部门发布的计价方法或者计价标准结算。主张工程价款调整的当事人应当对合同约定施工的具体范围、实际工程量增减的原因、数量等事实承担举证责任。”

第二，根据《民法典》第533条的规定，适用情势变更原则。如合同价格系缔约时无法预见、风险程度远远超出正常人的合理预期，可以适用《民法典》第533条的规定。如何确定“超出正常人的合理预期”？可以参考北京市住建委发布的《关于加强建设工程施工合同中人工、材料等市场价格风险防范与控制的指导意见》（京建发〔2021〕270号）第3条的规定，“合同对风险范围和幅度没有约定或约定不明的，或者合同有约定但采用固定价包干的，以及合同成立后合同的基础条件发生了发承包双方在订立合同时无法预见的、不属于商业风险的重大变化，继续履行合同对于发承包双方一方明显不公平的，发承包双方可根据《中华人民共和国民法典》的相关规定和实际情况，本着诚信、公平的原则，参考以下原则签订补充协议，合理分担风险。（一）风险幅度和范围 按照风险共担、合理分担原则，人工风险幅度不得超过±5%，材料、工程设备、施工机械台班等风险幅度一般不超过±5%……”

4 合同无效，承包人请求实际施工人按照合同约定支付管理费的，是否应予支持？

最高人民法院民事审判第一庭2021年第21次法官会议认为，转包合同、违法分包合同及借用资质合同均违反法律的强制性规定，属于无效合同。前述合同关于实际施工人向承包人或者出借资质的企业支付管理费的约定，应为无效。实践中，有的承包人、出借资质的企业会派出财务人员等个别工作人员从发包人处收取工程款，并向实际施工人支付工程款，但不实际参与工程施工，既不投入资金，也不承担风险。实际施工人自行组织施工，自负盈亏，自担风险。承包人、出借资质的企业只收取一定比例的管理费。该管理费实质上并非承包人、出借资质的企业对建设工程施工进行管理的对价，而是一种通过转包、违法分包和出借资质违法套取利益的行为。此类管理费属于违法收益，不受司法保护。因此，合同无效，承包人或者出借资质的建筑企业请求实际施工人按照合同约定支付管理费的，不予支持。

5 对于“建设工程施工合同无效，但是建设工程经验收合格的，可以参照合同关于工程价款的约定折价补偿承包人”应如何理解？

《民法典》第 793 条第 1 款规定：“建设工程施工合同无效，但是建设工程经验收合格的，可以参照合同关于工程价款的约定折价补偿承包人。”该条规定使用的措辞是“可以”，是否表明《民法典》允许适用其他结算方法？

最高人民法院民事审判第一庭 2022 年第 22 次法官会议认为，建设工程施工具有一定的周期性和复杂性，双方当事人在合同中的约定一定程度上代表了双方当事人对于合同签订和履行的合理预期，以及对相关合同风险的预先安排，在建设工程施工合同无效，没有更加科学、合理、简便有效的折价补偿标准的情况下，参照建设工程施工合同关于工程价款的约定折价补偿承包人，具有相当的合理性。这种方式可以在保证建设工程质量的前提下，确保双方当事人从无效合同中获得的利益均不能超出合同有效时可以获得的利益，符合当事人的合理预期和我国建筑市场的实际，能够保证案件裁判的社会效果。《民法典》第 793 条第 1 款虽然使用了“可以参照”的表述，但如果工程建设未发生大规模设计改变，或者合同中有关工程价款的约定不存在严重违背当事人真实意思表示等情况，法院在具体裁判中，不宜任意将“可以参照”理解为可以参照、也可以不参照。

第十章 建设工程工期争议

工期，是指在建设工程施工合同中约定的承包人完成工程所需的时限，包括合同约定期限及工期变更。建设工程工期是建设工程施工合同的实质性内容，属于招投标项目中发包人和承包人双方不能在合同中予以变更的合同部分。

工程施工过程中，工期问题涉及因素很多，设计、工程量、建筑材料供应、气候条件等主客观因素的变化均可能影响工期，工期顺延、工期延误在工程建设实践中几乎是不可避免的。工期问题还与投资的时间价值紧密相关，考虑工程项目投资一般都比较高，工期问题相当程度上影响了工程的成本，工期纠纷也就成了争议的多发点。该类争议主要为承包人在施工合同约定的工期内未完成施工任务或发包人未按照合同约定的期限和要求提供建材、设备、场地、图纸及支付进度款延误引起的工期顺延争议或工期索赔争议。

第一节 开工日期

1 开工日期如何确定？

开工日期，是指发包人与承包人在协议中约定，承包人开始进场施工的日期。开工日期包括计划开工日期和实际开工日期，《建设工程施工合同（示范文本）》（GF－2017－0201）通用条款第1.1.4项“日期和期限”第1目规定：“……计划开工日期是指合同协议书约定的开工日期；实际开工日期是指监理人按照第7.3.2

项〔开工通知〕约定发出的符合法律规定的开工通知中载明的开工日期。”

开工日期的认定,直接决定总工期时间。工程实践中,建设工程可能的开工日期主要有以下四种:(1)合同约定的开工日期;(2)施工许可证上载明的开工日期;(3)开工申请书中注明的开工日期;(4)建设单位或者监理单位指令的开工日期;(5)建筑施工企业实际进场的开工日期。因施工作业的特殊性,施工人员、材料、机械就位时间不同,占用场地情况不同,合同约定的开工日期与承包人实际进场开工日期往往不一致,故开工日期要以事实为根据,综合实际情况加以确定。

最高人民法院《关于审理建设工程施工合同纠纷案件适用法律问题的解释(一)》第8条就约定开工时间与实际开工时间不一致时如何处理作了相应的规范。该条规定:“当事人对建设工程开工日期有争议的,人民法院应当分别按照以下情形予以认定:(一)开工日期为发包人或者监理人发出的开工通知载明的开工日期;开工通知发出后,尚不具备开工条件的,以开工条件具备的时间为开工日期;因承包人原因导致开工时间推迟的,以开工通知载明的时间为开工日期。(二)承包人经发包人同意已经实际进场施工的,以实际进场施工时间为开工日期。(三)发包人或者监理人未发出开工通知,亦无相关证据证明实际开工日期的,应当综合考虑开工报告、合同、施工许可证、竣工验收报告或者竣工验收备案表等载明的时间,并结合是否具备开工条件的事实,认定开工日期。”

2 发包人和承包人在开工准备中各自的义务分别是什么?

1. 发包人的主要义务

开工准备中发包人的义务主要是提供施工场地、办理施工许可证及组织设计交底,分述如下:

(1)提供施工场地。提供施工场地的要求应根据合同目的确定。如果系土地一级开发,对场地就无特殊要求;如果进行房屋建筑、交通工程施工,发包人应及时完成施工场地的准备工作,按合同约定的时间和范围向承包人提供满足相应要求的场地。通常的要求有“三通一平”和“五通一平”等,“三通一平”是指通水、通电、通路和平整土地,“五通一平”是指增加通信、通排水,“七通一平”是指增加通热力、通燃气,“九通一平”是指增加通雨水、通有线电视。

(2)办理施工许可证。办理施工许可证是发包人的主要义务。发包人应当按照批准的开工项目向工程所在地县级以上人民政府建设行政主管部门办理施工许可证手续,领取施工许可证。未取得施工许可证的不得擅自开工。

(3)组织设计交底。在施工图完成并经审查合格后,发包人应根据合同约定,组织设计单位向承包人和监理人对提供的施工图纸和设计文件进行交底,就施工图设计文件向施工单位和监理单位作出详细的说明,其目的是使施工单位和监理单位正确贯彻设计意图,加深对设计文件特点、难点、疑点的理解,掌握关键工程部位的质量要求,确保工程质量。

发包人未按照约定按期完成开工准备工作的,应承担违约责任。双方约定责任承担方式和责任内容的,按照《民法典》第 803 条"发包人未按照约定的时间和要求提供原材料、设备、场地、资金、技术资料的,承包人可以顺延工程日期,并有权请求赔偿停工、窝工等损失"的规定办理。

2. 承包人的主要义务

开工准备中承包人的义务主要是现场查勘、编制施工组织设计、建设工程材料及人力资源调配并编制开工报审表,分述如下:

(1)现场勘验。承包人了解现场实际情况,与发包人所提供资料进行对比。依据诚实信用原则,承包人发现现场条件与勘察设计不符的,应当向发包人及时提出。

(2)编制施工组织设计。施工组织设计是用以指导施工组织与管理、施工准备与实施、施工控制与协调、资源的配置与使用等的全面性的技术、经济文件,是对施工活动的全过程进行科学管理的重要手段。通过编制施工组织设计文件,可以针对工程的特点,根据施工环境的各种具体条件,按照客观的规律施工。具体包括编写工程概况、选择施工方案和确定施工方法、制订施工进度计划、计算施工现场所需要的各种资源需用量及其供应计划、绘制施工平面图等。施工组织设计需交工程监理审核。

(3)建设工程材料及人力资源调配并编制开工报审表。承包人需要制定材料需量计划,确定劳务人员,并对施工人员进行施工组织设计、计划和技术交底。工作就绪后,向监理人提交工程开工报审表,经监理人报发包人批准后执行。依据《建设工程施工合同(示范文本)》(GF-2017-0201)通用条款第 7.3.1 项"开工准备”部分的规定,除专用合同条款另有约定外,承包人应按照第 7.1 款“施工组织设计”约定的期限向监理人提交工程开工报审表,经监理人报发包人批准后执行。开工报审表应详细说明按施工进度计划正常施工所需的施工道路、临时设施、材料、工程设备、施工设备、施工人员等落实情况以及工程的进度安排。

承包人未按照约定按期完成开工准备工作可能承担违约责任,造成工期延误的,如导致持续无法开工,构成根本违约,发包人可据此要求解除双方之间的施工合同。

3 达到开工条件的要求是什么?承包人在不具备开工条件下进场施工会产生怎样的法律后果?

发包人和承包人完成各自的开工准备工作后,由发包人或监理人下达开工令,开工条件具备。一般条件下,项目需达到的开工条件有三项:其一,取得施工许可证;其二,施工组织设计交由监理审批;其三,发包人或监理人下达开工令。

承包人在不具备开工条件下进场施工,表明其认可开工条件,失去向发包人主张违约责任的权利,也无权要求工期顺延。例如,甘肃省高级人民法院(2019)甘民终 289 号生效民事判决书认为:“庭审中双方均认可滕泰公司于 2016 年 6 月 1 日准时入场。根据《建设工程施工合同司法解释(二)》第五条[①],当事人对建设工程开工日期有争议的,人民法院应当分别按照以下情形予以认定:……(二)承包人经发包人同意已经实际进场施工的,以实际进场施工时间为开工日期的规定,本案开工日期应当认定为 2016 年 6 月 1 日。”由此可知,司法实践认为,承包人在不具备开工条件下进场施工,应自行承担因未达到开工条件造成的停工损失。

4 实际开工日期比开工报告确认的日期提前,如何认定工期起算点?

开工报告,是指由承包人向发包人提出请求批准拟建工程项目开工的申请

① 此解释已失效,相关规定参见最高人民法院《关于审理建设工程施工合同纠纷案件适用法律问题的解释(一)》第 8 条。

书。实践中,工程开工的实际时间早于开工申请书上载明的时间,且发包人在开工报告上签字确认了开工日期的,如果工程的承发包双方在合同中明确约定以开工报告确认的日期为开工日期,则此行为应视为对承包方的工期优惠,工期起算点不应以实际开工日期为准,而依照当事人的意思自治,以开工报告上确认的日期为工期起算点。

5 什么是里程碑工期?在工期索赔诉讼中,里程碑工期不明的,应如何处理?

里程碑工期又称节点工期,是指工程项目建设达到建设工程施工合同的约定形象进度节点的时间。如果双方约定的节点工期不明,实践中,可根据合同和工期定额推算节点工期,根据各个分节点实际状况,查明工期延误的原因和责任,分段认定工程承发包双方就工期延误应承担的责任。下文以一起案例的二审、再审判决具体说明。

安徽省高级人民法院(2014)皖民四终字第00165号生效民事判决书认为:"由于双方均未提交案涉工程施工计划等可以确定施工工期的证据,本院依据合同及工期定额,推定广厦公司施工至地上三层合理工期为:施工人工挖孔桩、基坑护坡、土方三项工程工期45天,地下室(一层)工期48天,地上三层工期64天,共计157天。经查,案涉工程开工时间为2008年10月6日,完成地上三层的时间为2009年6月20日,据此,广厦公司施工至地上三层实际用时254天,超合理工期97天。考虑春节和天气等因素的影响,本院酌定广厦公司在登云庭项目中前期施工延误工期90天。众力公司的损失为:多支付安置补助费为2570400元(35700平方米×24元/平方米/月×90天÷30天);多支付延期交房违约金4550140元(5915182元÷117天×90天),两项合计7120540元。根据本院查明的事实,造成工期延误3个月的主要原因是广厦公司将案涉工程违法转包给无资质的个人施工,对此其应承担主要责任。由于实际施工人孙某某系众力公司引荐并交由广厦公司管理,众力公司疏于审查,亦存有一定的过错,应承担次要责任。据此,本院酌定广厦公司承担上述损失的80%,众力公司自行承担20%,对众力公司提出损失的利息不再予以支持。"

安徽省高级人民法院的该份判决的此项观点,被最高人民法院(2015)民申字第2635号生效民事裁定书支持,该民事裁定书认为:"2009年2月22日签订的

《“登云庭”住宅小区(东兴庄城中村改造项目)工程施工协议书》第二条第1项约定,‘地下室结构完成,三层全部顶板砼浇筑完毕,7日内甲方支付乙方±0.0000标高以下已完工程量40%的工程进度款。’由于双方均未提交施工计划等可以确定施工工期的证据,二审法院依据合同及工期定额,推定广厦公司施工至地上三层合理工期为157天。地上三层的完工时间为2009年6月20日,实际用时254天,超合理工期97天。二审法院考虑到春节和天气等因素的影响,酌定广厦公司在前期施工延误工期90天。根据二审查明的事实,造成上述延误的主要原因是广厦公司将案涉工程违法转包给无资质的个人施工,对此其应承担主要责任。实际施工人孙某某系众力公司引荐并交由广厦公司管理,众力公司亦存有一定的过错,应承担次要责任。众力公司多支付安置补助费、延期交房违约金合计7120540元,二审酌定广厦公司承担上述损失的80%计5696432元(7120540元×80%)。对于2009年6月20日之后广厦公司应否继续承担逾期竣工的违约责任问题。根据双方签订的《“登云庭”住宅小区(东兴庄城中村改造项目)工程施工协议书》第4.2条约定,‘若因众力公司工程款或履约保证金不能及时拨付,每延迟一天,众力公司同意承担赔偿违约金人民币壹万元整,工期予以顺延。’根据一、二审查明的事实,众力公司应依约于八层结构封顶一周内返还广厦公司履约保证金210万元;于二十层结构封顶一周内前返还承包人履约保证金210万元;于结构封顶一周内返还承包人履约保证金140万元;于工程竣工验收合格后一周内余款140万元返还完毕。但众力公司返还履约保证金时间分别迟延约24个月、20个月、14个月、28天,此外,众力公司至一审起诉仍未按约支付到决算审计价款的95%。广厦公司依约可以顺延工期,2009年6月20日后的施工逾期不构成违约。对于广厦公司原因造成2009年6月20日前施工逾期的,二审法院已经判令其承担相应责任,众力公司主张广厦公司应承担所有工程逾期违约责任的诉请依据不足,本院不予支持。”

6 承包人既违反了节点工期约定,又违反了总工期的约定,此种情况下应如何处理?

首先,在施工合同继续履行,双方工程已竣工的情况下,若建设工程承发包双方在施工合同中同时约定了节点工期违约金和总工期违约金,且明确约定两者可共同适用,依照当事人的意思自治,同时适用;若建设工程承发包双方在施工合同中同时约定了节点工期违约金和总工期违约金，但未约定两者是否可共同适用的，则应适用总工期违约金，二者不能并用。

从理论上讲，节点工期违约与总工期违约是部分与整体的关系，节点工期违约组成了总工期违约，总工期违约包含了工期违约，当事人若未约定二者并用，则应当只算承包人违约了一次。从实践上讲，节点工期违约金的目的是加强过程管理，敦促承包人注意节点工期，若出现节点工期逾期，承包人可通过科学合理的赶工措施，促使项目在总工期内完工，此时节点工期违约金是促进承包人在总工期内竣工的鞭策手段，若工程最终不能在总工期内竣工，则用总工期逾期违约金足可弥补发包人的损失。

其次，若建设工程承发包双方在施工合同中同时约定了节点工期违约金和总工期违约金，但工程并未完工，合同在履行过程中非因工期的其他原因被解除，此时，应适用节点工期违约金，因为工程并未完工而合同由于其他原因被解除了，总工期约定无适用前提，但如果节点工期违约，承包人仍应承担违约节点工期的违约责任；若建设工程承发包双方在施工合同中同时约定了节点工期违约金和总工期违约金，但工程并未完工，合同在履行过程中因工期原因被解除，应由发包人选择适用节点工期违约金还是工期违约合同解除违约金。此种情况下，相当于承包人一个节点工期违约行为对应节点工期违约与工期违约合同解除违约两个违约责任，一般选择违约金数额较高的。

第二节　竣工日期

1　竣工日期如何认定？

工程竣工，是指承包人完成了建设工程施工合同中约定的施工义务。竣工日期包括计划竣工日期和实际竣工日期。依照《建设工程施工合同（示范文本）》（GF－2017－0201）通用条款第1.1.4项第2目的规定，计划竣工日期是指合同协议书约定的竣工日期；实际竣工日期按照该通用条款第13.2.3项的规定确定。该示范文本第13.2.3项规定，工程经竣工验收合格的，以承包人提交验收申请报告之日为实际竣工日期,并在工程接收证书中载明;因发包人原因,未在监理人收到承包人提交的竣工验收申请报告 42 天内完成竣工验收,或完成竣工验收不予签发工程接收证书的,以提交竣工验收申请报告的日期为实际竣工日期;工程未经竣工验收,发包人擅自使用的,以转移占有工程之日为实际竣工日期。

双方当事人对竣工日期不能达成一致的,依照最高人民法院《关于审理建设工程施工合同纠纷案件适用法律问题的解释(一)》第 9 条的规定办理。该条具体规定如下:"当事人对建设工程实际竣工日期有争议的,人民法院应当分别按照以下情形予以认定:(一)建设工程经竣工验收合格的,以竣工验收合格之日为竣工日期;(二)承包人已经提交竣工验收报告,发包人拖延验收的,以承包人提交竣工验收报告之日为竣工日期;(三)建设工程未经竣工验收,发包人擅自使用的,以转移占有建设工程之日为竣工日期。"

2 竣工验收申请日和竣工验收通过日在工程实践中的法律意义是什么?

竣工验收申请日,是指承包人在工程完工自查完成后,认为工程质量符合法律规定及合同约定标准,向建设单位提交工程竣工验收报告,申请组织工程竣工验收的日期。竣工验收申请日在工期认定中具有重要意义。

首先,竣工验收日在一定条件下可被推定为工程竣工日和质量保证金返还起算日。承包人提出竣工验收申请,若工程符合验收条件,但发包人不及时或拖延验收,竣工验收申请日即为工程竣工日,其依据是最高人民法院《关于审理建设工程施工合同纠纷案件适用法律问题的解释(一)》第 9 条第 2 项的规定:"承包人已经提交竣工验收报告,发包人拖延验收的,以承包人提交验收报告之日为竣工日期。"

其次,就质量保证金返还,发包人拖延验收且未约定质量保证金返还期限的,自承包人提交工程竣工验收报告 90 日后起满 2 年返还,其依据是最高人民法院《关于审理建设工程施工合同纠纷案件适用法律问题的解释(一)》第 17 条第 1 款第 3 项的规定:"因发包人原因建设工程未按约定期限进行竣工验收的,自承包人提交工程竣工验收报告九十日后当事人约定的工程质量保证金返还期限届满;当事人未约定工程质量保证金返还期限的,自承包人提交工程竣工验收报告九十日后起满二年。"

竣工验收通过日,是指发包人在收到承包人提出的竣工验收申请后,组织包括发包人、承包人、设计人、监理人在内的建设工程四方责任主体完成工程质量验收,并确认工程质量合格之日。竣工验收通过日在工期认定中具有重要意义。

首先,竣工验收通过日是总工期截止日,表明工程质量合格,可交付使用。《建设工程施工合同(示范文本)》(GF－2017－0201)通用条款第13.2.2项规定:“……竣工验收合格的,发包人应在验收合格后14天内向承包人签发工程接收证书。发包人无正当理由逾期不颁发工程接收证书的,自验收合格后第15天起视为已颁发工程接收证书……”第13.6.1项规定:“颁发工程接收证书后,承包人应按以下要求对施工现场进行清理……”

其次,承包人有权按合同约定请求办理结算并支付工程结算款。工程经竣工验收通过后,承包人可请求办理竣工结算。《建设工程施工合同(示范文本)》(GF－2017－0201)通用条款第14.1款规定:“除专用合同条款另有约定外,承包人应在工程竣工验收合格后28天内向发包人和监理人提交竣工结算申请单,并提交完整的结算资料,有关竣工结算申请单的资料清单和份数等要求由合同当事人在专用合同条款中约定……”

再次,竣工验收通过日为工程质保期、缺陷责任期的起算点。《建设工程质量管理条例》第40条第3款规定:“建设工程的保修期,自竣工验收合格之日起计算。”《建设工程质量保证金管理办法》第8条规定:“缺陷责任期从工程通过竣工验收之日起计……”

最后,竣工验收通过日也是发包单位履行备案义务的时间起算点。《建设工程质量管理条例》第49条规定:“建设单位应当自建设工程竣工验收合格之日起15日内,将建设工程竣工验收报告和规划、公安消防、环保等部门出具的认可文件或者准许使用文件报建设行政主管部门或者其他有关部门备案。建设行政主管部门或者其他有关部门发现建设单位在竣工验收过程中有违反国家有关建设工程质量管理规定行为的,责令停止使用,重新组织竣工验收。”

3 工程存在甩项并验收,如何确定建设工程的竣工日期?

甩项验收,是指建设工程发包人与承包人约定,把按照施工图要求尚未完成的某些部分甩下,对工程其他部分先行验收,早交工早使用,可以尽早产生经济效益。甩下的项目称为甩项工程。

甩项竣工验收合格的时间即为工程最终竣工验收的时间,理由有如下几点:首先,甩项验收系工程承发包双方的合意;其次,因为甩项验收一般是出于对工程尽早交付使用的需要,被甩项目不是主体结构和主要部分,不影响工程使用,甩项验收完工程即交付;最后,实践中的通行做法是甩项验收完即办理竣工备案,而非等甩项工程完工后再备案。

4 承包人提交竣工验收报告的日期与工程竣工验收合格的日期不一致,应以哪个时间点为有效的竣工日期?

承包人提交竣工验收报告的日期与工程竣工验收合格的日期不一致,以竣工验收合格日期为准,对此,最高人民法院《关于审理建设工程施工合同纠纷案件适用法律问题的解释(一)》第9条第1项有明确规定:"建设工程经竣工验收合格的,以竣工验收合格之日为竣工日期。"特别要注意的是,《建设工程施工合同(示范文本)》(GF-2017-0201)通用条款第13.2.3项也规定:"工程经竣工验收合格的,以承包人提交竣工验收申请报告之日为实际竣工日期,并在工程接收证书中载明……"

所以,当事人签订《施工合同示范文本》并未在专用条款中作出该条款修正的,即当事人若明确约定"工程经竣工验收合格的,以承包人提交竣工验收申请报告之日为实际竣工日期",应按照该约定确认实际竣工日期。当事人对实际竣工日期没有约定或约定不明的,则按最高人民法院《关于审理建设工程施工合同纠纷案件适用法律问题的解释(一)》第9条第1项确定的原则处理,即以竣工验收合格之日作为竣工日期。

5 四方验收时各单位签署日期不一致,如何确定竣工验收日期?

工程竣工验收时,参与各方各司其职,进行各自的工程验收工作,但四方最后在验收表上签字的时间不一定相同,此时,依照从约原则,当事人有约定的,按照当事人的约定办理。如当事人未明确约定竣工日期的确认方式,按最高人民法院

《关于审理建设工程施工合同纠纷案件适用法律问题的解释(一)》第 9 条的规定处理,若参加竣工验收的单位签署意见的日期不一致,原则上应以发包人签署意见的日期为竣工验收合格之日,因为发包人是工程的权利人,是工程项目成果的主要接受者,也是竣工验收的组织者,对最终验收拥有最终的决定权。

6 建设行政主管部门工程质量备案的程序有哪些?其法律性质是什么?

发包人到建设行政主管部门进行工程质量验收备案的验收条件和验收日期在《建设工程质量管理条例》中有详细规定。该条例第 16 条规定:"建设单位收到建设工程竣工报告后,应当组织设计、施工、工程监理等有关单位进行竣工验收。建设工程竣工验收应当具备下列条件:(一)完成建设工程设计和合同约定的各项内容;(二)有完整的技术档案和施工管理资料;(三)有工程使用的主要建筑材料、建筑构配件和设备的进场试验报告;(四)有勘察、设计、施工、工程监理等单位分别签署的质量合格文件;(五)有施工单位签署的工程保修书。建设工程经验收合格的,方可交付使用。"第 49 条规定:"建设单位应当自建设工程竣工验收合格之日起 15 日内,将建设工程竣工验收报告和规划、公安消防、环保等部门出具的认可文件或者准许使用文件报建设行政主管部门或者其他有关部门备案。建设行政主管部门或者其他有关部门发现建设单位在竣工验收过程中有违反国家有关建设工程质量管理规定行为的,责令停止使用,重新组织竣工验收。"

由此可见,我国行政机关对建设工程竣工验收实行的是验收备案制度,其性质属于行政管理,备案日期应当在竣工验收合格之日起 15 日内。竣工验收是否合格,以建设单位组织设计、施工、监理等单位进行的竣工验收为依据,验收备案不影响发包人组织的建设工程竣工验收结论的效力。

7 如何理解定额工期?定额工期在实践中的意义是什么?

定额工期,是指依据工期定额确定的工程自开工之日至完成全部内容并达到国家验收标准之日的日历天数,但不包括"三通一平"、打试验桩、地下障碍物处理、基础施工前的降水和基坑支护、竣工文件编制等所需的时间。住房和城乡建设部发布的《建筑安装工程工期定额》(TY01 - 89 - 2016)对此有详细的规定。

定额工期具有重要的工程实践意义。定额工期是社会一般生产力水平的体现,通过考虑一般社会生产条件下的生产实际,核定计算具体项目建设所需的时间。发包人可根据定额工期做好投资计划,确定其要求的工期和节点工期,承包人可比照定额工期参与投标;合同签订后,承包人还可比照定额工期估算其编制施工组织设计、施工进度的合理性。

定额工期在司法鉴定中也具有一定作用。依据《建设工程造价鉴定规范》第5.7.2项的规定,鉴定人首先应以合同约定工期进行鉴定,若合同对工期约定不明或没有约定的,鉴定人应按工程所在地相关专业工程建设主管部门的规定或国家相关工程工期定额进行鉴定。

8 当事人可否将工期压缩至合理工期以下?

合理工期规定在《建设工程质量管理条例》第10条,该条第1款规定:“建设工程发包单位不得迫使承包方以低于成本的价格竞标,不得任意压缩合理工期。”就合理工期,通说认为,是指在正常建设条件下,采取科学合理的施工工艺和管理方法,以现行的建设行政主管部门颁布的工期定额为基础,结合项目建设的具体情况而确定的,使投资方、各参加单位均获得满意的经济效益的工期。所以,合理工期的确定要以工程所在地建设行政主管部门制定的定额工期为参考。对合理工期的认定也具有专业性,若当事人之间对合理工期的具体天数发生争议,可以通过在具有法定资质的鉴定机构进行司法鉴定予以确定。

当事人在合同中约定的建设工期低于合理工期的,合同依然有效。《建设工程质量管理条例》第10条第1款的规定属于管理性规定而非效力性规定,不能由该条款确定建设工程施工合同的效力。合理工期需要参照当地建设行政主管部门发布的定额工期来确定,但定额工期本身就不属于强制性规范,故工期条款若无法律、行政法规规定的无效情形,工期约定短于合理工期也是有效条款。实践中,承包人通常利用优势地位在合同签订时对承包人的施工工期提出高要求,但仅此并不属于胁迫,不属于《民法典》规定的可撤销合同。

9 签订施工合同后发包人单方面要求压缩合理工期，应当如何处理？

对于以招投标方式签订的建设工程施工合同，如果发包人签订合同时强迫承包人压缩工期，则属于对有效中标合同的实质性内容进行的变更。根据最高人民法院《关于审理建设工程施工合同纠纷案件适用法律问题的解释(一)》第2条的规定，工期属于建设工程施工合同的实质内容，变更后的工期条款无效。

对于不必招标的工程项目，实际也未经过招投标程序，但发包人要求承包人在实际履行合同时压缩工期，承包人可向发包方主张增加费用，支付因缩短工期而增加的赶工措施费，若发包人不同意，则承包人可向建设工程行政主管部门投诉，要求对发包人进行处罚，其依据是《建设工程质量管理条例》第56条，依据该条规定，建设单位任意压缩合理工期的，责令改正，处20万元以上50万元以下的罚款。

第三节 工期延误和工程索赔

1 工程实践中承包人可顺延工期的情形主要有哪些？

工期顺延，是指在施工过程中，发生了不可归责于承包人的事件，导致工期延误，但承包人依据合同约定或法律规定可获得工期顺延。实践中工期顺延的情形主要有以下几种：(1)设计变更及工程量变更，影响到了关键线路；(2)发包人未按合同约定提供施工所必需的设计图纸、建筑材料、机械设备、场地等技术资料和施工条件；(3)发包人未按合同约定的时间和要求支付工程预付款、工程进度款，承包人可以行使抗辩权；(4)发包人未依照法律规定或合同约定及时对工程进行检验或验收；(5)不可抗力；(6)依据最高人民法院《关于审理建设工程施工合同纠纷案件适用法律问题的解释(一)》第11条的规定，在建设工程竣工前，当事人对工程质量发生了争议，经工程质量经鉴定合格的，鉴定期间为顺延工期。

2 设计变更或工程量增加是否一定导致工期增加?

设计变更或工程量变更并不一定导致工期变更,设计变更或工程变更导致工程量减少或增加,均不一定顺延或压缩工期,而是要视变更是否导致关键线路发生变化而定。如果发包人变更工程设计或增加的工程量并未在关键线路上,或虽然在关键线路上,但并未增加关键线路上的用工时长,则承包人不能获得顺延。关键线路工程项目各条工艺线路上总的工作持续时间最长的线路,即工期最长的线路。工程项目建设由许多道工艺组成,各道工艺之间存在逻辑先后关系,最终各道工艺之间形成了网状结构关系,在这网状结构关系中,有一条线索的总用工时间是最长的,这条最长的线路就是关键线路,它决定了总工期。非关键线路上的施工工艺有一定灵活安排时间的余地,但如果设计变更或工程量增加虽然发生在非关键线路上,却最终导致这条非关键线路用工时间上升,超过了关键线路,则这非关键线路就上升为了关键线路。

3 造成工期延误应当承担的法律责任是什么?

发包人原因导致的工期延误,应当先尊重当事人的意思自治,按当事人约定办理;当事人没有约定的,依照法律规定执行。《民法典》第 798 条和第 803 条分别规定,发包人未按照约定的时间和要求提供原材料、设备、场地、资金、技术资料及未及时检查隐蔽工程的,承包人可以顺延工程日期,并有权要求赔偿停工、窝工等损失。

如法律没有规定,可适用行业惯例。《建设工程施工合同(示范文本)》(GF-2017-0201)通用条款第 7.5.1 项规定,在合同履行过程中,因下列情况导致工期延误和(或)费用增加的,由发包人承担由此延误的工期和(或)增加的费用,且发包人应支付承包人合理的利润:(1)发包人未能按合同约定提供图纸或所提供图纸不符合合同约定的;(2)发包人未能按合同约定提供施工现场、施工条件、基础资料、许可、批准等开工条件的;(3)发包人提供的测量基准点、基准线和水准点及其书面资料存在错误或疏漏的;(4)发包人未能在计划开工日期之日起 7 天内同意下达开工通知的;(5)发包人未能按合同约定日期支付工程预付款、进度款或竣工结算款的;(6)监理人未按合同约定发出指示、批准等文件的;(7)专用合同条款中约定的其他情形。

因发包人原因未按计划开工日期开工的,发包人应按实际开工日期顺延竣工日期,确保实际工期不低于合同约定的工期总日历天数。因发包人原因导致工期延误需要修订施工进度计划的,除当事人另有约定外,可依照《建设工程施工合同(示范文本)》(GF-2017-0201)通用条款第7.2.2项的规定,由承包人向监理人提交修订的施工进度计划,并附具有关措施和相关资料,由监理人报送发包人。发包人和监理人应在收到修订的施工进度计划后7天内完成审核和批准或提出修改意见,但不能减轻或免除承包人根据法律规定和合同约定应承担的任何责任或义务。

就承包人原因导致的工期延误,主要是承担违约金。《建设工程施工合同(示范文本)》(GF-2017-0201)通用条款第7.5.2项规定,因承包人原因造成工期延误的,可以在专用合同条款中约定逾期竣工违约金的计算方法和逾期竣工违约金的上限。承包人支付逾期竣工违约金后,不免除承包人继续完成工程及修补缺陷的义务。实务中,工期违约金通常按天计算,如每延误一天按5‰的工程款计算违约金。

4 因发包人过错导致停工的,应如何确定顺延工期天数?

因发包人过错导致建设工程停工,当事人对停工时间未作约定或未达成协议的,不能简单以承包人实际停止施工的天数来认定停工时间,而应根据具体事实综合确定一定的合理期间作为停工时间。《民法典》第591条规定:"当事人一方违约后,对方应当采取适当措施防止损失的扩大;没有采取适当措施致使损失扩大的,不得就扩大的损失请求赔偿。当事人因防止损失扩大而支出的合理费用,由违约方负担。"故承包人不应盲目停工等待而放任停工状态的持续以及停工损失的扩大。由于承包人消极应对停工事由导致的停工时间增加的部分,不能算入停工时间。

就此问题,司法实践的主流观点认为,对于因发包人过错引发的工程停工索赔纠纷,在认定停工损失问题上,应特别注意两点:一是所发生的费用应是承包人履行合同所必须的和已经实际发生的；二是承包人不应由于停工的发生而额外受益或额外受损。

5 因不利的自然条件导致承包人停工的情形应当如何处理？

不利的自然条件主要有不可抗力、不利物质条件及异常恶劣的气候条件，因不利的自然条件导致停工，有约定的从约定，没有约定的按照法律规定执行，法律未规定的可参考交易习惯确定责任。《建设工程施工合同（示范文本）》（GF－2017－0201）对上述情况进行了明确。

《建设工程施工合同（示范文本）》（GF－2017－0201）通用条款第17条规定了不可抗力的法律后果。不可抗力，是指合同当事人在签订合同时不可预见，在合同履行过程中不可避免且不能克服的自然灾害和社会性突发事件，如地震、海啸、骚乱、戒严、暴动、战争和专用合同条款中约定的其他情形。不可抗力发生前已完成的工程应当按照合同约定进行计量支付。

不可抗力导致的人员伤亡、财产损失、费用增加和（或）工期延误等后果，由合同当事人按以下原则承担：（1）永久工程、已运至施工现场的材料和工程设备的损坏，以及因工程损坏造成的第三人人员伤亡和财产损失由发包人承担；（2）承包人施工设备的损坏由承包人承担；（3）发包人和承包人承担各自人员伤亡和财产的损失；（4）因不可抗力影响承包人履行合同约定的义务，已经引起或将引起工期延误的，应当顺延工期，由此导致承包人停工的费用损失由发包人和承包人合理分担，停工期必须支付的工人工资由发包人承担；（5）因不可抗力引起或将引起工期延误，发包人要求赶工的，由此增加的赶工费用由发包人承担；（6）承包人在停工期间按照发包人要求照管、清理和修复工程的费用由发包人承担。不可抗力发生后，合同当事人均应采取措施尽量避免和减少损失的扩大，任何一方当事人没有采取有效措施导致损失扩大的，应对扩大的损失承担责任。特别要注意的是，依照《民法典》第590条第2款的规定，因合同一方迟延履行合同义务，在迟延履行期间遭遇不可抗力的，不免除其违约责任。

不利物质条件规定在《建设工程施工合同（示范文本）》（GF－2017－0201）通用条款第7.6条，依据该规定，不利物质条件是指有经验的承包人在施工现场遇到的不可预见的自然物质条件、非自然的物质障碍和污染物，包括地表以下物质条件和水文条件以及专用合同条款约定的其他情形，但不包括气候条件。

建设工程施工场地经过了专业人员的勘察，仍会出现有经验的承包人所不能预见的不利物质条件，主要原因在于勘察深度和勘察间距要求不同，如果勘察设计规范大幅增加勘察深度和勘察间距，的确可提早发现不利物质条件，但将增加费用。由此，我国的勘察设计规范在确定勘察深度和勘察间距时进行了经济技术的再平衡。承包人遇到不利物质条件时，应采取相应的合理措施继续施工，并将不利物质条件的内容及承包人认为不可预见的理由及时通知发包人和监理人。监理人经发包人同意后应当及时发出指示，指示构成变更的，按工程变更执行，发包人承担增加的费用和(或)延误的工期。

异常恶劣的气候条件，是指在施工过程中遇到的，有经验的承包人在签订合同时不可预见的，对合同履行造成实质性影响的，但尚未构成不可抗力事件的恶劣气候条件。《建设工程施工合同(示范文本)》(GF－2017－0201)通用条款第7.7款规定，遇到异常恶劣的气候条件，承包人应采取克服异常恶劣的气候条件的合理措施继续施工，并及时通知发包人和监理人。监理人经发包人同意后应当及时发出指示，指示构成变更的，按工程变更办理。承包人因采取合理措施而增加的费用和(或)延误的工期由发包人承担。

6 工程建设主管部门下发的冬季施工停工令是否构成不可抗力并顺延工期?

冬季施工规定在住房和城乡建设部《建筑工程冬期施工规程》(JGJ/T 104－2011)中，该规程规定，当室外日平均气温连续5天稳定低于5℃即进入冬期施工，当室外日平均气温连续5天高于5℃即解除冬期施工。冬季气温下降，对工程建设有很大的影响。例如，土壤中的水结冰可能导致排水困难，混凝土、砂浆等所含的水分冻结导致建筑材料容易脆裂，钢筋在低温下变脆，张拉效果降低，等等。在现代技术条件下，克服低温的不利影响，继续进行施工是可行的，但要采取相应的冬季施工冬季技术措施，相应地增加工程造价。对冬季施工，如果建设工程承发包双方在施工合同中明确约定不计工期的，应尊重其约定。如未明确约定，但冬期施工日期明显过长，若不顺延工期会造成承发包双方利益严重失衡的，法院也可参考工程惯例,酌情予以顺延。

但是,有关冬季停工的政府指令不能构成不可抗力,因为冬季施工属于当事人能够预见的情况。

7 工期顺延的具体天数如何确定?

工期顺延本质上属于合同变更,应当依照合同变更的方式进行。一般条件下,由承包人向发包人或监理人提出,由发包人或监理人确认。实践中,往往是承包人提出了工期顺延申请后,发包人或者监理人并未给予确认,这使承包人实际处于比较被动的地位,最高人民法院《关于审理建设工程施工合同纠纷案件适用法律问题的解释(一)》第10条对此情况有规定。该条规定:"当事人约定顺延工期应当经发包人或者监理人签证等方式确认,承包人虽未取得工期顺延的确认,但能够证明在合同约定的期限内向发包人或者监理人申请过工期顺延且顺延事由符合合同约定,承包人以此为由主张工期顺延的,人民法院应予支持。当事人约定承包人未在约定期限内提出工期顺延申请视为工期不顺延的,按照约定处理,但发包人在约定期限后同意工期顺延或者承包人提出合理抗辩的除外。"

根据该条第1款的规定,承包人申请工期顺延未得到确认,但只要能举证证明其是在约定的期间内申请,且申请的事由符合合同约定,就可以获得支持。同时,该条第2款规定,如果合同明确约定承包人未在约定期限内提出工期顺延申请视为不顺延的,应按照约定处理。不过,如果发包人明确同意工期顺延或者承包人就未在约定期限内申请提出了合理的抗辩理由的,承包人提出的工期顺延的主张可以获得支持。实践中,承包人常成功举证存在工期应当顺延的事由,但就应当顺延的具体天数没能完成举证责任,因为工期延误的具体时间的确定需要综合技术和法律等专业知识,必要时承包人可以申请工期延误鉴定。

8 承包人应以怎样的方式向发包人提出工期顺延?

承包人应以工期签证的方式向发包人提出工期顺延。工期签证,是指承包人在发生非自身原因引起的工期延误后，在合同约定的期限内，按照合同约定的形式、程序向发包人送达请求顺延工期和增加费用的书面申请，发包人收到该书面申请后在合同约定的期限内进行审核并给予书面答复所形成的书面材料。工期签证是确认顺延工期的依据，也是停工、窝工损失索赔的必要依据。工期签证的形式主要是签证单或工程联系单，但工期延误报告、工期顺延申请函、会议纪要等也可以起到相应的法律效果。

9 承包人请求工期索赔，应当如何进行？

工期索赔，是指非因承包人原因导致承包人不能按约定的期限完成工程，承包人要求发包人变更合同约定工期，推迟竣工日期并承担停工、窝工等费用损失的要求。索赔相关规定在《建设工程工程量清单计价规范》(GB50500－2013)中有较详细规范，该规范第2.0.23条明确指出，施工索赔是指在工程合同履行过程中，合同当事人一方因非己方的原因而遭受损失，按合同约定或法律法规规定应由对方承担责任，从而向对方提出补偿的要求。

发包人承担损害赔偿责任的方式主要有四种，分别是选择延长工期、要求发包人支付实际发生的额外费用、要求发包人支付合理的预期利润，以及要求发包人按合同的约定支付违约金。这四种方式规定在《建设工程工程量清单计价规范》(GB50500－2013)第9.13.4条。当承包人的费用索赔与工期索赔要求相关联时，发包人在作出费用索赔的批准决定时，应结合工程延期，综合作出费用赔偿和工程延期的决定。

就索赔程序，当事人有约定时从其约定，没有约定时，可参照《建设工程施工合同(示范文本)》(GF－2017－0201)通用条款第19.1款的约定进行，主要有以下几个步骤：

首先，承包人应在知道或应当知道索赔事件发生后28天内，向监理人递交索赔意向通知书，并说明发生索赔事件的事由；承包人未在前述28天内发出索赔意向通知书的，丧失要求追加付款和(或)延长工期的权利。

其次，承包人应在发出索赔意向通知书后28天内，向监理人正式递交索赔报告；索赔报告应详细说明索赔理由以及要求追加的付款金额和(或)延长的工期，并附必要的记录和证明材料。

再次,索赔事件具有持续影响的,承包人应按合理时间间隔继续递交延续索赔通知,说明持续影响的实际情况和记录,列出累计的追加付款金额和(或)工期延长天数。

最后,在索赔事件影响结束后 28 天内,承包人应向监理人递交最终索赔报告,说明最终要求索赔的追加付款金额和(或)延长的工期,并附必要的记录和证明材料。

10 就工期索赔,除了顺延工期,还可以请求赔偿哪些其他事项?

承包人就工期索赔,不仅可以向发包人提出工期顺延,还可以提出费用赔偿。费用赔偿主要涉及以下几个方面:(1)主要管理、技术人员支付工资的损失;(2)劳务人员工资损失;(3)机械台班费损失;(4)周转材料损失;(5)材料涨价损失;(6)合理利润的损失。

如果因承包人原因造成工期延误,发包人也可以提出费用索赔。虽然发包人的索赔不需要由承包人实际向发包人支付款项,而是由发包人直接在工程款中扣除,但扣除的数额还是要有依据的,其主要范围涉及如下几个方面:(1)承包人延期竣工的违约金;(2)延长监理费用的损失;(3)延长租赁机械机具的费用损失;(4)经营收入损失;(5)对第三人违约而产生的损失。

11 建设工程施工合同无效,但工程经验收合格,如何确定工程是否延期及工期延误产生的损失金额?

建设工程施工合同被依法确认为无效,若工程质量不合格,则双方应当根据过错承担损失,并不涉及工程延误的违约金问题。只有工程经过验收合格,才可能涉及工期延误违约金问题。由于合同无效,相应地,违约金条款也自然无效,发包人请求承包人承担逾期竣工的违约金,已无合同依据和法律依据,但依据最高人民法院《关于审理建设工程施工合同纠纷案件适用法律问题的解释(一)》第 6 条的规定,建设工程合同无效,当事人可以比照合同部分内容确定损失。在施工合同无效的情况下，工期延误产生的损失金额能否参照合同约定计算，值得探讨。

最高人民法院《关于审理建设工程施工合同纠纷案件适用法律问题的解释(一)》第6条规定："建设工程施工合同无效，一方当事人请求对方赔偿损失的，应当就对方过错、损失大小、过错与损失之间的因果关系承担举证责任。损失大小无法确定，一方当事人请求参照合同约定的质量标准、建设工期、工程价款支付时间等内容确定损失大小的，人民法院可以结合双方过错程度、过错与损失之间的因果关系等因素作出裁判。"

一种观点认为，该条仅规定了建设工期可以参照无效合同的约定，而未规定工期延误损失也可参照无效合同，故合同中关于工期延误的违约金条款，在合同无效的情形下不能参照使用，损失金额应由当事人举证证明或由造价鉴定来确定具体损失金额。另一种观点认为，合同无效但工程质量合格的情况下允许当事人参照合同约定支付工程款，就应当许可当事人参照合同约定赔偿工期延误损失，以实现法律的统一性和连贯性。

笔者认为，后一种观点可取。依据最高人民法院《关于审理建设工程施工合同纠纷案件适用法律问题的解释(一)》第1条、第3条的规定，建设工程施工合同无效的情形主要有以下6种：(1)发包人未取得建设工程规划许可证等规划审批手续而对外发包工程所订立的建设工程施工合同无效；(2)承包人未取得建筑施工资质或者超越资质等级承包建设工程所订立的施工合同无效；(3)不具有建筑施工资质的建筑施工企业使用具有相应资质条件的建筑企业的名义和资质证书(挂靠)与建设单位订立的施工合同无效；(4)必须进行招标的建设工程项目未招标或者中标无效而订立的施工合同无效；(5)承包人转包订立的施工合同无效；(6)承包人违法分包订立的施工合同无效。

这6种合同虽然无效，但是工程承发包双方对工程范围、工程造价、质量、工期等建设工程核心内容是经过磋商，并予以确认的，在工程质量合格的情况下，法律规范建设工程施工质量的目的已经达到，在《民法典》第793条规定建设工期可以参照无效合同，且允许承包人请求参照合同约定支付工程款的情况下，应允许发包人参照合同约定计算违约金。

如果建设工程施工合同是因为其他法律规定而无效，而非因为上述6种事由，则不能以当事人的意思表示确定延误工期违约金的数额，应由当事人举证证明损失数额。

⑫ 合同工期与定额工期相差比较大，是否可以认为属于违反行政法规规定的不得任意压缩合理工期的强制性规定而无效？

最高人民法院（2018）最高法民再163号民事判决书认为，涉案工程定额工期为1390天，合理工期为1182天，而本案合同约定的工期为580天，承包人公司主张涉案《建设工程施工合同》中580日历天的工期条款因违反行政法规“不得任意压缩合理工期”的强制性规定而无效。对此应当作如下认定，一方面，定额工期通常依据施工规范、典型工程设计、施工企业的平均水平等多方面因素制订，虽具有合理性，但在实际技术专长、管理水平和施工经验存在差异的情况下，并不能完全准确地反映不同施工企业在不同工程项目中的合理工期。另一方面，该案中，承包人公司作为大型专业施工企业，基于对自身施工能力及市场等因素的综合考量，经与发包人公司平等协商，在《建设工程施工合同》中约定580日历天的工期条款，系对自身权利的处分，亦为其真实意思表示，在无其他相反证据证明的情况下，不能当然推定发包人公司迫使其压缩合理工期。承包人公司的该项再审主张亦缺乏事实依据，不能成立，法院不予支持。最高人民法院对该案的判决，强调了建设工程施工合同纠纷案件审判中法院应尊重市场经济规律，尊重当事人意思自治，减少行政干预。应当由当事人自行决定的事项，由当事人自行决定。

第十一章 建设工程质量纠纷

“百年大计，质量第一”，工程质量在工程建设领域非常重要。质量问题关系公共安全和公共利益，合格的建设工程产品是承包人、发包人签订建设工程施工合同的根本目的。为确保工程质量，《民法典》《建筑法》《招标投标法》《建设工程质量管理条例》等法律法规都作出了具体规定，但实践中建设工程质量问题并不少见，除当事人主观工作态度问题外，建设工程项目结构类型多、生产及运行周期长、工艺复杂、管理复杂，也是质量问题产生的重要因素。工程实践中，从工程勘察、设计、施工到材料设备的采购，以及专业工程的配合等，均可能出现质量问题，在确定质量问题原因、责任承担主体及责任分担的数额时，当事人之间的争议往往比较多。为厘清当事人之间的工程质量问题的法律责任，有必要对工程质量问题进行详细研究。

第一节 建筑工程质量验收基本规定

1 法律对工程质量验收程序的基本规定是怎样的？

工程质量是否合格是通过工程验收确定的。工程验收是项系统工作，有法定的验收程序。《建筑工程施工质量验收统一标准》(GB50300－2013)规定，验收先由施工单位自行检查，再由工程质量验收责任方组织，工程建设相关单位参加，对检验批、分项、分部、单位工程及其隐蔽工程的质量进行抽样检验，对技术文件进行审核,并根据设计文件和相关标准,以书面形式对工程质量是否达到合格作出确认。建筑工程施工质量验收主要包括工程整体验收、单项工程、单位工程、分部工程、分项工程和检验批。按照《建筑工程施工质量验收统一标准》(GB50300－2013)的规定,质量验收的组织与程序如下:

(1)检验批应由专业监理工程师组织施工单位项目专业质量检查员、专业工长等进行验收。

(2)分项工程应由专业监理工程师组织施工单位项目专业技术负责人等进行验收。

(3)分部工程应由总监理工程师组织施工单位项目负责人和项目技术负责人等进行验收。勘察、设计单位项目负责人和施工单位技术、质量部门负责人应参加地基与基础分部工程的验收;设计单位项目负责人和施工单位技术、质量部门负责人应参加主体结构、节能分部工程的验收。

(4)单位工程中的分包工程完工后,分包单位应对所承包的工程项目进行自检,并应按《建筑工程施工质量验收统一标准》(GB50300－2013)规定的程序进行验收。验收时,总包单位应派人参加。分包单位应将所分包工程的质量控制资料整理完整,并移交给总包单位。

(5)单位工程完工后,施工单位应组织有关人员进行自检。总监理工程师应组织各专业监理工程师对工程质量进行竣工预验收。存在施工质量问题时,应由施工单位整改。整改完毕后,由施工单位向建设单位提交工程竣工报告,申请工程竣工验收。

(6)建设单位收到工程竣工报告后,应由建设单位项目负责人组织监理、施工、设计、勘察等单位项目负责人进行单位工程验收。

单项工程竣工后可以独立发挥生产能力或效益,故单项工程验收亦称"交工验收"。建设项目中某个单项工程已按设计要求建成后,由建设单位组织对其进行验收。建设单位首先应进行自检和初验,主要检查工程质量、隐蔽工程验收资料、关键部位施工记录、按图施工情况、有无漏项等。然后由建设单位牵头,勘察、设计、施工、监理等参与,进行正式验收。

工程验收是竣工验收,也称综合验收或联合验收。根据《建设工程质量管理条例》第16条的规定,建设单位收到建设工程竣工报告后,应当组织设计、施工、工程监理等有关单位进行竣工验收。一般应当达到以下要求：

(1)已组织五方主体进行单位工程竣工验收且合格；

(2)房屋建筑工程或市政配套工程已办理竣工验收备案手续；

(3)规划、消防、人防、气象、环保等各专项验收已通过；

(4)商品房房屋建筑面积实测成果已完成；

(5)商品房的物业保修金、物业专项维修资金、装修垃圾一次清运费和首次业主大会筹备经费已缴纳；

(6)已具备通水、通电条件，燃气管道、有线电视、通信基础设施已按设计要求铺设施工完成；

(7)市政基础设施已纳入城市市政基础设施网络；

(8)分类垃圾桶各个单元分放到位；

(9)建筑节能及绿色建筑设施、设备已落实，相关验收已完成。

根据《建设工程质量管理条例》第 49 条第 1 款的规定，建设单位应当自建设工程竣工验收合格之日起 15 日内，将建设工程竣工验收报告和规划、公安消防、环保等部门出具的认可文件或者准许使用文件报建设行政主管部门或者其他有关部门备案。

2 除了整体竣工验收，还有哪些验收类型？

在整体验收之前，工程验收的基础是检验批、分项工程、分部工程、单位工程。根据《建筑与市政工程施工质量控制通用规范》的规定，各类工程验收需具备相应的条件。

检验批质量验收合格应符合 4 项条件：(1)主控项目和一般项目的确定应符合国家现行强制性工程建设规范和现行相关标准的规定；(2)主控项目的质量经抽样检验应全部合格；(3)一般项目的质量应符合国家现行相关标准的规定；(4)应具有完整的施工操作依据和质量验收记录。

分项工程质量验收合格应符合两项条件：(1)所含检验批的质量应验收合格；(2)所含检验批的质量验收记录应完整、真实。

分部工程质量验收合格应符合 4 项条件：(1)所含分项工程的质量应验收合

格;(2)质量控制资料应完整、真实;(3)有关安全、节能、环境保护和主要使用功能的抽样检验结果应符合要求;(4)观感质量应符合要求。

单位工程质量验收合格应符合5项条件:(1)所含分部工程的质量应验收全部合格;(2)质量控制资料应完整、真实;(3)所含分部工程中有关安全、节能、环境保护和主要使用功能的检验资料应完整;(4)主要使用功能的抽查结果应符合国家现行强制性工程规范的规定;(5)观感质量应符合要求。

3 隐蔽工程验收的法律规定是什么?

隐蔽工程,是指将被下道工序所遮盖或者封闭,再行检查将是破坏性检验的工程。基本上所有的工程项目都有隐蔽工程,从某一具体项目来看,其分项工程、分部工程、单位工程也均可能存在隐蔽工程。例如,已经浇筑的混凝土梁柱的钢筋工程,就属于隐蔽工程。《民法典》第798条对隐蔽工程验收进行了规范,该条规定:"隐蔽工程在隐蔽以前,承包人应当通知发包人检查。发包人没有及时检查的,承包人可以顺延工程日期,并有权请求赔偿停工、窝工等损失。"《建设工程质量管理条例》第30条规定:"施工单位必须建立、健全施工质量的检验制度,严格工序管理,作好隐蔽工程的质量检查和记录。隐蔽工程在隐蔽前,施工单位应当通知建设单位和建设工程质量监督机构。"

综合上述法律法规的规定,隐蔽工程验收应先由施工单位自行检查合格,再由工程质量验收责任方组织,工程建设相关方参加。检验的项目包括:(1)对隐蔽工程质量进行抽样检验;(2)对技术文档进行审核;(3)根据工程设计文件和工程相关标准以书面形式对工程质量是否达到合格作出认定。

4 隐蔽工程是否可以重新检验?相应的费用和工期损失应当如何处理?

在隐蔽工程已经覆盖后,法律并未禁止重新检验,但由于隐蔽工程的特性,重新检验将造成工期的延误和工程费用的增加,特殊情况下,隐蔽工程重新检查验收对建设工程可能造成不可逆转的损害,是不可行的。对可以重新检查的隐蔽工程,可参考《建设工程施工合同(示范文本)》(GF-2017-0201)的相关规定处理。该示范文本可视为建设工程施工领域的交易习惯,其通用条款第5.3.3项规定:"承包人覆盖工程隐蔽部位后,发包人或监理人对质量有疑问的,可要求承包人对已覆盖的部位进行钻孔探测或揭开重新检查,承包人应遵照执行,并在检查后重新覆盖恢复原状。经检查证明工程质量符合合同要求的,由发包人承担由此增加的费用和(或)延误的工期,并支付承包人合理的利润;经检查证明工程质量不符合合同要求的,由此增加的费用和(或)延误的工期由承包人承担。"据此,隐蔽工程重新检查后验收合格的,由发包人承担费用并延长工期;不合格的,由承包人承担损失。

5 承包人将隐蔽工程未经验收私自覆盖,有何法律后果?

由于隐蔽工程的特性,在隐蔽工程验收前,承包人不得私自覆盖。依据《民法典》第798条的规定,承包人在隐蔽工程隐蔽前应当通知发包人检查,但《民法典》没有规定私自隐蔽的法律后果。就该问题,可参考《建设工程施工合同(示范文本)》(GF-2017-0201)的相关规定,其通用条款第5.3.4项规定:"承包人未通知监理人到场检查,私自将工程隐蔽部位覆盖的,监理人有权指示承包人钻孔探测或揭开检查,无论工程隐蔽部位质量是否合格,由此增加的费用和(或)延误的工期均由承包人承担。"也就是说,隐蔽工程未经验收即实施隐蔽,出现质量问题,承包人也无证据证实发包人擅自使用的,承包人无权主张工程价款。

例如,最高人民法院在(2019)最高法民终314号民事判决书中认为:"针对二次构造柱增加造价问题。需要特别强调的是,二次构造柱施工系隐蔽工程,鉴定机构现场勘验发现国泰公司未做二次构造柱,属于未按设计文件和技术规范文件进行施工,当然不能确定该部分工程量。而国泰公司一审庭审中也承认相应部位没有做构造柱。另外,国泰公司未做二次构造柱影响到建筑的结构安全性,存在巨大安全隐患,且如修复只有对墙体拆除后重新施工。在此情况下,将国泰公司不合格施工部分再计入工程造价,则对开泰公司显失公平。"

6 法律就专项工程验收的基本规定是什么?

专项验收,是指建设工程在最终工程竣工验收前,对特殊工程内容及相关文件资料是否达到合格进行评定。常见的专项验收有以下五类。

第一类,规划验收。《城乡规划法》第45条规定:“县级以上地方人民政府城乡规划主管部门按照国务院规定对建设工程是否符合规划条件予以核实。未经核实或者经核实不符合规划条件的,建设单位不得组织竣工验收。建设单位应当在竣工验收后六个月内向城乡规划主管部门报送有关竣工验收资料。”

第二类,消防验收。分为强制消防验收和消防验收备案及抽检。《消防法》第13条规定:“国务院住房和城乡建设主管部门规定应当申请消防验收的建设工程竣工,建设单位应当向住房和城乡建设主管部门申请消防验收。前款规定以外的其他建设工程,建设单位在验收后应当报住房和城乡建设主管部门备案,住房和城乡建设主管部门应当进行抽查。依法应当进行消防验收的建设工程,未经消防验收或者消防验收不合格的,禁止投入使用;其他建设工程经依法抽查不合格的,应当停止使用。”

第三类,防雷验收。中国气象局发布的《防雷减灾管理办法》第17条规定:“防雷装置实行竣工验收制度。县级以上地方气象主管机构负责本行政区域内的防雷装置的竣工验收。负责验收的气象主管机构接到申请后,应当根据具有相应资质的防雷装置检测机构出具的检测报告进行核实。符合要求的,由气象主管机构出具验收文件。不符合要求的,负责验收的气象主管机构提出整改要求,申请单位整改后重新申请竣工验收。未取得验收合格文件的防雷装置,不得投入使用。”

第四类,环保验收。《建设项目环境保护管理条例》第20条规定:“环境保护行政主管部门应当对建设项目环境保护设施设计、施工、验收、投入生产或者使用情况,以及有关环境影响评价文件确定的其他环境保护措施的落实情况,进行监督检查。环境保护行政主管部门应当将建设项目有关环境违法信息记入社会诚信档案,及时向社会公开违法者名单。”

第五类,节能验收。《节约能源法》第35条规定:“建筑工程的建设、设计、施工和监理单位应当遵守建筑节能标准。不符合建筑节能标准的建筑工程，建设主管部门不得批准开工建设；已经开工建设的，应当责令停止施工、限期改正；已经建成的，不得销售或者使用。建设主管部门应当加强对在建建筑工程执行建筑节能标准情况的监督检查。"《民用建筑节能条例》第17条规定："建设单位组织竣工验收，应当对民用建筑是否符合民用建筑节能强制性标准进行查验；对不符合民用建筑节能强制性标准的，不得出具竣工验收合格报告。"

7 建筑安装工程中的设备部分，如何验收？

对已完工的设备、电气、管线等工程，可以试车方式进行验收，通过对设备工程进行试运转、试生产，检验设备是否运转正常，是否满足设计及规范的要求。在当事人没有约定的情况下，我国《建设工程施工合同（示范文本）》（GF－2017－0201）的通用条款部分，在第13.3款规定了工程试车，可作为建设工程的交易习惯参考。具体说明如下。

1. 试车程序

工程需要试车的，除当事人在专用合同条款另行约定外，试车内容应与承包人承包范围相一致，试车费用由承包人承担。工程试车应按如下程序进行：

（1）具备单机无负荷试车条件，承包人组织试车，并在试车前48小时书面通知监理人，通知中应载明试车内容、时间、地点。承包人准备试车记录，发包人根据承包人要求为试车提供必要条件。试车合格的，监理人在试车记录上签字。监理人在试车合格后不在试车记录上签字，自试车结束满24小时后视为监理人已经认可试车记录，承包人可继续施工或办理竣工验收手续。

监理人不能按时参加试车，应在试车前24小时以书面形式向承包人提出延期要求，但延期不能超过48小时，由此导致工期延误的，工期应予以顺延。监理人未能在前述期限内提出延期要求，又不参加试车的，视为认可试车记录。

（2）具备无负荷联动试车条件，发包人组织试车，并在试车前48小时以书面形式通知承包人。通知中应载明试车内容、时间、地点和对承包人的要求，承包人按要求做好准备工作。试车合格，合同当事人在试车记录上签字。承包人无正当理由不参加试车的，视为认可试车记录。

2. 试车中的责任分担

试车达不到工程建设标准,根据不同原因做不同处理。

(1)因设计原因导致试车达不到验收要求,发包人应要求设计人修改设计,承包人按修改后的设计重新安装。发包人承担修改设计、拆除及重新安装的全部费用,工期相应顺延。因承包人原因导致试车达不到验收要求,承包人按监理人要求重新安装和试车,并承担重新安装和试车的费用,工期不予顺延。

(2)因工程设备制造原因导致试车达不到验收要求的,由采购该工程设备的合同当事人负责重新购置或修理,承包人负责拆除和重新安装,由此增加的修理、重新购置、拆除及重新安装的费用及延误的工期由采购该工程设备的合同当事人承担。

3. 投料试车

如需进行投料试车的,发包人应在工程竣工验收后组织投料试车。发包人要求在工程竣工验收前进行或需要承包人配合时,应征得承包人同意,并在专用合同条款中约定有关事项。

投料试车合格的,费用由发包人承担;因承包人原因造成投料试车不合格的,承包人应按照发包人要求进行整改,由此产生的整改费用由承包人承担;非因承包人原因导致投料试车不合格的,如发包人要求承包人进行整改,由此产生的费用由发包人承担。

8 工程质量通病、工程质量缺陷、工程质量事故的区别是什么?法律后果又有何不同?

工程质量通病,是指建设工程中易发生的、常见的、难以完全避免、影响使用功能和外观质量的缺陷。如抹灰层裂缝,即非结构性面层的各种裂缝,墙、柱表面的不规则裂缝、龟裂,窗套侧面的裂缝等。

工程质量缺陷,根据《房屋建筑工程质量保修办法》第 3 条第 2 款的规定,是指房屋建筑工程的质量不符合工程建设强制性标准以及合同的约定。按其严重程度,可分为严重质量缺陷和一般质量缺陷。

工程质量事故,根据住房和城乡建设部《关于做好房屋建筑和市政基础设施工程质量事故报告和调查处理工作的通知》第 1 条的规定,是指由于建设、勘察、设计、施工、监理等单位违反工程质量有关法律法规和工程建设标准，使工程产生结构安全、重要使用功能等方面的质量缺陷，造成人身伤亡或重大经济损失的事故。

工程质量通病、工程质量缺陷及工程质量事故在发生原因、发生阶段等方面均有所区别。三者法律后果的相同之处在于责任人均应当承担民事赔偿责任，但根据损失大小及性质的不同，工程质量事故可能产生行政及刑事责任。

9 完工和竣工的区别是什么？

完工和竣工在字面上意义相同，在工程实践中则意义不同。完工，是指承包人已经施工完毕并自检合格，属于事实行为。竣工，是指承包人完成工程设计文件和合同约定的各项内容并自检工程，使其符合设计文件要求、技术标准和合同约定，并经发包人组织承包人、监理单位、勘察单位、设计单位验收合格后的状态，属于法律行为。一般情形下，完工是竣工的前提条件，如存在多个分包人，则每个分包人都存在一次完工，但工程竣工只有一次。

第二节　建设工程质量纠纷涉及的主要问题

1 承包人起诉主张工程款，发包人认为工程质量有问题，发包人如何保护自己的合法权益？

实践中，承包人起诉主张工程款，发包人通常以工程质量不达标或不符合合同约定为由要求承包人承担赔偿损失、支付违约金、赔偿修理或返工，进而要求拒付、少付或延迟支付工程款，此时，发包人应当如何保护自己的权益？是在本诉中提出抗辩，还是提起反诉？需要分情况讨论。

发包人没有独立的请求给付内容时，其主张应当以抗辩形式提出。最高人民法院《关于审理建设工程施工合同纠纷案件适用法律问题的解释（一）》第12条规定："因承包人的原因造成建设工程质量不符合约定，承包人拒绝修理、返工或者改建，发包人请求减少支付工程价款的，人民法院应予支持。"据此，如发包人是以质量问题为由对抗承包人而拒付或减付工程款，不具有新的独立给付请求内容，发包人主张的质量问题一般应属于工程质量保修的范畴，发包人减少工程款的主张属于抗辩。

发包人有独立的请求给付内容时，其主张应当以反诉形式提出。最高人民法院《关于审理建设工程施工合同纠纷案件适用法律问题的解释（一）》第16条规定："发包人在承包人提起的建设工程施工合同纠纷案件中，以建设工程质量不符合合同约定或者法律规定为由，就承包人支付违约金或者赔偿修理、返工、改建的合理费用等损失提出反诉的，人民法院可以合并审理。"据此，如发包人的主张具有新的独立给付请求内容，如要求承包人支付违约金、赔偿损失或因施工质量不符合合同约定而侵害第三人人身财产的，构成反诉，发包人应当作为反诉提起。

2 《民法典》第793条和最高人民法院《关于审理建设工程施工合同纠纷案件适用法律问题的解释（一）》第12条规定的质量标准，是当事人约定标准还是国家法定标准？

《民法典》第793条第1款规定："建设工程施工合同无效，但是建设工程经验收合格的，可以参照合同关于工程价款的约定折价补偿承包人。"该条规定适用的前提为合同无效，合同被依法确认无效后，合同约定的质量标准即无效，依法应当以国家规定的强制性标准作为认定依据。

最高人民法院《关于审理建设工程施工合同纠纷案件适用法律问题的解释（一）》第12条规定："因承包人的原因造成建设工程质量不符合约定，承包人拒绝修理、返工或者改建，发包人请求减少支付工程价款的，人民法院应予支持。"该条未涉及合同无效，仅指建设工程质量不符合约定，因此其中的质量标准是约定标准，如果约定标准和国家标准相同，即应适用国家标准。

3 承包方因工程质量问题承担责任的法律依据有哪些？

承包方对工程质量承担责任的依据主要有以下几条：（1）《民法典》第801条规定："因施工人的原因致使建设工程质量不符合约定的，发包人有权请求施工人在合理期限内无偿修理或者返工、改建。经过修理或者返工、改建后,造成逾期交付的,施工人应当承担违约责任。"(2)《建筑法》第 60 条规定:"建筑物在合理使用寿命内,必须确保地基基础工程和主体结构的质量。建筑工程竣工时,屋顶、墙面不得留有渗漏、开裂等质量缺陷;对已发现的质量缺陷,建筑施工企业应当修复。"(3)最高人民法院《关于审理建设工程施工合同纠纷案件适用法律问题的解释(一)》第 12 条规定:"因承包人的原因造成建设工程质量不符合约定,承包人拒绝修理、返工或者改建,发包人请求减少支付工程价款的,人民法院应予支持。"

工程质量责任由承包方承担是一般原则,如双方对质量问题产生争议,需要专业知识进行判断的,法院可以通过委托鉴定机构进行质量鉴定,从而确定责任应由何方承担。承包人承担质量责任的常见工程质量问题有如下几种:(1)建设工程承包人未按照工程设计施工图纸施工,有的甚至擅自修改图纸施工,从而导致工程量问题或质量隐患。(2)承包人未按照工程设计要求、施工技术规范及合同约定,对建筑材料及设备进行检验,使工程产生质量问题。(3)建设工程施工不符工艺标准,相关工艺措施不到位,使建筑物在合理使用寿命内地基基础工程和主体结构的质量出现问题,或建筑物倾斜,墙体开裂,屋面漏水,卫生间地面泛水、积水,阳台积水漏水,电气管线、上下水管线、供热、供冷系统出现质量问题等。

4 何种情形下发包人要对工程质量问题承担责任?

发包人也可能因自身原因导致工程质量问题,并承担过错责任。最高人民法院《关于审理建设工程施工合同纠纷案件适用法律问题的解释(一)》第13 条规定了发包人应当承担工程质量缺陷过错责任的情形,具体包括以下三种:

(1)发包人提供的设计有缺陷的,发包人应当承担相应的责任。发包人应当尽提供设计资料的义务,《民法典》第 803 条规定,发包人未按照约定的时间和要求提供原材料、设备、场地、资金、技术资料的,承包人可以顺延工程日期,并有权请求赔偿停工、窝工等损失。发包人提供的设计有缺陷,应当承担相应的过错责任。

(2)发包人提供或指定购买的建筑材料、建筑配件、设备不符合国家强制性标准的,发包人应当承担过错责任。发包人与承包人应约定发包人供应材料设备的品种、规格、型号、数量单价、质量等级、产品合格证明、使用说明书等,由于发包人提供或指定的材料达不到国家强制性标准而导致质量问题的,其应当承担相应的责任。

(3)发包人直接指定分包人分包专业工程,分包工程存在质量问题,发包人应当承担过错责任。分包工程本身出现质量问题,可能影响承包人履行自己承包部分的施工义务,若出现窝工或其他损害,发包人应当向承包人承担责任。

除情形外,最高人民法院《关于审理建设工程施工合同纠纷案件适用法律问题的解释(一)》第 13 条第 2 款也规定,如承包人有过错的,承包人也应当承担相应的过错责任。实践中,主要涉及以下几个方面:

(1)承包人对发包人提供的供材没有进行应有的检验或经检验不合格仍然使用而造成质量问题,承包人应当承担相应的过错责任。依据《建筑法》第 59 条的规定,承包人在施工前,应当按照工程设计要求、施工技术标准及合同约定的技术要求,对建筑材料、建筑构配件和设备进行检验,不合格的不能使用。该条规定了承包人的检查检验义务。

(2)承包人明知发包人提供的设计图纸存在问题或在施工过程中发现问题,但没有及时提出意见和建议继续施工的,承包人应当承担相应的责任。《建设工程质量管理条例》第 28 条规定:“施工单位必须按照工程设计图纸和施工技术标准施工,不得擅自修改工程设计,不得偷工减料。施工单位在施工过程中发现设计文件和图纸有差错的,应当及时提出意见和建议。”根据该规定,发包人负责向承包人提供图纸和设计文件,但承包人对图纸和设计文件有审查义务。

(3)发包人提出违反法律法规和工程质量安全标准的降低工程质量要求,承包方未予以拒绝而进行施工的、承包人应当承担相应的责任。《建筑法》第 54 条规定:“建设单位不得以任何理由,要求建筑设计单位或者建筑施工企业在工程设计或者施工作业中,违反法律、行政法规和建筑工程质量、安全标准,降低工程质量。建筑设计单位和建筑施工企业对建设单位违反前款规定提出的降低工程质量的要求,应当予以拒绝。”根据该规定,承包人对发包人降低质量标准的要求未予以拒绝的,应当承担相应的责任。

5 发包人未经验收擅自使用的建设工程发生质量问题的，责任应当如何认定？

发包人未经验收擅自使用的建设工程发生质量问题，主要由发包人承担责任。最高人民法院《关于审理建设工程施工合同纠纷案件适用法律问题的解释(一)》第14条对该情况作出了明确规范。该条规定:“建设工程未经竣工验收，发包人擅自使用后，又以使用部分质量不符合约定为由主张权利的，人民法院不予支持;但是承包人应当在建设工程的合理使用寿命内对地基基础工程和主体结构质量承担民事责任。”

该条规定很明确，发包人对其擅自使用部分承担工程质量风险责任，其未使用部分的质量责任仍然由施工单位承担。实践中，对该问题有争议的是，如果发包人已经举证证明了在其擅自使用前工程已经存在质量问题，应当如何处理？一种意见认为，除承包人在建筑物合理使用寿命内对地基基础工程和主体结构工程出现的质量问题承担责任外，对于建设工程出现的其他质量问题，只要属于发包人擅自使用，均应由发包人承担相应的质量责任，从而免除了承包人的建设工程质量责任。另一种意见认为，如果有证据证明工程质量问题在发包人擅自使用前就已经存在，就该部分建设工程的质量责任，发包人不应承担，而应该由承包人承担。

就此问题，从上述司法解释的原意来看，还是应当由发包人承担。发包人对工程未经过验收是非常清楚的，其本身就是工程验收方之一，发包人明知工程未验收还使用该工程，说明其默认工程是合乎约定，可以使用的，其应当承担工程质量不符合约定的法律后果。另外，该条司法解释也规定了承包人对工程地基基础工程和主体结构质量的保障义务，该部分涉及公共利益，不属于承发包双方的权利范围之内，有质量问题的，承包人应当责任。

6 承包人组织竣工验收，质量监督管理部门据此出具的竣工验收报告否具有相应的法律效力？

《民法典》第799条、《建设工程质量管理条例》第16条均规定，组织竣工验收既是发包人的权利，也是发包人的义务。发包人对建设工程组织验收，是建设工程通过竣工验收的必经程序。

最高人民法院(2010)民提字第210号民事判决书认为，承包人未经发包人同意，以发包人名义组织竣工验收，因组织验收主体不适格，验收程序违法，不产生工程竣工验收效力。质量监督管理部门在没有核实上述事实的情形下出具的竣工验收报告，不具有证据的证明力，不应予以采信。

按照建筑行业实践，建设工程的竣工验收，是指建设单位收到施工单位的工程竣工验收申请后，根据建设工程质量管理法律制度和建设工程竣工验收技术标准，以及建设工程合同的约定，组织设计、施工、工程监理等有关单位对建设工程查验接收的行为。在承包人交付的工程竣工验收合格的情况下，发包人应当接收工程并支付价款。承包人如未经发包人同意以发包人名义组织竣工验收，因组织验收主体不适格，验收程序违法，不产生工程竣工验收的法律效力。质量监督管理部门在没有核实上述事实的情况下出具的竣工验收报告，亦不具有证据的证明力。

7 除承包人外，是否他人也可能就工程质量承担连带责任？

根据《民法典》《建筑法》《建设工程质量管理条例》的相关规定，多方主体对工程质量承担连带责任的情形及涉及的主体主要有以下四种情况：

(1)多个承包人组成联合体承包项目。《建筑法》第27条第1款规定："大型建筑工程或者结构复杂的建筑工程，可以由两个以上的承包单位联合共同承包。共同承包的各方对承包合同的履行承担连带责任。"就联合体的性质，可以认为属于合同型联营。

(2)总包人与分包人承担连带责任。《建筑法》第29条第1款、第2款规定："建筑工程总承包单位可以将承包工程中的部分工程发包给具有相应资质条件的分包单位；但是，除总承包合同中约定的分包外，必须经建设单位认可。施工总承包的，建筑工程主体结构的施工必须由总承包单位自行完成。建筑工程总承包单位按照总承包合同的约定对建设单位负责；分包单位按照分包合同的约定对总承包单位负责。总承包单位和分包单位就分包工程对建设单位承担连带责任。"

(3)出借资质企业与借用资质施工的承包人。《建筑法》第66条规定:“建筑施工企业转让、出借资质证书或者以其他方式允许他人以本企业的名义承揽工程的,责令改正,没收违法所得,并处罚款,可以责令停业整顿,降低资质等级;情节严重的,吊销资质证书。对因该项承揽工程不符合规定的质量标准造成的损失,建筑施工企业与使用本企业名义的单位或者个人承担连带赔偿责任。”

(4)转包人与接受转包人,违法分包人与违法接受分包人。《建筑法》第67条规定:“承包单位将承包的工程转包的,或者违反本法规定进行分包的,责令改正,没收违法所得,并处罚款,可以责令停业整顿,降低资质等级;情节严重的,吊销资质证书。承包单位有前款规定的违法行为的,对因转包工程或者违法分包的工程不符合规定的质量标准造成的损失,与接受转包或者分包的单位承担连带赔偿责任。”

8 施工合同无效,当事人双方就工程质量的约定可否继续发挥作用?

在一定条件下,即使双方所签订的建设工程施工合同无效,双方就工程质量的约定依然有一定价值。最高人民法院《关于审理建设工程施工合同纠纷案件适用法律问题的解释(一)》第6条规定:“建设工程施工合同无效,一方当事人请求对方赔偿损失的,应当就对方过错、损失大小、过错与损失之间的因果关系承担举证责任。损失大小无法确定,一方当事人请求参照合同约定的质量标准、建设工期、工程价款支付时间等内容确定损失大小的,人民法院可以结合双方过错程度、过错与损失之间的因果关系等因素作出裁判。”

合同无效,一方当事人应当承担缔约过失责任,另一方当事人应当就价款、质量、工期等施工合同的三大核心要素举证,证明自己的损失。但建设工程项目属于典型的特定物,每项建设工程都有其自身特点,其造价、工期及质量标准也和其所在地理位置及工艺措施关系密切,故当事人就合同无效所造成的损失举证,存在一定困难。最高人民法院该条司法解释提出以双方所签订的无效合同为参照,综合进行判断,比较有道理。

9 承包人不具备相关资质且所承建工程发生质量问题,发包人是否应当就质量问题承担责任?

施工企业的资质非常重要,我国法律法规及相关司法解释均将施工企业是否具备相应资质作为判断施工合同效力的重要依据之一。发包人作为市场主体,应当具备资质意识,在此情况下,发包人在发包工程时,无论由于其故意或过失向无资质施工企业发包,均存在过错,在工程出现质量问题时,理应承担相应责任。但因为施工人是工程的直接建造者,工程质量产生问题的主要责任在于施工人。因此,仅就资质问题而言,产生质量问题时,发包人承担次要责任,承包人承担主要责任。因承包人不具备建筑施工企业资质而无效,施工人对发包人因此所遭受的损失应承担主要责任,发包人将工程发包给不具有施工资质的个人施工,对工程质量存在缺陷亦有过错,对建设工程不合格造成的损失,发包人有过错的,也应承担相应的民事责任,对损失应承担次要责任。

10 在施工合同无效的情况下,因质量问题产生的损失能否参照合同约定计算?

最高人民法院《关于审理建设工程施工合同纠纷案件适用法律问题的解释(一)》第6条规定:"建设工程施工合同无效,一方当事人请求对方赔偿损失的,应当就对方过错、损失大小、过错与损失之间的因果关系承担举证责任。损失大小无法确定,一方当事人请求参照合同约定的质量标准、建设工期、工程价款支付时间等内容确定损失大小的,人民法院可以结合双方过错程度、过错与损失之间的因果关系等因素作出裁判。"该条规定了可以参照无效合同当事人的约定计算质量问题的损失。主要理由如下:

首先,《民法典》规定了合同无效而工程合格的情况下,承包人可以请求参照合同约定支付工程款,在此情况下,如不允许发包人请求参照合同约定承担损失赔偿责任,会导致双方利益失衡,显然是不公平的。

其次,在合同无效的情形下,关于质量达不到约定标准造成的损失只能参照合同约定确定计算,否则很难计算损失。

依据最高人民法院《关于审理建设工程施工合同纠纷案件适用法律问题的解

释(一)》第1条、第3条的规定,建设工程施工合同无效的情形主要有6种:(1)发包人未取得建设工程规划许可证等规划审批手续,而对外发包工程所订立的建设工程施工合同无效;(2)承包人未取得建筑施工资质或者超越资质等级承包建设工程所订立的施工合同无效;(3)不具有建筑施工资质的建筑施工企业使用具有相应资质条件的建筑企业的名义和资质证书与建设单位订立的施工合同无效;(4)必须进行招标的建设工程项目未招标或者中标无效而订立的施工合同无效;(5)承包人转包订立的施工合同无效;(6)承包人违法分包订立的施工合同无效。

以上6种情况下,合同虽然无效,但本着实事求是的原则,当事人双方对施工造价、质量、工期等实质内容经过磋商,作出了符合自己预期、内心予以接受的真实意思表示。在此情况下,参照合同约定的质量损失赔偿方式及赔偿金额计算方式,相当程度上是符合双方预期的,能保证利益平衡,提高法院的审理效率。

第三节 建设工程质量缺陷责任及保修

1 工程质量保证金应当如何理解?

建设工程质量保证金,是指发包人与承包人在建设工程承包合同中约定,从应付的工程款中扣留,用以保证承包人在缺陷责任期内对建设工程出现的缺陷进行维修的资金。考虑当今工程项目利润率普遍不高,工程质保金对承包人来讲是比较重要的。

工程质量保证金按项目工程价款结算总额乘以合同约定的比例,由发包人从承包人工程计量拨款中直接扣留。《建设工程质量保证金管理办法》第7条规定:"发包人应按照合同约定方式预留保证金,保证金总预留比例不得高于工程价款结算总额的3%。合同约定由承包人以银行保函替代预留保证金的,保函金额不得高于工程价款结算总额的3%。"

最高人民法院《关于审理建设工程施工合同纠纷案件适用法律问题的解释(一)》第17条对工程质量保证金的返还进行了规定,具体如下:"有下列情形之一,承包人请求发包人返还工程质量保证金的,人民法院应予支持:(一)当事人约定的工程质量保证金返还期限届满;(二)当事人未约定工程质量保证金返还期限的,自建设工程通过竣工验收之日起满二年;(三)因发包人原因建设工程未按约定期限进行竣工验收的,自承包人提交工程竣工验收报告九十日后当事人约定的工程质量保证金返还期限届满;当事人未约定工程质量保证金返还期限的,自承包人提交工程竣工验收报告九十日后起满二年。发包人返还工程质量保证金后,不影响承包人根据合同约定或者法律规定履行工程保修义务。"

2 缺陷责任期与质量保修期的区别是什么?

缺陷责任期与质量保修期是一组近似概念,实践中都使用得比较多,二者的区别主要有以下几个方面:

1. 缺陷责任期与质量保修期指代不同

缺陷责任期,是指承包人按照合同约定承担缺陷修复义务的期限。缺陷责任期届满,发包人支付质量保证金。此处的缺陷,是指建设工程质量不符合工程建设强制性标准、设计文件以及双方合同的约定。

建设工程保修期,是指在正常使用条件下,建设工期的最低保修期限。《建设工程质量管理条例》第 41 条规定:"建设工程在保修范围和保修期限内发生质量问题的,施工单位应当履行保修义务,并对造成的损失承担赔偿责任。"

2. 缺陷责任期与质量保修期的确定方式及期限不同

缺陷责任期的期限,主要通过双方约定确定,但不能超过法律规定的期限。《建设工程质量保证金管理办法》第 2 条第 3 款规定:"缺陷责任期一般为 1 年,最长不超过 2 年,由发、承包双方在合同中约定。"第 8 条规定:"缺陷责任期从工程通过竣工验收之日起计。由于承包人原因导致工程无法按规定期限进行竣工验收的,缺陷责任期从实际通过竣工验收之日起计。由于发包人原因导致工程无法按规定期限进行竣工验收的,在承包人提交竣工验收报告 90 天后,工程自动进入缺陷责任期。"

质量保修期的期限,按照法律规定确定。《建设工程质量管理条例》第 40 条规定:"在正常使用条件下,建设工程的最低保修期限为:(一)基础设施工程、房屋建筑的地基基础工程和主体结构工程，为设计文件规定的该工程的合理使用年限；（二）屋面防水工程、有防水要求的卫生间、房间和外墙面的防渗漏，为5年；（三）供热与供冷系统，为2个采暖期、供冷期；（四）电气管线、给排水管道、设备安装和装修工程，为2年。其他项目的保修期限由发包方与承包方约定。建设工程的保修期，自竣工验收合格之日起计算。”

3. 法律后果不同

缺陷责任期的法律责任，规定在《建设工程质量保证金管理办法》第9条。该条规定：“缺陷责任期内，由承包人原因造成的缺陷，承包人应负责维修，并承担鉴定及维修费用。如承包人不维修也不承担费用，发包人可按合同约定从保证金或银行保函中扣除，费用超出保证金额的，发包人可按合同约定向承包人进行索赔。承包人维修并承担相应费用后，不免除对工程的损失赔偿责任。由他人原因造成的缺陷，发包人负责组织维修，承包人不承担费用，且发包人不得从保证金中扣除费用。”

建设工程在保修范围和质量保修期限内发生质量问题的，施工单位应当履行保修义务，并对因自己的原因造成的损失承担赔偿责任。

综上所述，质量保修期较缺陷责任期更长，如承包人在缺陷责任期届满后取回了质量保证金，而质量保修期尚未届满，则其并未免除保修义务，在此期间承包人要履行保修义务或承担维修费用。而在缺陷责任期内，费用是先从质量保证金中支取的。特别要注意的是，对于在建设工程保修期间出现的质量问题，虽由施工单位负责保修，但保修所发生的费用应当由造成质量缺陷的责任方负担。实务中，对于保修期间的质量责任划分和损失承担原则，根据以下情形确定：(1)施工单位未按国家有关工程建设规范、标准和设计要求施工，造成质量缺陷的，应当履行保修义务，并对造成的损失承担赔偿责任。(2)属于勘察、设计方面的原因造成的质量缺陷，由施工单位负责返修，费用由建设单位支付，建设单位可向勘察、设计单位追偿。(3)因建筑材料、建筑构配件和设备质量不合格引起的质量缺陷，属于施工单位负责采购的，由施工单位承担民事责任；属于建设单位负责采购，但施工单位提出异议而建设单位坚持使用的，由建设单位承担民事责任；如果施工单位没有验收或者验收不合格仍然使用的，由建设单位与施工单位共同承担责任。(4)因建设单位或者建筑物所有人使用不当造成的质量缺陷，由建设单位或者建筑物所有人自行负责。(5)因自然事故、社会事件等不可抗力造成的质量事故，由建筑物的所有人或者使用人承担责任。(6)对发包人提出的违反法律法规和建筑工程质量、安全标准,降低工程质量的要求,承包人不予拒绝而进行施工的,由建设单位与施工单位共同承担责任。

3 发包人未对承包人质量保证金的请求提出抗辩,法院如何处理?

发包人一审中未就质量保证金未到返还期限提出抗辩,系对该抗辩权的放弃,视为对承包人主张的认可,法院不应再支持其主张。缺陷责任期的渊源系住房和城乡建设部《建设工程质量保证金管理办法》的规定,主要是当事人的约定,质量保证金与法定的质量保修期无关,而与约定的缺陷责任期有关。发包人就质量保证金未到期不提出抗辩,系其处分自己的权利。另外,根据《建设工程质量管理条例》对于质量保修期的规定,即使无质量保证金,在法定的质量保修期内,施工人也免除不了其保修义务,即使发包人放弃了质量保证金期限的抗辩,法定质量保修期的制度足以保证建筑质量。

4 施工合同无效,质量保证金如何处理?

《民法典》第 155 条规定:"无效的或者被撤销的民事法律行为自始没有法律约束力。"同时,《民法典》第 793 条第 1 款规定:"建设工程施工合同无效,但是建设工程经验收合格的,可以参照合同关于工程价款的约定折价补偿承包人。"此处"参照合同关于工程价款的约定折价补偿"是否包含质保金的约定,《民法典》并未明确。

实践中一般认为,合同无效时,合同中关于缺陷责任期及质量保证金的约定对双方当事人仍然具有法律约束力。无效合同中有关付款时间、付款方式、延期付款利息及质量保证金的约定与工程价款结算关系紧密,仍然属于工程价款结算范畴,当事人参照合同约定执行,符合《民法典》的立法原意。我国地方法院对此有进一步确认,例如,依据山东省高级人民法院民一庭于 2020 年 8 月发布的《关于审理建设工程施工合同纠纷案件若干问题的解答》第 1 条的规定,施工合同无效，建设工程经竣工验收合格的，可以将合同中关于工程价款、付款时间、工程款支付进度、下浮率、质保金等约定条款作为折价补偿的依据。

此外，当建筑工程经验收合格后，工程质量合格，质量保证金制度的目的已经实现，此时参照合同约定的质量保证金条款执行，有利于保护双方当事人的利益，平衡双方的利益关系。同时，如果合同中有关质量保证金的条款无效，则相对于合同有效时，承包人可以提前 1 年或 2 年取得质量保证保金，也就是说，承包人可变相通过合同无效获利。因此，建设工程合同无效时，关于质量保证金扣留比例及返还时间的约定仍应参照适用合同中相关约定较为适当。

5 发包人认为施工人在缺陷责任期内拒不履行维修义务，另行委托第三人施工，可否拒绝返还质量保证金？

工程质量保证金本身属于工程款的一部分，在缺陷责任期内维修未符合约定的工程并最后取得质量保证金，既是承包人的合同义务，又是承包人的合同权利。实践中，保证金的比例已经与工程利润率相当，所以还是比较重要的问题。在缺陷责任期内出现质量问题，发包人应首先通知承包人整修，只有在承包人明确拒绝维修的情况下，发包人才可以将维修工程委托给第三人人进行施工，费用从质量保证金中扣除。特别要注意的是，发包人应当举证证明，第三人进行维修花费的费用与施工人承担的相应质量担保责任相当，发包人并没有故意扩大维修范围、提高维修费用。

第四节 工程质量保修责任

1 建设工程施工合同无效，承包人是否还应承担质量保修责任？

建设工程施工合同无效，在工程质量验收合格的情况下，会涉及质量保修责任。工程质量合格，可以按照合同约定折价补偿工程款，相应地，承包人也应当履行保修义务，且质量保修责任是《建筑法》《建设工程质量管理条例》规定的承包人的法定责任,合同无效但工程经过验收合格,承包人应当继续履行保修职责。问题在于,承包人承担保修责任是其自己维修还是承担维修费用? 在合同被确认无效之时,承包人已经对项目进行了施工,人工、材料、机械等都已经物化在了工程中,在工程质量合格的情况下,法律采取务实方式许可参照合同约定折抵工程款;但合同已经被确认无效后,再由承包人自己施工承担维修责任,需要有一定根据。

最高人民法院《关于审理建设工程施工合同纠纷案件适用法律问题的解释(一)》第6条规定:"建设工程施工合同无效,一方当事人请求对方赔偿损失的,应当就对方过错、损失大小、过错与损失之间的因果关系承担举证责任。损失大小无法确定,一方当事人请求参照合同约定的质量标准、建设工期、工程价款支付时间等内容确定损失大小的,人民法院可以结合双方过错程度、过错与损失之间的因果关系等因素作出裁判。"依据该司法解释,建设工程施工合同无效的后果与一般合同有所不同,当事人对价款、质量、工期的约定仍有一定效力,因此,建设工程施工合同无效,承包人不必然丧失合同赋予的维修资格。例如,北京市高级人民法院《关于审理建设工程施工合同纠纷案件若干疑难问题的解答》第31条规定:"……建设工程施工合同无效,但工程经竣工验收合格并交付发包人使用的,承包人应依据法律、行政法规的规定承担质量保修责任。发包人要求参照合同约定扣留一定比例的工程款作为工程质量保修金的,应予支持。"

但是,在承包人资质不够导致施工合同无效的情况下,承包人丧失自行维修的资格,而由其承担维修所产生的费用。例如,江苏省高级人民法院《建设工程施工合同案件审理指南》第8条规定:"……在正常情况下,建设工程经竣工验收后,在保修期限内出现的质量问题,由承包人依照法律规定或合同约定予以修复。……承包人仍应在《建设工程质量管理条例》第四十条规定的最低保修期限内承担法定的保修责任。解决这个问题后,在履行保修责任的方式上,如果施工合同不是因为承包人没有相应的资质而被确认无效的,则仍由承包人承担质量瑕疵的维修义务。若施工合同是由于承包人没有相应的资质而被确认无效的,则不能由承包人自己来承担质量瑕疵的维修义务。可由承包人自行委托具有相应资质的施工队伍,来替代承包人承担质量瑕疵的维修义务,也可由发包人自行维修,修复的费用由承包人承担。"

对未取得建设工程规划许可证或者违反建设工程规划许可证的规定，施工质量不合格且承包人无修复资格的，承包人依然应当支付修复费用。最高人民法院《关于审理建设工程施工合同纠纷案件适用法律问题的解释(一)》第3条规定："当事人以发包人未取得建设工程规划许可证等规划审批手续为由，请求确认建设工程施工合同无效的，人民法院应予支持，但发包人在起诉前取得建设工程规划许可证等规划审批手续的除外。发包人能够办理审批手续而未办理，并以未办理审批手续为由请求确认建设工程施工合同无效的，人民法院不予支持。"最高人民法院对此类案件的态度是，虽然施工时未取得建设工程规划许可证或违反规划许可进行建设，但仍存在可补办规划许可的可能，因此，对违章建筑施工质量不合格且承包人无修复资格的，仍应判令承包人向发包人支付修复费用。

当然，若该违章建筑已被有关行政机关明令拆除，则支付修复费用已无必要。特别要注意的是，对当事人请求确认或变相确认违法建筑权利归属及内容的，应按最高人民法院《关于印发〈第八次全国法院民事商事审判工作会议(民事部分)纪要〉的通知》第21条的规定处理，即"对于未取得建设工程规划许可证或者未按照建设工程规划许可证规定内容建设的违法建筑的认定和处理，属于国家有关行政机关的职权范围，应避免通过民事审判变相为违法建筑确权。当事人请求确认违法建筑权利归属及内容的，人民法院不予受理；已经受理的，裁定驳回起诉。"

2 保修责任的例外情形有哪些？

承包人免除保修责任依据的是《房屋建筑工程质量保修办法》第17条的规定具体如下"下列情况不属于本办法规定的保修范围：(一)因使用不当或者第三方造成的质量缺陷；(二)不可抗力造成的质量缺陷。"依据该规定，下列几种情况下，承包人不承担保修期内的保修责任。

首先，因建设工程的所有权人或者使用人使用不当造成的质量缺陷，承包人不承担保修义务。不当使用的情况还是比较常见的，如破坏建筑承重结构、擅自改造管线等造成承重结构腐蚀等。如果建设工程的所有权人或使用权人使用不当，施工单位无须承担保修责任。承包人可对质量缺陷进行修复，但修复费用应由责任方承担。实践中，判断建设工程的正常使用和使用不当，可通过工程质量鉴定机构进行鉴定予以认定。

其次,因第三方的原因造成的质量缺陷,由第三方承担侵权责任,此种情况不应纳入承包人的保修范围。如果由承包人进行修复较为便利,可由承包人修复,但费用应由第三方承担。

最后,因不可抗力造成的质量缺陷,承包人不承担保修义务。建设工程保修期内出现不可预见或不可避免的客观因素,造成建设工程严重损害,严格来讲此种情形下发生的建设工程风险并不属于质量问题,而是属于不可抗力风险的承担问题,应当由建设工程的所有权人或相关权利人承担,承包人不承担保修责任。

建设工程质量保修期限届满,承包人的质量保修义务到期,保修期届满后发生的建设工程质量问题,承包人无须再承担质量担保责任,如果建筑物的权利人需要由承包人对建筑物的质量缺陷进行修复,则要支付相应的维修费用。

3 承包人不履行保修义务的法律后果是什么?

工程保修是承包人重要的合同义务及法定强制义务。承包人除履行维修义务外,还应当履行维修不及时导致的损害赔偿责任。工程在保修期内出现质量问题,承包人应及时修复,如果承包人不履行保修义务,发包人可以自行修复,并由承包人承担相应的费用。如承包人不履行保修义务造成其他损失的,由承包人予以赔偿。最高人民法院《关于审理建设工程施工合同纠纷案件适用法律问题的解释(一)》第18条第1款有相应的规定:“因保修人未及时履行保修义务,导致建筑物毁损或者造成人身损害、财产损失的,保修人应当承担赔偿责任。”

第十二章　建设工程施工合同鉴定

民事诉讼中的证据一共有八种，分别是当事人的陈述、书证、物证、视听资料、电子数据、证人证言、鉴定意见、勘验笔录。鉴定意见作为八种民事证据之一，在证明疑难复杂事实问题上具有最强的证明力，因其专业性和权威性而被誉为“证据之王”，在争议纠纷解决中占有重要地位，其中，尤以司法鉴定意见更具有决定性作用。司法鉴定，是指在诉讼活动中鉴定人运用科学技术或者专门知识对诉讼涉及的专门性问题进行鉴别和判断，并提供鉴定意见的活动，司法鉴定应用广泛，在医疗纠纷、交通事故、商事审判和刑事案件等多个领域起到关键作用，建设工程合同纠纷司法鉴定就是其中之一。但值得注意的是，最高人民法院明确审理建设工程合同纠纷要贯彻少鉴定原则，说明建设工程合同司法鉴定问题具有复杂性。本章就建设施工合同纠纷领域的司法鉴定问题进行详细讨论。

第一节　建设工程司法鉴定的一般规定

1　建设工程施工合同司法鉴定的相关法律法规有哪些？

就建设工程施工合同司法鉴定，首先，要适用司法鉴定的一般性规定；其次，要适用各级地方政府及法院针对建设工程施工合同司法鉴定的规范。

在法律层面，主要是全国人民代表大会常务委员会《关于司法鉴定管理问题的决定》，这是关于司法鉴定的一般性规定。在部门规章层面，主要是司法部发布的《司法鉴定程序通则》《司法鉴定机构登记管理办法》《司法鉴定人登记管理办法》，以及住房和城乡建设部发布的《工程造价咨询企业管理办法》《注册造价工程师管理办法》《建设工程造价鉴定规范》等。在司法解释层面，有最高人民法院发布的《人民法院司法鉴定工作暂行规定》《对外委托鉴定、评估、拍卖等工作管理规定》等。

在地方法院层面，多地均有相关规定，如重庆市高级人民法院发布的《关于建设工程造价鉴定若干问题的解答》等，均具有代表性，有相当的参考价值。在行业协会层面，中国建设工程造价管理协会发布的《建设工程造价鉴定规程》，也有一定的参考意义。

2 建设工程施工合同纠纷司法鉴定主要有哪些类型？

作为民事纠纷的一种，建设工程施工合同纠纷案件不仅包含了一般民事纠纷所涉及的司法鉴定类型，也包括具有建设工程施工合同纠纷特质的司法鉴定。前者主要是文书鉴定、电子数据资料鉴定、司法会计鉴定、资产评估司法鉴定等，后者主要是建设工程司法鉴定。

建设工程司法鉴定，是指依法取得有关建筑工程司法鉴定资格的鉴定机构和鉴定人受司法机关或当事人委托，运用建筑学理论和技术，对与建筑工程相关的问题进行鉴定并提供鉴定意见的活动，主要包括建筑工程造价鉴定、建设工程质量鉴定、建设工程工期鉴定等。

3 建设工程司法鉴定所依据的技术标准法规体系是什么？

建设工程司法鉴定依据的相关标准或技术文件体系如下：(1)国家标准；(2)司法行政主管部门、司法鉴定行业组织、建设工程相关行业主管部门、建设工程相关行业组织制定的行业标准；(3)省级主管部门制定的相应的地方标准；(4)经过标准化行政主管部门备案的企业标准；(5)建设工程相关领域被认可的技术成果；(6)相关各方当事人协商一致的标准或技术方法。不具备前述规定的标准或技术方法的，可采用司法鉴定机构自行制定的有关技术方法，并通过计量认证，形成书面文件，经当事各方一致同意后实施。

4 施工合同纠纷所需要的鉴定材料有哪些？

建设工程施工合同纠纷司法鉴定常见的鉴定材料一般包括：鉴定申请书、施工所需证件批件、招投标文件、施工合同及协议、施工图纸、施工组织设计、设计变更及图纸会审记录、开工文件、工程签证单、材料批价单、工程联系单、洽商变更单、其他往来函件、会议纪要和备忘录、施工日志、气象报告和资料、工程验收资料、工程款支付明细及凭证、甲方提供材料设备清单、预决算材料等。如当事人申请质量鉴定，应明确需要鉴定问题的范围、质量标准、设计图纸等。

5 当事人在法院指定的期限后提出鉴定申请有何法律后果？

申请鉴定是有时间限制的，当事人应当在法院规定的鉴定期限内提出申请，超过鉴定期限提出申请视为放弃申请。最高人民法院《关于民事诉讼证据的若干规定》第31条第1款规定："当事人申请鉴定，应当在人民法院指定期间内提出，并预交鉴定费用。逾期不提出申请或者不预交鉴定费用的，视为放弃申请。"

逾期申请鉴定应当承担不利后果。最高人民法院《关于适用〈中华人民共和国民事诉讼法〉的解释》第102条规定："当事人因故意或者重大过失逾期提供的证据，人民法院不予采纳。但该证据与案件基本事实有关的，人民法院应当采纳，并依照民事诉讼法第六十八条、第一百一十八条第一款的规定予以训诫、罚款。当事人非因故意或者重大过失逾期提供的证据，人民法院应当采纳，并对当事人予以训诫。当事人一方要求另一方赔偿因逾期提供证据致使其增加的交通、住宿、就餐、误工、证人出庭作证等必要费用的，人民法院可予支持。"

6 法院如何判定是否应当同意当事人的鉴定申请?

对当事人提出的司法鉴定申请,最终决定权在法院。实践中,法院对于启动鉴定及鉴定的范围主要考虑如下标准:

第一,必要性标准。如争议事实涉及专门知识,仅通过当事人的举证对争议事实无法达到证据优势的,法院可以准许当事人的鉴定申请;但如果争议事实虽涉及专门知识,通过当事人的举证已经达到证明标准的,法院则不予准许鉴定。

第二,鉴定范围最小化标准。主要涉及两个方面:一是鉴定事项应当与待证事实具有充分的关联性,法院确定的鉴定事项应当能够为查明待证事实提供依据。二是法院在委托鉴定前应通过其他手段排除无争议项,只对有争议项进行鉴定。就建设工程造价、质量等争议,一般应结合当事人质证及辩论意见确定争议项,再对争议项进行鉴定。

第三,可行性原则。法院委托鉴定的事项应当属于能够通过司法鉴定得出鉴定意见的事项。就当前技术条件,不是所有的技术问题都能有结论,对于不能通过司法鉴定得出鉴定意见的问题,就不能委托。

7 对于建设工程施工合同纠纷中的"少鉴定"原则应当如何理解?

实践中,法院对当事人提出司法鉴定的申请应从严审查,谨慎启动鉴定程序。

首先,"少鉴定"原则是《民事诉讼法》及相关司法解释的要求。法院判断是否准许当事人提请的鉴定申请,应结合申请鉴定的事项与待证事项有无关联、鉴定的事项对证明待证事实有无意义进行审查。最高人民法院《关于审理建设工程施工合同纠纷案件适用法律问题的解释(一)》第31条也明确规定:"当事人对部分案件事实有争议的,仅对有争议的事实进行鉴定,但争议事实范围不能确定,或者双方当事人请求对全部事实鉴定的除外。"

其次,"少鉴定"原则是司法效率的要求。司法鉴定占用时间较长,延长了审理期限,法院应当根据当事人的申请,结合双方争议事项,依照《民事诉讼法》及相关司法解释的规定决定是否启动鉴定,并合理确定鉴定事项。

8 何种情形下鉴定机构不得接受鉴定委托?

鉴定机构接受鉴定委托后应当进行审查,鉴定机构不得接受委托鉴定的情形主要有以下八种:(1)委托鉴定的事项超出本机构司法鉴定业务范围的;(2)鉴定资料未经过质证或者取得方式不合法的;(3)鉴定事项的用途不合理或者违背行业和社会公德的;(4)鉴定要求不符合司法鉴定执业规则或者相关鉴定技术规范的;(5)鉴定要求超出本机构技术条件和鉴定能力的;(6)同时委托其他鉴定机构就同一鉴定事项进行鉴定的;(7)进行重新鉴定时,司法鉴定人应回避的;(8)其他不符合法律、法规、规章规定情形的。

《建设工程造价鉴定规范》第3.3.4项及第3.3.5项规定的不得接受委托鉴定的情形主要有以下几种:(1)鉴定机构担任过鉴定项目咨询人的;(2)鉴定机构与鉴定项目有利害关系的;(3)委托的事项超出本机构业务经营范围的;(4)鉴定要求不符合本行业执业规则或相关技术规范的;(5)委托事项超出本机构专业能力和技术条件的;(6)其他不符合法律、法规规定情形的。

9 当事人在向法院起诉前委托的造价咨询意见在诉讼中是否有效?

就该问题,最高人民法院《关于审理建设工程施工合同纠纷案件适用法律问题的解释(一)》第30条有明确意见,该条规定:"当事人在诉讼前共同委托有关机构、人员对建设工程造价出具咨询意见,诉讼中一方当事人不认可该咨询意见申请鉴定的,人民法院应予准许,但双方当事人明确表示受该咨询意见约束的除外。"就该条司法解释的理解,应当注意如下几个方面:

首先,咨询意见与鉴定意见有本质不同。咨询意见是作为受托人的咨询机构按约定向作为委托人的当事人就特定咨询事项提出的意见;鉴定意见则是由司法机关委托鉴定机构运用科学技术或者专门知识对诉讼涉及的专业性问题进行鉴定得出的。二者最大的不同在于,鉴定意见的委托人是司法机关或仲裁机构,鉴定机构的鉴定行为发生在诉讼过程中,所形成的鉴定意见本是《民事诉讼法》规定的法定证据形式之一,而咨询意见的委托人是当事人,咨询机构的咨询行为不属于诉讼程序的组成部分,所形成的咨询意见属于书证而非鉴定意见。特别要注意的是,该条司法解释仅列明对当事人诉讼前委托工程造价咨询机构出具咨询意见的情形如何处理,但从其原意理解,当事人在诉讼中委托工程造价咨询机构等有关机构或人员出具造价咨询意见,也可以适用本条。

其次,当事人共同委托鉴定机构不同于共同接受鉴定结果。虽然双方当事人共同委托有关鉴定机构及鉴定人员出具咨询意见,但不能推定双方当事人在共同委托时就同意接受该咨询意见结论的约束。如果一方当事人事后对该咨询意见不服,申请工程造价鉴定的,一般应予准许。共同委托既包括委托方式和追认方式,发包人、承包人可以共同委托鉴定机构进行咨询,也包括发包人或承包人一方委托后,另一方以行为或明确的意思表示予以追认的情形。

最后,当事人明确表示接受该咨询意见,该咨询意见对当事人产生拘束力。产生拘束力的原因在于当事人意思自治产生了合意,而不是咨询意见本身具有相应的法律效力。咨询意见不具备鉴定意见这种证据形式的证明力,更多的具有书证特征,有关机构人员出具的咨询意见不具有权威性。因此,如果双方当事人已明确表示受咨询意见约束,则从尊重当事人意思自治角度出发,咨询意见产生拘束力,对当事人一方事后申请鉴定的行为,法院不予准许。

10 当事人是否只能在一审期间提起鉴定申请?

鉴定属于查明事实范畴,我国《民事诉讼法》并没有区分事实审和法律审,所以我国一审、二审法院均有查明事实的职责。当事人在一审期间未提出鉴定申请的,最高人民法院《关于审理建设工程施工合同纠纷案件适用法律问题的解释(一)》第32条规定:"当事人对工程造价、质量、修复费用等专门性问题有争议,人民法院认为需要鉴定的,应当向负有举证责任的当事人释明。当事人经释明未申请鉴定,虽申请鉴定但未支付鉴定费用或者拒不提供相关材料的,应当承担举证不能的法律后果。一审诉讼中负有举证责任的当事人未申请鉴定,虽申请鉴定但未支付鉴定费用或者拒不提供相关材料,二审诉讼中申请鉴定,人民法院认为确有必要的,应当依照民事诉讼法第一百七十条第一款第三项的规定处理。"

根据该司法解释,当事人一审未申请鉴定或申请鉴定后未缴纳诉讼费,二审经审查认为确有必要鉴定的,应当委托鉴定或发回重审。最高人民法院民事审判第一庭认为,如果二审直接鉴定并依据鉴定意见作出裁判,涉及当事人的审级利益,对鉴定意见的质证未经过两审程序,因此,原则上只有双方当事人都愿意放弃审级利益并同意二审法院直接委托鉴定的,二审法院才可直接委托鉴定。

二审发回一审法院重审后,在二审中申请鉴定的当事人如果在重审中仍不申请鉴定,会严重浪费司法资源。就此问题,笔者建议采用保证金制度予以约束。当事人在一审中经法院释明后未提出鉴定申请,在二审中对同一事项申请鉴定,鉴定对案件处理有实质性影响的,一般应当要求当事人按鉴定费标准交纳保证金,并将案件发回原审法院委托鉴定。案件发回后当事人在重审中又不申请鉴定的,法院可以根据案件审理的需要依职权委托鉴定,鉴定费从保证金中扣除。

再审程序中当事人提出司法鉴定申请的,法院依法不能准许。我国审判监督程序以书面审查为主,可以询问当事人,但没有开庭审理的程序。再审程序中当事人提出司法鉴定申请的,最高人民法院《关于适用〈中华人民共和国民事诉讼法〉的解释》明确规定不应准许。该解释第 397 条规定:"审查再审申请期间,再审申请人申请人民法院委托鉴定、勘验的,人民法院不予准许。"实践中,各地法院也依照该条的规定,对再审期间的司法鉴定申请予以禁止。

第二节　建设工程司法鉴定程序

1　司法鉴定程序启动的条件及方式是什么?

全国人民代表大会常务委员会《关于司法鉴定管理问题的决定》第 1 条规定了司法鉴定的启动条件:"司法鉴定是指在诉讼活动中鉴定人运用科学技术或者专门知识对诉讼涉及的专门性问题进行鉴别和判断并提供鉴定意见的活动。"根据该条规定,司法鉴定程序的启动有两个条件:

首先,必须是事实认定问题。鉴定所要解决的问题是有争议的案件事实,如房产价值、工程质量等。查明案件事实后的法律适用问题不属于司法鉴定要解决的问题，由法院依法行使裁量权予以解决。

其次，必须是专门性问题。事实认定属于法院行使审判权方面的重要职责范畴，对于可以基于生活经验加以认定的一般案件事实认定，由法院通过法庭调查等程序，结合举证责任的有关要求予以确认；对于有争议的专业性事实问题，应当通过鉴定查明，当事人如不同意鉴定，则按照举证责任的规定确定后果。

《民事诉讼法》第79条及最高人民法院《关于适用〈中华人民共和国民事诉讼法〉的解释》第121条规定了司法鉴定的启动方式，主要有两种：

首先，当事人申请启动。当事人可以就必须查明的专门性案件事实问题向法院申请鉴定，法院认为需要鉴定的，应当委托具备相应资质的鉴定人进行鉴定。

其次，法院依职权启动。最高人民法院《关于适用〈中华人民共和国民事诉讼法〉的解释》第121条第3款规定："符合依职权调查收集证据条件的，人民法院应当依职权委托鉴定，在询问当事人的意见后，指定具备相应资格的鉴定人。"即当事人未申请鉴定，法院对专门性问题认为需要鉴定的，应当委托具备资质的鉴定人进行鉴定。

这两种启动方式，以当事人申请鉴定为主，法院依职权委托鉴定为辅，这是由司法的中立性和被动性决定的。此外，当事人应当承担举证责任，对案件事实真伪不明的后果承担责任，申请鉴定是当事人履行其举证责任的内容，在需要通过鉴定意见证明自己提出的事实主张时，应申请鉴定。

在建设工程施工合同纠纷中，法院认为有必要依职权委托鉴定的，主要是案件涉及国家利益、社会公共利益或他人合法权益的情形，不涉及上述利益的案件，则由法院行使释明权，提醒当事人如不申请鉴定应当承担不利后果。

2 如何对鉴定意见和鉴定材料进行质证？

根据《民事诉讼法》的相关规定，法院采纳的证据均需要原告、被告双方质证，即使鉴定意见是由法院委托鉴定，其作为一种证据，亦需要接受当事人的质证。最高人民法院《关于审理建设工程施工合同纠纷案件适用法律问题的解释（一）》第34条规定："人民法院应当组织当事人对鉴定意见进行质证。鉴定人将当事人有争议且未经质证的材料作为鉴定依据的，人民法院应当组织当事人就该部分材料进行质证。经质证认为不能作为鉴定依据的，根据该材料作出的鉴定意见不得作为认定案件事实的依据。”依据该司法解释，就鉴定意见及鉴定材料质证，应当从如下几个方面进行：

首先，全面审核鉴定意见的来源和形式，确定鉴定意见的形成是否合法。法院通过组织当事人质证，确定是否存在鉴定机构或者鉴定人员不具备相关的鉴定资格、鉴定程序严重违法、鉴定意见明显依据不足等情形。如果存在上述问题，则鉴定意见不能作为认定事实的根据，当事人可申请重新鉴定。鉴定机构鉴定时，应依法严格按司法鉴定程序进行鉴定，对同一鉴定事项应指定或者选择不少于2名司法鉴定人员共同进行。进行建设工程施工合同纠纷鉴定，有鉴定资质的人员应严格地在司法鉴定机构组织下，会同各方当事人共同到达现场，凭借专业技术设备进行现场勘验以及收集证据的活动，避免当事人提出鉴定人未实际参与鉴定而请求确认鉴定程序违法。

其次，对鉴定的材料、鉴定的依据等专门问题进行实质性审查。依据法律规定，未经质证的鉴定材料不能作为鉴定依据。鉴定是根据检材进行的，检材的性质将决定鉴定意见的走向。如果鉴定人将当事人有争议且未经质证的材料作为鉴定依据作出了鉴定意见，法院应当组织当事人就该部分材料进行质证，听取当事人的质证意见。经质证后，如果经法院审查，认为该部分材料真实合法且与待鉴定事实有联系，能够作为鉴定资料的，则可以采纳鉴定意见；如果经法院审查，认为该部分鉴定材料真实性、合法性及关联性存疑，不能作为鉴定依据的，则根据该材料作出的相应的鉴定意见不能被采纳，不能作为认定案件事实的依据。

3 提供鉴定资料义务的当事人是哪一方？

提出司法鉴定申请的当事人及相对方当事人均有义务提供鉴定资料。根据不利证据推定规则，控制鉴定资料的一方当事人逾期不提供鉴定资料，导致相关争议项无法鉴定的，法院可以根据案件审理情况认定对方当事人主张的相关事实成立，该原则规定在最高人民法院《关于民事诉讼证据的若干规定》第95条，该条规定：“一方当事人控制证据无正当理由拒不提交，对待证事实负有举证责任的当事人主张该证据的内容不利于控制人的,人民法院可以认定该主张成立。”

如果双方均有能力提供鉴定资料,经法院释明后均未提供的,由对相关争议事实承担举证责任的一方当事人承担相应不利后果。

4 鉴定人是否应当回避?回避的程序是什么?

鉴定人依法应当回避,包括鉴定机构决定回避和法院决定回避两种情况。就建设工程纠纷鉴定,鉴定机构及鉴定人与原告、被告同属建设工程行业,回避事由的出现有一定概率。

鉴定机构内部决定回避的情形主要有如下六种:(1)是受鉴项目的当事人,或者是当事人近亲属的;(2)本人或者其近亲属与受鉴项目有利害关系的;(3)担任过受鉴项目的证人、辩护人、诉讼代理人的;(4)担任过受鉴项目咨询、论证、勘察、设计、监理、施工、检测(测绘)任务的;(5)与受鉴项目各方当事人有其他关系,可能影响司法鉴定公正的;(6)其他应回避的情形。

就回避的程序,司法鉴定人自行提出回避的,由其所属的司法鉴定机构决定。委托人要求司法鉴定人回避,亦应当向该司法鉴定人所属的司法鉴定机构提出,由司法鉴定机构决定。委托人对司法鉴定机构作出的司法鉴定人是否回避的决定有异议的,可以撤销鉴定委托。

法院决定回避的事由与鉴定机构决定回避的事由相同。法院在鉴定开始前应向当事人告知鉴定人的身份及当事人申请鉴定人回避的权利,并询问当事人是否申请鉴定人回避。在鉴定过程中当事人发现鉴定人具有应当回避的情形并向法院申请回避的,法院应予准许。对于鉴定人的回避,合议庭审理的案件由审判长决定,实行独任制审理的案件由审判员决定。

5 法律就建设工程司法鉴定时限是怎样的规定?

依据住房和城乡建设部制定的《建设工程造价鉴定规范》,工程造价鉴定按照争议标的涉及的工程造价确定鉴定期限。具体标准是:1000 万元以下(含 1000 万元)的,期限为40个工作日;1000万元以上3000万元以下(含3000万元)的,期限为60个工作日;3000万元以上10,000万元以下(含10,000万元)的,期限为80个工作日;10,000万元以上的,期限为100个工作日。鉴定期限从鉴定人接收委托人按规定移交的证据材料的次日起计算。鉴定事项涉及复杂、疑难、特殊的技术问题,需要较长时间的,经与委托人协商,完成鉴定的时间可以延长,每次延长的时间一般不得超过30个工作日。每个鉴定项目延长次数一般不得超过3次。在鉴定过程中,经委托人认可,等待当事人提交、补充或者重新提交证据、勘验现场等所需要的时间,不计入鉴定期限。

6 鉴定人出庭作证是否有次数和审级要求?

鉴定人应当就鉴定意见出庭作证。《民事诉讼法》第81条规定:"当事人对鉴定意见有异议或者人民法院认为鉴定人有必要出庭的,鉴定人应当出庭作证。经人民法院通知,鉴定人拒不出庭作证的,鉴定意见不得作为认定事实的根据;支付鉴定费用的当事人可以要求返还鉴定费用。"《民事诉讼法》未限定鉴定人出庭次数,如果鉴定人一审中已出庭作证,在二审程序中,若法院认为确有必要,鉴定人应当出庭作证,而鉴定人拒不作证的,可以要求其返还鉴定费用。

7 当事人就鉴定意见不服,应当如何应对?

鉴定意见在诉讼中被称为"证据之王",对诉讼胜败具有决定性作用。鉴定意见通常对一方当事人有利而对另一方当事人不利,因专业知识的限制,不利一方当事人想提出抗辩,是比较困难的,如果有专门知识的人能够出庭帮助该方当事人,提供专业意见并回答各方疑问,则有利于形成诉讼平衡。同时,让具有专业技术的人员对鉴定人进行询问,也可帮助法官抓住庭审的关键问题,有利于维护法官的中立地位。因而,《民事诉讼法》第82条规定:"当事人可以申请人民法院通知有专门知识的人出庭,就鉴定人作出的鉴定意见或者专业问题提出意见。"

在英美法系国家,这种具有专门知识的人员被称为"专家证人",我国在司法实务中一般称为专家证人或专家辅助人。无论大陆法系还是英美法系,专家辅助人出庭,均取决于当事人的意愿,即当事人认为专家辅助人出庭在技术上有利于阐明其优势,或者有利于驳斥对对方有利的鉴定意见的,可申请专家辅助人出庭,以便使法官尽可能有效地发现真相,解决纠纷。

第三节　建设工程造价司法鉴定

1 什么是建设工程造价司法鉴定?当事人提起建设工程造价司法鉴定的条件是什么?

依据《建设工程造价鉴定规范》的相关规定,建设工程造价司法鉴定,是指鉴定机构接受法院或仲裁机构委托,在诉讼或仲裁案件中,由鉴定人运用工程造价方面的科学技术和专业知识,对工程造价争议中涉及的专门性问题进行鉴别、判断并提供鉴定意见的活动。当事人对工程价款存在争议,既未达成结算协议,也无法采取其他方式确定工程款的,法院可以根据当事人的申请,委托鉴定机构对工程造价进行鉴定。

相对于工程质量鉴定,提起工程造价的限定条件更多,因为一般情况下当事人对工程价款是有约定的,首先应当尊重当事人的意思自治,在不能通过合同约定及工程资料确定工程价款的情况下,才可以进行工程造价鉴定。

实践中,当事人申请工程造价鉴定,经审查具有下列情形之一的,法院一般不予准许:

(1)双方当事人就工程款数额已协商一致达成协议的;(2)法院根据双方提交的结算材料可以直接认定工程款数额的;(3)发包人未对承包人提交的结算资料提出异议,符合最高人民法院《关于审理建设工程施工合同纠纷案件适用法律问题的解释(一)》第21条的规定,即当事人约定,发包人收到竣工结算文件后,在约定期限内不予答复,视为认可竣工结算文件的,按照约定处理;(4)合同约定按固定总价结算的,符合最高人民法院《关于审理建设工程施工合同纠纷案件适用法律问题的解释(一)》第28条的规定,即当事人约定按照固定价结算工程价款,一方当事人请求对建设工程造价进行鉴定的。

②鉴定机构进行工程造价鉴定的依据是什么？

工程造价鉴定的依据，是指运用科学、合理的调查统计和分析测算方法，从工程建设经济技术活动和市场交易活动中获取的，可用于预测、评估、计算工程造价的参数、量值、方法等，具体包括由国家和省、市级有关行政主管部门编制的工程量清单计价规范、工程定额、价格指数、建设市场价格信息等计价依据。

实践中，鉴定机构主要以市场价作出计价依据进行鉴定。在确定工程价款时，根据从约原则，双方当事人有约定的应先依据约定鉴定；没有明确约定的，一般应以市场价格确定工程价款。相对于定额价格，建设行政主管部门发布的价格信息更具有时效性，更贴近市场价格，也更接近建筑工程的实际造价成本，且符合《民法典》的有关规定，对双方当事人更公平。以定额为基础确定工程造价不能确切地反映企业的施工、技术和管理水平，定额标准往往跟不上市场价格的变化。

例如，最高人民法院（2011）民提字第104号生效民事判决书认为，“首先，建设工程定额标准是各地建设主管部门根据本地建筑市场建筑成本的平均值确定的，是完成一定计量单位产品的人工、材料、机械和资金消费的规定额度，是政府指导价范畴，属于任意性规范而非强制性规范。在当事人之间没有作出以定额价作为工程价款的约定时，一般不宜以定额价确定工程价款。其次，以定额为基础确定工程造价没有考虑企业的技术专长、劳动生产力水平、材料采购渠道和管理能力，这种计价模式不能反映企业的施工、技术和管理水平。……再次，定额标准往往跟不上市场价格的变化，而建设行政主管部门发布的市场价格信息，更贴近市场价格，更接近建筑工程的实际造价成本。此外，本案所涉钢结构工程与传统建筑工程相比属于较新型建设工程，工程定额与传统建筑工程定额相比还不够完备，按照钢结构工程造价鉴定的惯例，以市场价鉴定的结论更接近造价成本，更有利于保护当事人的利益。最后，根据《中华人民共和国合同法》第六十二条第（二）项[①]的规定，当事人就合同价款或者报酬约定不明确，依照合同法第六十一

① 《合同法》已失效，相关规定参见《民法典》第511条第2项。

条[①]的规定仍不能确定的，按照订立合同时履行地的市场价格履行；依法应当执行政府定价或者政府指导价的，按照规定履行。本案所涉工程不属于政府定价，因此，以市场价作为合同履行的依据不仅更符合法律规定，而且对双方当事人更公平。”

3 对于经过行政审计的政府投资项目，当事人可否申请对工程造价进行司法鉴定？

政府投资的工程项目，必须要经过行政审计，接受行政监督，但建设工程总价应当根据当事人的合意及《民法典》相关规定确定，当事人申请对工程造价进行司法鉴定，法院经审查认为需要进行鉴定的，可以准许。如双方当事人合同约定以行政审计结论作为工程款结算依据，则尊重当事人的约定。

就此问题，最高人民法院有明确意见，最高人民法院《关于建设工程承包合同案件中双方当事人已确认的工程决算价款与审计部门审计的工程决算价款不一致时如何适用法律问题的电话答复意见》指出：“审计是国家对建设单位的一种行政监督，不影响建设单位与承建单位的合同效力。建设工程承包合同案件应以当事人的约定作为法院判决的依据。只有在合同明确约定以审计结论作为结算依据或者合同约定不明确、合同约定无效的情况下，才能将审计结论作为判决的依据。”另外，合同虽明确约定以审计结论作为结算依据，但因是否启动及何时启动审计由政府部门主导，若审计结论迟迟不能出具或何时出具尚不能确定，造成施工方的工程价款长期不能获得，尤其是造成农民工工资不能发放，显失公平，严重损害施工方利益的情况时，可根据个案情况启动鉴定程序。但应从严适用该情况。

4 当事人提交多份施工合同时，如何确定建设工程造价鉴定依据？

依据《建设工程造价鉴定规范》第 5.3.6 条的规定，在鉴定项目当事人分别提

① 《合同法》已失效，相关规定参见《民法典》第510条。

出不同的工程合同签约文本的情况下，鉴定人应提请委托人决定适用合同，委托人暂不明确的，鉴定人可按不同的合同文本分别进行鉴定。同时，该规范第5.3.1条及第5.3.2条规定，委托人认定鉴定项目合同有效的，鉴定人应根据合同约定进行鉴定；委托人认定鉴定项目合同无效的，应按照委托人的决定进行鉴定。

据此，结合我国法律及相关司法解释，在鉴定项目当事人分别提供不同的工程合同签约文本的情况下，委托司法鉴定的法院、仲裁机构或当事人应当对鉴定的合同作出判断，主要按如下情况处理：

第一，对必须招标的项目，以有效的中标合同为鉴定依据。必须招标的项目，多份施工合同实质内容不一致时，应以有效的中标合同为依据，其他变相降低工程价款的合同无效。依据最高人民法院《关于审理建设工程施工合同纠纷案件适用法律问题的解释（一）》第2条第1款的规定，工程范围、建设工期、工程质量、工程价款，均系建设工程施工合同的实质性条款，中标合同的实质条款与签约合同不一致，以中标合同为准。实践中，当事人为了规避《招标投标法》的相关规定，另行签订合同时并不直接变更中标合同的实质性条款，而是约定高价购买承建房屋、无偿建设住房配套设施、直接让利、向建设单位捐赠财物等内容，这相当于变相降低了工程价款，仍应认定属于背离有效中标合同实质性内容的情形，此时仍应按有效中标合同约定的工程价款进行结算。最高人民法院《关于审理建设工程施工合同纠纷案件适用法律问题的解释（一）》第2条第2款就另行签订合同变相降低工程价款如何处理进行了规定。

第二，对非必须招标，但通过合法有效的招投标程序发包的项目，仍以有效的中标合同为鉴定依据。最高人民法院《关于审理建设工程施工合同纠纷案件适用法律问题的解释（一）》第23条规定："发包人将依法不属于必须招标的建设工程进行招标后，与承包人另行订立的建设工程施工合同背离中标合同的实质性内容，当事人请求以中标合同作为结算建设工程价款依据的，人民法院应予支持，但发包人与承包人因客观情况发生了在招标投标时难以预见的变化而另行订立建设工程施工合同的除外。"

最高人民法院持此态度的目的在于维护基本的社会公信。即使不属于必须招标的项目，一旦发包人按照招标程序对外发包工程，所有的投标人就产生了信赖利益，发包人和承包人应当以中标合同为准，签订合同，任何背离中标合同实质内容的其他协议都不能作为工程鉴定的依据。

如果中标合同无效而其他合同有效的，则以其他有效合同作为结算依据。

第三，非必须招标的项目未经过招标，如果存在多份有效合同，则依据尊重当事人意思自治原则，按照实际履行的合同作为结算依据。非必须招标的项目，当事人也未经过招投标程序，则不涉及其他主体的权益，此时主要看当事人实际履行了哪份合同，实际履行的合同难以确定的，可以按最后一份合同的约定折价补偿承包人。最高人民法院《关于审理建设工程施工合同纠纷案件适用法律问题的解释（一）》第24条对此有规范，该条规定："当事人就同一建设工程订立的数份建设工程施工合同均无效，但建设工程质量合格，一方当事人请求参照实际履行的合同关于工程价款的约定折价补偿承包人的，人民法院应予支持。实际履行的合同难以确定，当事人请求参照最后签订的合同关于工程价款的约定折价补偿承包人的，人民法院应予支持。"实践中，出现多份合同的常见原因是发包人先定承包人后走招标程序。以招标方式订立合同的建设工程项目的招标人预先内定中标人的，违反了《招标投标法》第43条和第55条的规定，双方所订立的建设工程施工合同应当被认定为无效。在先定的合同和通过招投标订立的合同均无效的情况下，参照双方实际履行的合同进行价款鉴定。

5 工程变更导致工程量增减的项目，工程价款的鉴定依据是什么？

工程变更属于双方对建设工程施工合同的变更，对变更后的价款的确定，最高人民法院《关于审理建设工程施工合同纠纷案件适用法律问题的解释（一）》第19条作了相应的规范，该条第1款、第2款规定："当事人对建设工程的计价标准或者计价方法有约定的，按照约定结算工程价款。因设计变更导致建设工程的工程量或者质量标准发生变化，当事人对该部分工程价款不能协商一致的，可以参照签订建设工程施工合同时当地建设行政主管部门发布的计价方法或者计价标准结算工程价款。"

由此可知，工程实践中对于工程变更、增加项目的工程价款鉴定，如合同或者工程签证有约定的，以约定为准。如果合同没有约定工程变更的计价方式，对固定单价合同，按招投标文件的计价清单中有相同项目或可套用项目的价格进行鉴定;计价清单中无相同项目或可套用项目的,按照合同签订时工程所在地建设行政主管部门发布的计价办法鉴定;对采用可调单价合同,按照合同履行期间工程所在地建设行政主管部门发布的计价标准据实结算鉴定。

6 就固定总价合同中的工程变更如何进行鉴定?

固定总价,是指当事人约定以施工图、已标价工程量清单或预算书及有关条件进行合同价格计算、调整和确认的价格,在约定的范围内总价不做调整,也称"总价包干"合同。

采用固定总价计价的,合同总价款在订立合同时即已经确定,合同价款原则上不再调整。施工过程中的风险实际主要由承包人承担,虽然原则上工程量增加或减少的风险、建筑材料价格或者人工费用上涨或下降的风险等由承包人和发包人各自承担,但实践中价格以上涨居多,工程量亦以增加居多,所以风险实际由承包人负担了。

合同约定固定总价并不表示工程价款一律不得调整,只是在合同约定的风险范围及风险幅度内不做调整,超出承包范围的工程量变化,依然要再调整。《建设工程造价鉴定规范》规定,当事人就总价合同计量发生争议,总价合同对工程量计量标准有约定的,按约定进行鉴定;没有约定的,仅就工程变更部分进行鉴定。

实践中的疑难问题是,合同履行过程中建设工程发生重大变更导致难以区分合同内工程量与变更部分工程量,一方当事人申请对建设工程全部造价进行鉴定的,应当准许,否则难以判断工程实际造价,但该类鉴定意见应当考虑双方对固定总价合同的约定。

7 当事人双方所签合同就计价依据、计价方法的约定存在矛盾或鉴定证据欠缺,应当如何鉴定?

依据《建设工程造价鉴定规范》第 5.3.5 条的规定,在鉴定项目工程合同对计价依据、计价方法约定条款前后矛盾的情况下,当事人之间发生争议,鉴定人应提请委托人决定适用条款,委托人暂不明确的,鉴定人应按不同的约定条款分别鉴定,出具可供委托人选择的鉴定意见。故在鉴定项目工程合同对计价依据、计价方法约定条款前后矛盾的情况下,应由鉴定机构提请委托鉴定的法院或仲裁机构决定,法院或仲裁机构不能立即作出决定的,鉴定人应按不同的约定条款分别鉴定,供法院审判部门选择判断使用。

《建设工程造价鉴定规范》第5.4.1条规定了鉴定资料欠缺的处理方式,参照该规定,鉴定项目施工图或竣工图不齐或缺失,鉴定人应按以下程序进行鉴定:首先,建筑标的物存在的情况下,鉴定人可提请法院或仲裁机构组织现场勘验计算工程量作出鉴定;其次,建筑标的物已经隐蔽的情况下,鉴定人可根据工程性质、是否为其他工程的组成部分等进行专业分析,作出推断性意见;最后,在建筑标的物已经灭失,当事人又无法提供证据证明自己的主张,同时没有其他旁证证明该当事人主张的情况下,鉴定人应作出否定性鉴定。

《建设工程造价鉴定规范》第5.4.2条规定了零星工程的处理方式,参照该规定,在鉴定项目施工图或合同约定工程范围以外,承包人以完成了发包人通知的零星工程为由,要求结算价款,但未提供发包人的现场签证或书面认可文件的,鉴定人应按以下程序作出专业分析进行鉴定:首先,发包人认可或承包人提供的其他证据可以证明的,鉴定人应作出肯定性鉴定;其次,发包人不认可,但该工程可以通过现场勘验确认,鉴定人应提请委托人组织现场勘验,依据勘验结果进行鉴定;最后,发包人不认可,该工程标的物已经消失,鉴定人可作出否定性鉴定。

8 鉴定项目发包人对承包人材料采购价格高于合同约定而不予认可的,鉴定人应如何处理?

根据《建设工程造价鉴定规范》的相关规定,当事人因材料价格发生争议的,鉴定人应提请委托人决定并按其决定进行鉴定。委托人未及时决定的,以下鉴定规定可供委托人判断使用:

首先,材料采购前发包人或发包人代表签字认可该价格的,应按签字的材料价格进行鉴定;其次,如材料采购前未报发包人或发包人代表确认价格的,应按合同约定的价格进行鉴定;最后,发包人认为承包人采购的原材料不符合质量或品牌要求,不予确认的,应按双方约定的价格进行鉴定,如质量存在争议,由发包人另行申请质量鉴定。

9 施工合同解除后，工程由第三人继续施工的，如何确定工程造价司法鉴定范围？

建设工程施工合同解除后，工程由其他承包人继续施工的，如果发包人与原承包人就已完工程的内容发生争议，由法院确定鉴定范围，鉴定机构对此不能以鉴代审。一般情况下，可通过以下方式确认：

首先，对双方不能共同确认的，可依据原承包人的工程交接记录确定；其次，没有工程交接记录，或依据工程交接记录不足以作出认定的，可组织双方当事人勘验工地现场，并对照其他施工资料确定承包人的实际施工范围；最后，上述方法仍不能确定的，须根据双方未能办理交接及工程未完工的原因等情况，通过分配举证责任确定承包人的实际施工范围。

10 因发包人或承包人违约导致合同终止或解除的，造价鉴定的范围是什么？

按照《建设工程造价鉴定规范》的相关规定，因发包人违约导致合同终止或解除的，法院可以根据案件审理的需要，委托鉴定人对下列发包人应向承包人支付的费用进行鉴定：(1)合同解除日以前承包人所完成的永久工程的价款；(2)承包人为受鉴项目施工订购并已付款的材料、工程设备和其他物品的金额，如果发包人已经支付，该材料、工程设备和其他物品的所有权归发包人所有；(3)承包人为完成受鉴项目所发生的，而发包人未支付的费用；(4)签证、索赔以及其他应支付的费用；(5)承包人撤离施工场地以及遣散承包人人员的费用；(6)承包人进场施工机械的停滞费用；(7)承包人为完成受鉴项目所建造的临时设施的摊销费用；(8)受鉴项目未施工部分承包人的可得利益；(9)由于解除合同应赔偿的承包人的损失；(10)按合同约定在合同解除日前应支付给承包人的其他费用。

按照《建设工程造价鉴定规范》的相关规定，因承包人违约导致合同终止或解除的，法院可以根据案件审理的需要，委托鉴定人对下列费用进行鉴定：(1)合同终止日以前承包人所完成的永久工程的价款；(2)承包人为受鉴项目施工订购并已付款的材料、工程设备和其他物品的金额；(3)承包人为完成受鉴项目所发生的,而发包人未支付的费用;(4)签证、索赔以及其他应支付的费用;(5)承包人为完成受鉴项目所建造的临时设施的摊销费用;(6)由于解除合同应赔偿的发包人的损失。

另外,合同解除后,当事人就价款结算发生争议,如送鉴的证据不能满足鉴定要求的,根据《建设工程造价鉴定规范》的规定,鉴定人应提请委托人组织现场勘验或核对,会同当事人采取以下措施进行鉴定:(1)清点已完工工程部位、测量工程;(2)清点施工现场人、材、机数量;(3)核对签证、索赔所涉及的有关材料;(4)将清点结果汇总造册,请当事人签认,当事人不签认的,及时报告委托人,但不影响鉴定工作的进行;(5)分别计算价款。

11 因不可抗力导致建设工程施工合同终止的,造价鉴定的范围是什么?

按照《民法典》的规定,因不可抗力导致合同无法履行的,发包人和承包人都有权通知对方终止合同。发出通知方可以就受到不可抗力影响而未能履约申请免除责任或者部分免除责任。在此情况下,发生价款争议时,司法鉴定人需确定发包人应向承包人支付的下列费用:(1)合同终止日以前承包人所完成的永久工程的价款;(2)承包人为受鉴项目施工订购并已付款的材料、工程设备和其他物品的金额;(3)承包人为完成受鉴项目所发生的,而发包人未支付的金额;(4)承包人为完成受鉴项目所建造的临时设施的摊销费用;(5)承包人撤离施工场地以及遣散承包人人员的费用;(6)按合同约定在合同终止日前应支付给承包人的其他费用。

不可抗力导致的人员伤亡、财产损失、费用增加和工期延误等后果,按以下原则确定:(1)永久工程,包括已运至施工场地的材料和工程设备的损害,以及因工程损害造成的第三方人员伤亡和财产损失由发包人承担;(2)承包人设备的损坏由承包人承担;(3)发包人和承包人各自承担其人员伤亡和其他财产损失及其相关费用;(4)承包人的停工损失由承包人承担,但停工期间应发包人(监理人)要求照管工程和清理、修复工程的费用由发包人承担;(5)不能按期竣工的,应合理延长工期,承包人不需支付逾期竣工违约金;(6)发包人要求赶工的,承包人应采取赶工措施,赶工费用由发包人承担。

12 对工程签证鉴定的基本规定是什么？

当事人因现场签证费用发生争议，按照《建设工程造价鉴定规范》的相关规定，鉴定人应按以下规定进行鉴定：(1)现场签证明确了人工、材料、机械台班数量及其价格的，按签证的数量和价格计算；(2)现场签证只有用工数量没有人工单价的，其人工单价按照工作技术要求，比照鉴定项目相应工程人工单价适当上浮计算；(3)现场签证只有材料和机械台班用量，没有价格的，其材料和机械台班价格按照鉴定项目相应工程材料和机械台班价格计算；(4)现场签证只有总价款而无明细表述的，按总价款计算；(5)签证中的零星工程数量与该工程应予以实际完成的数量不一致时，应按实际完成的工程数量计算。

当事人因现场签证存在瑕疵发生争议的，按照《建设工程造价鉴定规范》的相关规定，鉴定人应按以下规定进行鉴定：(1)现场签证发包人只签字证明收到，但未表示同意的，承包人有证据证明该签证已经完成，鉴定人可作出鉴定意见并单列，供委托人判断使用；(2)现场签证既无数量又无价格，只有工作事项的，由当事人双方协商，协商不成的，鉴定人可根据该事项进行专业分析，作出推断性意见，供委托人判断使用；(3)当事人一方仅以对方当事人口头指令完成了某项零星工作或工程，要求对方支付费用，而对方当事人又不认可，且无实证证据的，鉴定人应以法律证据缺失，作出否定性鉴定。

13 鉴定意见的分类是什么？对鉴定意见争议项如何处理？

根据《建设工程造价鉴定规范》的相关规定，鉴定意见分为确定性意见、推断性意见或供选择性意见，其适用条件如下：

(1)鉴定项目或鉴定事项内容事实清楚，证据充分的，应当作出确定性意见。

(2)鉴定项目或鉴定事项内容客观，事实较清楚，但证据不够充分的，应当作出推断性意见。

(3)鉴定项目合同约定矛盾或鉴定事项中部分内容证据矛盾，委托人暂不明确要求鉴定人分别鉴定的,可分别按照不同的合同约定或证据,作出选择性意见,由委托人判断使用。

(4)鉴定过程中,对鉴定项目或鉴定项目中的部分内容,当事人协商一致,达成的书面妥协性意见应纳入确定性意见,但应在鉴定意见中予以注明。

(5)重新鉴定时,对当事人达成的书面妥协性意见,除当事人再次达成一致同意外,不得作为鉴定依据直接使用。

鉴定意见的争议项,是指当事人对施工合同效力、结算依据和标准、签证文件的真实性及效力、举证责任分配、应否调整、奖惩、缴纳管理费等问题存在争议。鉴定意见的争议项属于法院或仲裁机构审查并作出认定的范围,法院或仲裁机构未作出明确认定的,鉴定机构可对该部分争议进行鉴定后列入鉴定意见的争议项,由法院或仲裁机构决定是否作为定案依据,鉴定机构不能替代做决定。

第四节　建设工程工期鉴定

1 工期司法鉴定中,鉴定机构的"鉴定"与法院"审理"的界限是什么?

发包人向承包人主张迟延竣工违约责任,承包人以增加合同工作内容导致工期延长进行抗辩,但提交的证据不足以证明的,应由承包人对工期申请鉴定。

划清工期鉴定中"鉴"与"审"的界限,是处理好工期司法鉴定的关键。在工期鉴定中,有些委托人要求鉴定机构对工期延误的原因和责任出具鉴定意见,就是模糊了"审理"和"鉴定"的界限。鉴定活动必须围绕专业的技术性问题,而责任承担等问题,则属于法院审理的职责,应当由法官按照举证责任通过法庭调查等程序来认定,不可由鉴定程序以鉴代审。

就工期鉴定而言,鉴定需要解决的专门性问题主要是工期延误的原因和工期延误的具体天数。相应地,属于法官认定的范围,不属于工期鉴定范围的主要有两项:一是工期延误的责任主体,即针对鉴定意见中影响工期的事件,法官经法庭调查,依据合同约定及法律规定,认定具体某个影响事件应当由谁承担责任;二是工期延误的责任承担,在明确责任主体后,法官经法庭调查,依据合同约定及法律规定，确定该方当事人应当承担的违约责任。

② 鉴定机构认定工期的基本方式是什么？

根据《建设工程造价鉴定规范》的规定，鉴定机构认定建设工程工期的基本方式有以下几种：

（1）受鉴项目以施工合同约定的时间开工为准，施工合同中未约定受鉴项目开工时间的，应以发包人或监理人批准的开工时间为准。

（2）发包人与承包人在施工合同内规定了开工日期，因承包人原因不能按时开工，发包人或监理人接到承包人延期开工申请，同意承包人要求的，工期相应顺延；发包人或监理人不同意延期要求或承包人未在规定时间内提出延期开工要求的，工期不予顺延。因发包人原因不能按照合同约定的开工日期开工，发包人或监理人应以书面形式通知承包人，推迟开工日期。由发包人承担因延期开工给承包人造成的损失，并相应顺延工期。如因不可抗力原因不能按时开工的，工期相应顺延。

（3）受鉴项目施工合同对工期约定不明或没有约定的，司法鉴定人应按相关工期定额确定受鉴项目工期。

（4）发包人未取得施工许可证而被主管部门责令停止施工的，按发包人或监理人同意顺延的工期竣工；如果发包人未取得施工许可证并未被主管部门责令停止施工，受鉴项目工期应从实际开工日期起按合同约定工期计算。

（5）受鉴项目经竣工验收合格的，以竣工验收合格之日为竣工日期，如承包人已经提交竣工验收报告，发包人拖延验收的，以承包人提交验收报告之日为竣工日期，受鉴项目未经竣工验收，发包人擅自使用的，以转移占有受鉴项目之日为竣工日期。

（6）受鉴项目竣工前，发包人和承包人对工程质量发生争议，工程质量经鉴定合格的，鉴定期间为工期顺延期间。

（7）委托人提交的送鉴资料中，有发包人或监理人关于工期顺延的工程签证单的，以工程签证单确定工期顺延的时间。

（8）设计变更和工程量增加，应查明是否增加了关键线路和关键工作上的工程量。关键工作增加了工程量,工期应予以顺延;关键工作未增加工程量,工期可不予顺延。

(9)因发包人原因造成受鉴项目停工的,相应顺延工期;因承包人原因造成受鉴项目停工的,工期不予顺延。

(10)因特殊原因,发包人要求受鉴项目的部分单位工程或工程部位甩项竣工的,以甩项协议签署的时间来确定该部分工程的竣工时间。受鉴项目的全部竣工时间按《建设工程造价鉴定规范》的规定确定。

3 窝工损失司法鉴定包括哪些费用损失?

法院根据当事人申请,在决定委托鉴定机构对窝工损失进行鉴定前,应先根据当事人的举证确定是否因发包人责任导致工程暂停施工,无法确定的应召开鉴定准备会征询鉴定人的意见,必要时,先进行工期延误原因鉴定。鉴定人认为鉴定不具备条件的,不予鉴定。

实践中,窝工损失司法鉴定通常包括以下几项费用:(1)保管暂停施工部分工程以及施工场地所需费用;(2)由暂停施工而引起的安全施工费用;(3)管理人员工资及进入施工现场生产工人的人工费;(4)暂停施工后延期租赁的施工机械和施工机具所产生的租赁费;(5)为工程复工所必需的准备费用。

第五节　建设工程质量鉴定

1 建设工程质量司法鉴定的概念是什么?申请鉴定的考量因素有哪些?

建设工程质量司法鉴定,是指司法鉴定机构接受委托,运用建设工程相关理论和技术标准,对有质量争议的工程进行调查、勘验、检测、分析、复核验算、判断,并出具鉴定意见的活动。建设工程质量鉴定的依据是当事人所签订合同对质量的约定,以及国家在安全、功能、耐久性、环保、节能等方面的相关工程标准规定。

当事人申请工程质量鉴定,由法院或仲裁机构依据案件事实和举证责任决定。实践中,主要考量以下几个方面。

首先,发包人主张工程质量不符合合同约定,但提交的证据未达到证明标准的,由发包人向法院申请工程质量鉴定,否则承担败诉的后果。如发包人提出的证据能够证明质量不符合合同约定,承包人提出该质量问题并非施工原因导致,但提交的证据达不到证明标准的,应当由承包人申请鉴定。

其次,建设工程经竣工验收合格,承包人要求发包人支付工程价款,发包人以工程质量提出抗辩并要求对工程进行质量鉴定的,法院或仲裁机构原则上不予准许。

最后,建设工程经竣工验收合格,发包人起诉或反诉主张工程质量不合格向法院申请鉴定,并就质量问题提出一定的证据加以证明,法院及仲裁机构综合全案,作出是否准许的决定。

实践中,应当贯彻少鉴定原则,考虑工程鉴定费用相当可观,应根据合同约定,结合供料情况,查明施工方是否按约施工达到工程质量标准,如钢筋受力是否进行拉伸试验、对混凝土试块抗压强度是否进行试验、混凝土坍落度是否检验合格等,必要时应结合现场勘查情况及主材供应情况进行综合认定,决定是否启动鉴定程序。

2 建设工程未经竣工验收合格,发包人擅自使用后对使用部分质量提出异议并申请鉴定的,能否被许可?

建设工程未经竣工验收合格,发包人擅自使用,视为对工程质量的认可。最高人民法院《关于审理建设工程施工合同纠纷案件适用法律问题的解释(一)》第14条规定:"建设工程未经竣工验收,发包人擅自使用后,又以使用部分质量不符合约定为由主张权利的,人民法院不予支持;但是承包人应当在建设工程的合理使用寿命内对地基基础工程和主体结构质量承担民事责任。"根据该规定,建设工程未经竣工验收合格,发包人擅自使用后对使用部分质量提出异议并申请鉴定的,除涉及地基基础工程和主体结构质量的外,法院不予准许。

3 建设工程质量鉴定的鉴定人可否作出质量合格或不合格的鉴定意见?

建设工程质量是否合格,属于发包人承认或法院确认的事项,鉴定人通常不作出合格或不合格的鉴定意见,而是作出工程质量是否符合合同约定、施工图设计文件、相关标准及技术文件的鉴定意见。例如,最高人民法院(2015)民一终字第71号民事判决书认为,按照原建设部《建筑工程施工质量验收统一标准》[①]的规定,有权确认工程质量合格与否的是参与建设活动的有关单位,检测机构无权对工程质量合格与否作出评判。

4 工程质量鉴定不能确定造成工程质量问题的原因时,应当如何处理?

现今技术条件下,并非所有的工程质量问题都能追溯确定原因,工程质量鉴定报告仅认定工程存在质量问题,无法认定是什么原因导致的工程质量问题。例如,工程混凝土强度不够,可能是混凝土材料本身的问题,也有可能是使用过程中因浇筑、保养未达到标准所致,在工程已完后再行检测,无法判断存在质量问题的原因。此种情况下,按照举证责任原则处理,由主张存在质量问题的当事人承担举证责任。

例如,辽宁省高级人民法院(2010)辽民一终字第101号民事判决书认为:"在本案的二审期间,虽然艺欣公司提出了对涉案工程存在质量问题及产生原因、修复费用进行鉴定的申请,本院亦按照相关程序委托鉴定机构对涉案工程存在质量问题与四建公司的施工是否存在因果关系进行鉴定,但委托鉴定名册中具有工程质量鉴定资格的两家鉴定机构均表示不能鉴定。现艺欣公司并无其他证据证明涉案工程的质量问题与四建公司的施工存在因果关系,一审法院对艺欣公司要求蒋某新和清算组修复滂江花园1#楼修复不合格工程或承担修复费用的诉讼请求不予支持,并无不当。"当事人不服,向最高人民法院申请再审,最高人民法院

---

① 此文件已失效,相关规定参见住房和城乡建设部《建筑工程施工质量验收统一标准》,具体要求并无变化。

(2012)民申字第641号生效裁定书认为，发包人提交的质量检测报告仅说明涉案工程存在质量问题，并未举证证明该质量问题与承包人的施工行为存在因果关系，即检测报告不能证明涉案工程质量问题系承包人的施工行为所致，因而发包人要求承包人承担赔偿责任的请求缺乏依据，不予支持，裁定驳回再审申请。

如果工程质量鉴定报告认定工程质量问题是由数个原因力导致，但无法认定单个原因力大小，法院可以行使裁量权。例如，最高人民法院(2018)最高法民终424号民事判决书认为，鉴于本案存在无法区分质量原因的情况，一审法院酌情认定发包人与承包人对16页汇总表内的质量修复费用各承担50%的责任。因16页汇总表内的质量原因无法确认，一审判决酌定发包人和承包人各自承担50%的责任，亦无不当。

第六节　建设工程司法鉴定费用

1　鉴定费用一般由哪方承担？如何支付？

鉴定费用一般应由申请方预交，在案件审理结束后由败诉方承担，特殊情况下予以退还。

当事人申请鉴定的，鉴定费由提出申请的一方当事人全额预交。当事人申请鉴定后未按期全额预交鉴定费的，法院及仲裁机构应当释明不按期交纳费用将导致鉴定程序终结的不利后果，经催交后当事人仍未按期全额交纳的，法院及仲裁机构终结委托鉴定程序。

在案件审理结束后，法院或仲裁机构在裁判文书中，将鉴定费及诉讼费等一起写明，由当事人按照胜诉比例分担，如一方全部败诉，由败诉方全部承担。

如果鉴定机构存在过失导致鉴定意见未予采用，鉴定机构应退还鉴定费。主要有以下几种情况：(1)鉴定人经法院通知拒不出庭作证；(2)鉴定机构或者鉴定人员不具备相关的鉴定资格；(3)鉴定程序严重违法；(4)鉴定意见明显依据不足；(5)鉴定意见不能作为证据使用的其他情形。如果存在以上几种情形，当事人申请鉴定机构退还鉴定费用的,法院可勒令鉴定机构予以退还。

2 原告撤诉时被告预交的鉴定费如何处理?

原告申请撤诉是其享有的权利,法院准许原告撤诉的,解决的是程序上的问题,不涉及对案件实体问题的处理。如果诉讼中被告申请工程鉴定并预交了鉴定费,经过质证,原告认为证据对其不利而申请撤诉,法院准许。在此情况下,法院在同意撤诉的裁定中不需要对被告提供的证据能否证明其主张进行审理,也不存在举证责任分配的问题,准许原告撤诉的裁定不能直接在裁定书中载明鉴定费由原告或被告承担,原告方不用支付鉴定费,还能减半支付诉讼费。考虑工程鉴定费用不菲,应当找到公平的解决办法。

此种情况,可根据最高人民法院《关于适用〈中华人民共和国民事诉讼法〉的解释》第 238 条的规定处理。该条规定:“当事人申请撤诉或者依法可以按撤诉处理的案件,如果当事人有违反法律的行为需要依法处理的,人民法院可以不准许撤诉或者不按撤诉处理。法庭辩论终结后原告申请撤诉,被告不同意的,人民法院可以不予准许。”原告申请撤诉虽是对其诉讼权利的自由处分,但法院可以行使裁量权,依据《民事诉讼法》第 148 条的规定,拒绝原告方的撤诉。同时,作为被告一方,在鉴定费承担问题未解决之前,也可提请法庭继续审理至辩论终结,并不同意原告的撤诉。如原告方确有合理理由撤诉,则按现有规定,被告支出的鉴定费用原则上只能由被告自行负担。

3 司法鉴定人在委托鉴定事项之外,发现其他工程质量、工程价款或工期问题,应如何处理?

建设工程质量关系所有人、使用人的利益,还与公共利益、公共安全密切相关。依据民法的诚实信用原则,鉴定项目受托人发现可能存在安全隐患或可能影响使用功能及造价的情形,应当向委托人披露。同时,司法鉴定人在对受鉴项目进行检测和鉴定的过程中,如发现在委托鉴定事项之外存在安全使用隐患、影响主要使用功能或造价结算等情形的,可在出具鉴定意见时予以披露。

第十三章　实际施工人追索工程款

最高人民法院本着实事求是原则，在建设工程施工合同纠纷案件中创设了“实际施工人”概念，主要是考虑建设工程行业的实际情况，保障普通工人权益。这一制度的最大特征是突破了合同相对性，并且在举证责任分配等方面具有自身特点。实践中，在保障农民工合法权益的同时，也存在实际施工人利用该制度进行恶意讨薪，引发新的社会矛盾的情况。就实际施工人的权利行使方式，最高人民法院确立了代位追索工程款制度，代位权的行使也有相应的条件，有必要加以专题研究。

第一节　实际施工人的界定

1　实际施工人的范围是什么？包工头、农民工可否被认定为实际施工人？

最高人民法院《对十二届全国人大四次会议第 9594 号建议的答复》规定：“‘实际施工人’是指依照法律规定被认定为无效的施工合同中实际完成工程建设的主体，包括施工企业、施工企业分支机构、工头等法人、非法人团体、公民个人等，是《最高人民法院关于审理建设工程施工合同纠纷案件适用法律问题的解释》

(以下简称《解释》)确定的概念[1],目的是为了区分有效施工合同的承包人、施工人、建筑施工企业等法定概念……”根据该答复,可以从以下几个角度理解实际施工人的概念。

第一,实际施工人,是指无效合同情形下实际完成工程建设的法人、非法人组织、个人合伙、包工头等。最高人民法院《关于审理建设工程施工合同纠纷案件适用法律问题的解释(一)》有多处使用实际施工人概念,根据其第1条、第43条、第44条的规定,实际施工人包括挂靠施工模式下的施工人、转包模式下的施工人和违法分包模式下的施工人,

第二,实际施工人与发包人没有直接的合同关系,实际施工人与承包人、分包人或转包人所签订的建设工程施工合同无效。

第三,实际施工人是实际履行承包义务的人,对建设工程进行全部或部分施工,其施工行为包括购买建材、组织施工、支付工人工资等。

第四,实际施工人同与其签订转包合同、违法分包合同的承包人或者出借资质的建筑施工企业之间不存在劳动合同关系或者劳务关系。

实践中,存在许多包工头、班组长参与组织施工工作,这些主体能否被认定属于实际施工人,需要分情况决定,如果包工头或者班组长是转包或者违法分包合同的签订主体,在实际工程中投入资金并获取利润,可以认定为实际施工人,如果包工头或者班组长仅为工人牵头人,组织工人施工,正常领取工资报酬,则其不能认定为实际施工人。

最高人民法院(2009)民一终字第75号民事判决书认为,依据承包人的意思表示从事负责施工管理的项目施工负责人,并不符合最高人民法院《关于审理建设工程施工合同纠纷案件适用法律问题的解释》第26条[2]规定的条件,其行为系代理,代理的效果直接由被代理人(承包人)承担,因此其不属于实际施工人,不享有独立请求发包人支付工程款的权利。

在操作层面完成施工工作的农民工个人,不属于实际施工人,其与承包人或

---

① 此解释已失效,相关规定参见最高人民法院《关于审理建设工程施工合同纠纷案件适用法律问题的解释(一)》,具体要求无变化。

② 此解释已失效,相关规定参见最高人民法院《关于审理建设工程施工合同纠纷案件适用法律问题的解释(一)》第43条。

发包人之间的纠纷属于劳务合同纠纷或劳动合同纠纷。例如,2011 年 12 月山东省高级人民法院发布的《关于印发全省民事审判工作会议纪要的通知》,在"关于实际施工人的诉讼地位和发包人责任的性质问题"部分指出:"最高人民法院《关于审理建设工程施工合同纠纷案件适用法律问题的解释》第 26 条规定的实际施工人,是指工程转包合同的转承包人、违法分包合同的承包人、借用资质(资质挂靠)的承包人。司法实务中应当严格实际施工人的认定标准,不得随意扩大实际施工人的适用范围。实际施工人可以是法人、其他组织、个人合伙,也可以是自然人(俗称'包工头'),但从事建筑业劳务作业的农民工不属于实际施工人。"

特别要注意的是,2016 年 1 月国务院办公厅发布的《关于全面治理拖欠农民工工资问题的意见》规定,建设单位或施工总承包企业将工程违法发包、转包或违法分包,致使拖欠农民工工资的,由建设单位或施工总承包企业依法承担清偿责任。

2 转包、挂靠、违法分包应当如何认定?

住房和城乡建设部《建筑工程施工发包与承包违法行为认定查处管理办法》于 2019 年 1 月 1 日起施行,对转包、挂靠、违法分包及违法发包行为的认定作出了规定,具体分述如下:

1. 转包

依据该办法,转包,是指承包单位承包工程后,不履行合同约定的责任和义务,将其承包的全部工程或者将其承包的全部工程支解后以分包的名义分别转给其他单位或个人施工的行为。依据该办法第 8 条的规定,存在下列情形之一的,应当认定为转包,但有证据证明属于挂靠或者其他违法行为的除外。

(1)承包单位将其承包的全部工程转给其他单位(包括母公司承接建筑工程后将所承接工程交由具有独立法人资格的子公司施工的情形)或个人施工的。

(2)承包单位将其承包的全部工程支解以后,以分包的名义分别转给其他单位或个人施工的。

(3)施工总承包单位或专业承包单位未派驻项目负责人、技术负责人、质量管理负责人、安全管理负责人等主要管理人员,或派驻的项目负责人、技术负责人、质量管理负责人、安全管理负责人中一人及以上与施工单位没有订立劳动合同且没有建立劳动工资和社会养老保险关系,或派驻的项目负责人未对该工程的施工活动进行组织管理,又不能进行合理解释并提供相应证明的。

(4)合同约定由承包单位负责采购的主要建筑材料、构配件及工程设备或租赁的施工机械设备,由其他单位或个人采购、租赁,或施工单位不能提供有关采购、租赁合同及发票等证明,又不能进行合理解释并提供相应证明的。

(5)专业作业承包人承包的范围是承包单位承包的全部工程,专业作业承包人计取的是除上缴承包单位的"管理费"之外的全部工程价款的。

(6)承包单位通过采取合作、联营、个人承包等形式或名义,直接或变相将其承包的全部工程转给其他单位或个人施工的。

(7)专业工程的发包单位不是该工程的施工总承包或专业承包单位的,但建设单位依约作为发包单位的除外。

(8)专业作业的发包单位不是该工程承包单位的。

(9)施工合同主体之间没有工程款收付关系,或者承包单位收到款项后又将款项转拨给其他单位和个人,又不能进行合理解释并提供材料证明的。

两个以上的单位组成联合体承包工程,在联合体分工协议中约定或者在项目实际实施过程中,联合体一方不进行施工也未对施工活动进行组织管理的,并且向联合体其他方收取管理费或者其他类似费用的,视为联合体一方将承包的工程转包给联合体其他方。

2. 挂靠

依据该办法,挂靠,是指单位或个人以其他有资质的施工单位的名义承揽工程的行为;承揽工程包括参与投标、订立合同、办理有关施工手续、从事施工等活动。依据该办法第 10 条的规定,存在下列情形之一的,属于挂靠。

(1)没有资质的单位或个人借用其他施工单位的资质承揽工程的。

(2)有资质的施工单位相互借用资质承揽工程的,包括资质等级低的借用资质等级高的、资质等级高的借用资质等级低的、相同资质等级相互借用的。

(3)有该办法第 8 条第 1 款第 3 项至第 9 项规定的情形,有证据证明属于挂靠的。

3. 违法分包

依据该办法,违法分包,是指承包单位承包工程后违反法律法规规定,把单位工程或分部分项工程分包给其他单位或个人施工的行为。依据该办法第12条的规定,存在下列情形之一的,属于违法分包。

(1)承包单位将其承包的工程分包给个人的。

(2)施工总承包单位或专业承包单位将工程分包给不具备相应资质单位的。

(3)施工总承包单位将施工总承包合同范围内工程主体结构的施工分包给其他单位的,钢结构工程除外。

(4)专业分包单位将其承包的专业工程中非劳务作业部分再分包的。

(5)专业作业承包人将其承包的劳务再分包的。

(6)专业作业承包人除计取劳务作业费用外,还计取主要建筑材料款和大中型施工机械设备、主要周转材料费用的。

4. 违法发包

依据该办法,违法发包,是指建设单位将工程发包给个人或不具有相应资质的单位、支解发包、违反法定程序发包及其他违反法律法规规定发包的行为。依据该办法第6条的规定,存在下列情形之一的,属于违法分包:

(1)建设单位将工程发包给个人的。

(2)建设单位将工程发包给不具有相应资质的单位的。

(3)依法应当招标未招标或未按照法定招标程序发包的。

(4)建设单位设置不合理的招标投标条件,限制、排斥潜在投标人或者投标人的。

(5)建设单位将一个单位工程的施工分解成若干部分发包给不同的施工总承包或专业承包单位的。

对转包、挂靠、违法分包及违法发包等行为,行政机关发现后,应当依照法律规定给予相应的行政处罚。

3 实践中对于建设工程的实际施工人应当如何认定?

建设工程项目一般都具有延续时间长,涉及人员多,施工现场复杂的特点,究竟何主体属于实际施工人,需要多角度认定。对该问题,最高人民法院(2013)民申字第231号民事裁定书提出了认定标准,该裁定书认为,建设工程施工合同中,没有资质的实际施工人使用法定资质建筑施工企业名义进行施工而产生争议的，对实际施工人身份的认定，应结合“合同的实际履行情况”“施工的实际支配权”“其他相关资料”等因素综合审查确认。该裁判文书的相关观点对多个主体均主张其是同一建设工程实际施工人时如何认定具有重要指导意义。

具体如何证明？当事人应当举证证明自己实际投入了资金、材料和劳力，具有实际施工人的身份。最高人民法院(2017)最高法民申3853号民事裁定书认为，最高人民法院《关于审理建设工程施工合同纠纷案件适用法律问题的解释》中规定的实际施工人应当是采取投入资金、材料及劳动力的方式，对建设工程实际进行了施工或者组织施工的一方。[①] 从行为人提交的证据来看，其并未提交任何与涉案工程施工有关的现场签证、工程验收单证等实际施工或者组织施工的有效证据。行为人提交的其与承包方之间的内部承包合同仅能够证明其与承包方以内部承包的名义承揽了涉案相关工程，有关借款及相关出资凭证亦不能完全证明其对涉案工程进行了出资。无论是单独还是关联分析行为人提交的相关证据，均无法认定其对涉案工程进行了施工。行为人提交的合同及出资凭证并不能证明其自身为实际施工人，在没有其他有效证据进一步证明的情况下，应由实际施工人自行承担举证不能的法律后果。

4 实际施工人的身份如何认定？

实际施工人是最高人民法院在建设工程施工合同纠纷解决体系下建立的概念，在建设工程施工合同纠纷案件审判程序中才适宜对实际施工人的身份作出认定，其他诉讼程序，如执行异议之诉等，不能对实际施工人的身份作出认定。

在此问题上，湖南省岳阳市中级人民法院(2019)湘06民初214号民事判决书的观点具有一定代表性，该民事判决书认为：“实际施工人是最高人民法院《关于审理建设工程施工合同纠纷案件适用法律问题的解释》中规定的概念，[②]旨在对

① 此解释已失效，相关规定参见最高人民法院《关于审理建设工程施工合同纠纷案件适用法律问题的解释(一)》，具体要求无变化。

② 此解释已失效，相关规定参见最高人民法院《关于审理建设工程施工合同纠纷案件适用法律问题的解释(一)》，具体要求无变化。

已实际施工诉争工程但无法因合同关系主张工程款的人予以限制性保护，因其规范情形特定，故对实际施工人的身份作出认定，亦应在该规范所涉及的建设工程施工合同纠纷案件作出。本案系案外人执行异议之诉，并非是实际施工人以发包人和承包人为被告提起的建设工程施工合同纠纷，故李某某是否是汨罗市长岳路、东巷路给排水及附属工程的实际施工人，不属于本案的审理范围。否则如作出该认定可能有失公正且可能对于该工程所涉各方之权利义务关系造成一定影响。"

5 层层转包或违法分包情形下，实际施工人该如何认定？

就该问题，最高人民法院层面目前尚无相关文件作出论述，北京市高级人民法院的认定有一定代表性。2012 年 8 月发布的北京市高级人民法院《关于审理建设工程施工合同纠纷案件若干疑难问题的解答》第 18 条特别指出："《解释》[①]中的'实际施工人'是指无效建设工程施工合同的承包人，即违法的专业工程分包和劳务作业分包合同的承包人、转承包人、借用资质的施工人（挂靠施工人）；建设工程经数次转包的，实际施工人应当是最终实际投入资金、材料和劳力进行工程施工的法人、非法人企业、个人合伙、包工头等民事主体。法院应当严格实际施工人的认定标准，不得随意扩大《解释》第二十六条第二款[②]的适用范围。对于不属于前述范围的当事人依据该规定以发包人为被告主张欠付工程款的，应当不予受理，已经受理的，应当裁定驳回起诉。"笔者认为，北京市高级人民法院的该认定，准确适用了国家法律。

6 对参与转包、违法分包、挂靠等违法行为的实际施工人，为何还要加以保护？

随着我国经济蓬勃发展，建筑市场长期兴旺，但资质较低的建筑企业、包工头

---

① 此处的《解释》指的是最高人民法院《关于审理建设工程施工合同纠纷案件适用法律问题的解释》，已失效，相关规定参见最高人民法院《关于审理建设工程施工合同纠纷案件适用法律问题的解释（一）》，具体要求无变化。

② 相关规定参见最高人民法院《关于审理建设工程施工合同纠纷案件适用法律问题的解释（一）》第 43 条第 2 款。

以挂靠、联营、内部承包等方式转包、违法分包承揽建设工程已成为业界多发事件。在这种情势下,工程承包收益经过层层盘剥而变微薄,甚至出现克扣农民工工资问题,考虑我国建筑业农民工数量庞大,这一问题必须解决。在这一背景下,为解决农民工生存问题,维护社会稳定,最高人民法院出台司法解释,对实际施工人的权利进行保护,通过法律手段给予实际施工人相应的利益保障,有其必要性。另外,实际施工人权利想要得到保护,前提是工程必须经竣工验收合格,工程验收合格,既实现了国家资质管理和承发包管理的目的,也具有合理性。

第二节　转包或违法分包模式下实际施工人追偿工程款

1 转包、违法分包模式下实际施工人索款的路径有哪些?

转包、违法分包模式下实际施工人索款的路径有如下三种:

(1)依据最高人民法院《关于审理建设工程施工合同纠纷案件适用法律问题的解释(一)》第 43 条第 1 款的规定,实际施工人以转包人、违法分包人为被告起诉的,法院应当依法受理。

(2)依据最高人民法院《关于审理建设工程施工合同纠纷案件适用法律问题的解释(一)》第 43 条第 2 款的规定,实际施工人以发包人为被告主张权利的,法院应当追加转包人或者违法分包人为本案第三人,在查明发包人欠付转包人或者违法分包人建设工程价款的数额后,判决发包人在欠付建设工程价款范围内对实际施工人承担责任。

(3)依据最高人民法院《关于审理建设工程施工合同纠纷案件适用法律问题的解释(一)》第 44 条的规定,实际施工人根据《民法典》第 535 条的规定,以转包人或者违法分包人怠于向发包人行使到期债权或与该债权有关的从权利,影响其到期债权实现,提起代位权诉讼的,法院应予支持。

2 挂靠模式下的实际施工人索款是否适用最高人民法院《关于审理建设工程施工合同纠纷案件适用法律问题的解释(一)》第43条、第44条的规定?

挂靠或借用资质模式下的实际施工人索款,不适用最高人民法院《关于审理建设工程施工合同纠纷案件适用法律问题的解释(一)》第43条、第44条的规定。这两条规定,明确说明适用前提是转包和违法分包,并未出现挂靠或借用资质的表述。

3 多层转包的转包人或者多层违法分包法律关系中的实际施工人可否向中间转包人或分包人主张工程款?

对于在多次转包、违法分包情况下,实际施工人是否可以向与其没有合同关系的转包人或违法分包人在其欠付下游主体工程款的范围内主张权利,存在不同理解。实践中通常认为,应当认定实际施工人不能向中间转包人和中间分包人主张权利,理由如下:

首先,遵循合同相对性原则是《民法典》的基本要求,突破合同相对性需要有法律的明文规定。最高人民法院《关于审理建设工程施工合同纠纷案件适用法律问题的解释(一)》第43条第2款规定了实际施工人向发包人主张工程款,但没有规定可以向中间转包人或中间分包人主张权利。

其次,发包人是工程项目的拥有者,是项目物化劳动的最终受益人,二者之间存在事实上的联系,由最终的受益人向劳动者支付工程款,符合公平原则。

再次,实际施工人向中间转包人或中间分包人主张工程款,不能起到良好的社会效果。起诉中间转包人或中间分包人,涉及管辖问题、标的问题,且中间转包人和中间分包人的工程款最终也源于发包人。

最后,法院相关案例及规定,不支持实际施工人向中间转包人和中间分包人主张权利。

例如,最高人民法院(2016)最高法民再30号民事判决书认定:"根据本院《关于审理建设工程施工合同纠纷案件适用法律问题的解释》第二十条第二款[①]的规定,实际施工人以发包人为被告主张权利的,人民法院可以追加转包人或者违法分包人为当事人;发包人在欠付工程价款范围内对实际施工人承担责任。在本案中,案涉工程的发包人是诚投公司。八建公司、余某某、代某某是承包人和违法转包人,不属上述司法解释规定的发包人。故杨某某主张八建公司、余某某因违法转包而在欠付工程款范围内承担连带责任,不符合法律规定,应不予支持。"可见,最高人民法院的这份裁判文书将发包人限定为建设单位。

最高人民法院民事审判第一庭 2021 年第 20 次专业法官会议也认为,最高人民法院《关于审理建设工程施工合同纠纷案件适用法律问题的解释(一)》第 43 条的规定涉及发包人、承包人、实际施工人三方当事人之间的两个法律关系:一是发包人与承包人之间的建设工程施工合同关系;二是承包人与实际施工人之间的转包或者违法分包关系。原则上,当事人应当依据各自的法律关系,请求各自的债务人承担责任。本条解释为保护农民工等建筑工人的利益,突破合同相对性原则,允许实际施工人请求发包人在付工程款范围内承担责任。对本条解释的适用应当从严把握。本条解释只规范转包和违法分包两种关系,未规定借用资质的实际施工人以及多层转包和违法分包关系中的实际施工人有权请求发包人在欠付工程款范围内承担责任。据此,可以依据本条解释的规定突破合同相对性原则,请求发包人在欠付工程款范围内承担责任的实际施工人不包括借用资质及多层转包和违法分包关系中的实际施工人。

4 实际施工人向发包人主张权利的条件及举证责任是什么?

实际施工人向发包人主张权利需要具备两个条件:一是发包人与承包人之间存在建设工程施工合同关系;二是承包人作为转包人或者违法分包人与实际施工人之间存在转包或者违法分包关系。

针对举证责任,不同的案件有不同的要求,实际施工人向发包人主张权利,实

① 此解释已失效,相关规定参见最高人民法院《关于审理建设工程施工合同纠纷案件适用法律问题的解释(一)》第 43 条第 2 款。

际施工人要完成的举证责任主要有两项:(1)实际施工人举证已完工工程的质量合格。实际施工人完成的建设工程质量合格,是其工程价款请求权合法性与合理性的基础。(2)实际施工人举证转包人或违法分包人欠付工程款。特别要注意的是,发包人若提出其已经向转包人或违法分包人支付了工程款的抗辩,发包人应当承担举证责任。

5 发包人与转包人或违法分包人是否对实际施工人承担连带责任?

从实际施工人制度的立法本意来看,由发包人与转包人或违法分包人对实际施工人承担连带责任有一定合理性,可以防止发包人与承包人相互推诿。但《民法典》第 178 条第 3 款规定,连带责任,由法律规定或者当事人约定。在建设工程领域,依据《建筑法》《招标投标法》等相关法律的规定,涉及承担连带责任的情况主要是联合体投标、总承包与分包、借用资质及转包等,不涉及实际施工人。最高人民法院《关于审理建设工程施工合同纠纷案件适用法律问题的解释(一)》亦未明确发包人与转包人或违法分包人对实际施工人是否承担连带付款责任。

6 实际施工人行使代位权诉讼的条件是什么?

相较于起诉转包人或违法分包人,实际施工人提起代位权诉讼可代位行使的债权范围扩大了。结合《民法典》第 535 条之规定,代位权诉讼的条件主要涉及以下几个方面:

第一,实际施工人所施工的工程,质量合格。这是实际施工人要求行使代位权的基础。

第二,转包人或者违法分包人怠于向发包人行使其到期债权,对实际施工人造成损害。主要表现为转包人或者违法分包人对实际施工人的债务已经到期却不履行债务,但转包人或者违法分包人对发包人享有非人身专属性的金钱给付债权,该债权已经到期而转包人或者违法分包人不以诉讼或者仲裁方式向发包人进行主张,其怠于主张的行为致使实际施工人的到期债权未能实现。

第三,存在两个债权债务关系:一是实际施工人与转包人或者违法分包人之间的债权债务关系;二是转包人或者违法分包人与发包人之间的债权债务关系。两个债权债务关系均合法、已经到期且未履行。特别要注意的是,转包人或者违法分包人与发包人之间的债权债务关系不限于建设工程施工合同项下的债权债务关系。

第四,代位权的行使范围不能超过两个债权数额。在代位权诉讼中,债权人行使代位权的请求数额超过债务人所负债务额或者超过次债务人对债务人所负债务额的,对超出部分法院不予支持。

第五,实际施工人提起代位权诉讼,涉及建设工程价款债权的,由建设工程所在地法院专属管辖;不涉及建设工程价款债权的,由发包人住所地法院管辖。

7 发包人未经转包人或违法分包人同意向实际施工人支付工程款是否有效?

依据合同相对性原则,发包人的合同相对方是承包人,在承包人转包或违法分包工程的情况下,承包人即为转包人或违法分包人。发包人支付的工程款应当向合同相对方支付。发包人向实际施工人支付工程款的,经转包人或违法分包人追认,才可免除其应向转包人或违法分包人支付工程款的义务。例外情形是,实际施工人构成表见代理,即实际施工人形成系转包人或违法分包人代理人的表象,发包人善意无过失地相信其有转包人或违法分包人代理权的,发包人可直接向实际施工人付款。

如果实际施工人行使代位权,向发包人主张权利,则其行为有效。根据最高人民法院《关于审理建设工程施工合同纠纷案件适用法律问题的解释(一)》第44条的规定,实际施工人向发包人提起代位权诉讼,与发包人未经过转包人或违法分包人同意,擅自向实际施工人支付工程款的情况不同,债权人向次债务人提起的代位权诉讼经法院审理后认定代位权成立的,由次债务人向债权人履行清偿义务,债权人与债务人、债务人与次债务人之间相应的债权债务关系即消灭。所以,通过履行代位权诉讼,发包人代位向实际施工人履行清偿义务后,相应的债权债务关系即消灭。

8 实际施工人向发包人主张权利时，工程价款的计价依据是什么？

发包人、转包人或违法分包人、实际施工人三方之间存在两个合同法律关系：一是转包人或违法分包人与发包人之间的施工合同关系；二是实际施工人与转包人或违法分包人之间的施工合同关系。依据《民法典》之规定，工程合格，可参照当事人所签订合同确定工程价款。根据合同相对性原理，当事人应当参照或按照各自的合同约定进行结算，实际施工人应参照其与转包人或违法分包人签订的合同的约定结算工程价款。除当事人约定以发包人与转包人或违法分包人所签订合同计价外，实际施工人主张参照发包人与转包人或违法分包人之间的总包合同的约定进行结算的，无法律依据。

第三节 挂靠模式下实际施工人追偿工程款

1 建设工程施工合同中挂靠行为的具体表现有哪些？

建设工程施工合同中挂靠行为的具体表现有如下几点：首先，被挂靠的施工企业达到建设项目要求的资质等级，其主体资格是适格的；其次，挂靠人不具备资质或资质不够而利用了有相应资质的建筑企业的名义对外承接工程，其主体不适格；再次，合同约定的施工单位与现场实际组织施工者之间无隶属关系、无统一的财务管理、无统一的人事关系及社会保险关系，各自负责各自的人事调动、任免、聘用，独立核算；最后，一般挂靠人向被挂靠人上交一定数额的费用，以管理费、承包费等形式表现。

特别要注意的是，只要挂靠人为了规避资质许可限制而以具有相应资质的被挂靠单位的名义承揽工程既为挂靠，是否收取了管理费和挂靠费等费用，不是认定挂靠行为的必然性要素。

2 借用资质的实际施工人如何通过法律途径追索工程款?

在挂靠施工情况下,存在三方主体,三方主体之间存在两个不同性质、不同内容的法律关系:一是发包人与被挂靠人的建设工程施工合同法律关系;二是挂靠人与被挂靠人之间的挂靠合同法律关系。挂靠施工情况下,挂靠合同属于无效合同,此情况下探讨实际施工人追索工程款,其前提是实际施工人所完成的工程项目质量合格。在工程质量合格的前提下,如果发包人已将工程款按约定全部支付给了被挂靠人,而被挂靠人拖欠向挂靠人支付其已收取的工程款的,在挂靠合同无效的情况下,挂靠人只能根据合同相对性原则向被挂靠人主张,依据《民法典》关于工程承包合同无效而工程合格应当参照合同约定支付价款的规定要求挂靠人支付工程款。对此,实践中无争议。问题的关键是,发包人拖欠工程款的情况下,挂靠人如何追索工程款。

这也是审判实务中的难点,下面结合《民法典》、最高人民法院《关于审理建设工程施工合同纠纷案件适用法律问题的解释(一)》,以及最高人民法院(2020)最高法民终 1269 号民事判决书就此问题做如下理解:

首先,挂靠人不能依据最高人民法院《关于审理建设工程施工合同纠纷案件适用法律问题的解释(一)》第 43 条之规定向发包人主张工程款。该条规定的是转包和违法分包模式下的实际施工人主张自己权利的方式,挂靠模式下的实际施工人不适用该条款的规定,其不能依据该条款突破合同相对性原则向发包人追索工程款。实践中对此认识一致。

其次,挂靠模式下,发包人与承包人之间的建设工程施工合同无效。最高人民法院在(2020)最高法民终 1269 号民事判决书中认为,行为人与相对人并无签订、履行案涉建设工程施工合同的真实意思表示,双方签订的《建设工程施工合同》及《补充协议》无效,原审法院认为行为人与相对人以虚假的意思表示实施的民事法律行为无效,并无不当。

最后,实际施工人所建工程合格,可以自己的名义向发包人主张工程款。发包人与被挂靠人所签订建设工程施工合同无效,被挂靠人与挂靠人所签订的挂靠协议亦无效,但挂靠人作为实际施工人,其所建工程项目经验收合格。对此,最高人民法院采取扩张解释,认为挂靠模式下的实际施工人属于承包人,工程合格时，可以向发包人主张工程款。前述(2020)最高法民终1269号民事判决认为，“黄某荣借用南通四建公司的资质承揽案涉工程，是案涉工程的实际施工人。因此，原审依据《最高人民法院关于审理建设工程施工合同纠纷案件适用法律问题的解释》第二条‘建设工程施工合同无效，但建设工程经竣工验收合格，承包人请求参照合同约定支付工程价款的，应予支持’的规定，准许黄某荣以自己的名义向岚世纪公司主张相应施工价款并无不当。”上述司法解释已经被《民法典》第793条所吸收，且该判决系于《民法典》生效之后作出，最高人民法院的该判决具有指导意义。

综上所述，借用资质的实际施工人可依据《民法典》第793条之规定，向发包人主张工程款。

3 挂靠人对外以被挂靠人的名义与第三人进行交易，被挂靠人对第三人是否承担法律责任？

挂靠人对外以被挂靠人名义签订供货合同或借贷，合同相对人主张权利时，可能主张挂靠人、被挂靠人分别单独承担责任，亦可能主张二者承担连带责任，对此，最高人民法院尚无特别规定，各地法院有不同的处理。

例如，北京市高级人民法院认为，应当区分合同相对人是否对挂靠明知，确定被挂靠人承担连带责任、补充责任或不承担责任。北京市高级人民法院《审理民商事案件若干问题的解答之五(试行)》第47条规定：“合同相对人同时起诉挂靠者和被挂靠者的，如果合同相对人对于挂靠事实不明知，由挂靠者与被挂靠者承担连带民事责任；如果合同相对人对于挂靠事实明知，首先由挂靠者承担责任，被挂靠者承担补充的民事责任。合同相对人只起诉被挂靠者的，被挂靠者对外应先行承担民事责任。在被挂靠者对外承担责任的范围内，被挂靠者对挂靠者享有追偿权。”

挂靠人以被挂靠人名义对外签订合同，本质上属于代理问题，根据当事人签订协议的不同情况，依据民法有权代理或表见代理制度，即可判断是由挂靠人还是被挂靠人对合同相对方即第三人承担责任。

挂靠人以被挂靠人名义对外签订合同，第三人善意且无过失的，构成表见代理的，应由被挂靠人对第三人承担责任，同时，由于被挂靠人知道挂靠人的代理行为违法而不表示反对，应由被挂靠人和挂靠人对第三人负连带责任。如第三人明知挂靠人与被挂靠人系挂靠关系,则构成无权代理,依据《民法典》第 171 条第 3 款的规定,应由挂靠人对第三人承担责任。

4 挂靠施工中,第三人因建筑物倒塌受到损害,应当由谁承担责任?

就建筑物倒塌造成损害的问题,《民法典》规定由建设单位和施工单位承担责任。《民法典》第 1252 条第 1 款规定:“建筑物、构筑物或者其他设施倒塌、塌陷造成他人损害的,由建设单位与施工单位承担连带责任,但是建设单位与施工单位能够证明不存在质量缺陷的除外。建设单位、施工单位赔偿后,有其他责任人的,有权向其他责任人追偿。”

在挂靠施工中,挂靠人是实际施工单位,被挂靠人是名义施工单位,二者违反法律规定,进行挂靠施工,造成第三人损害的,属于共同侵权,应当承担连带责任。因此,建筑物倒塌造成第三人损害,第三人对发包人和被挂靠人提起诉讼的,应当追加挂靠人为当事人。根据《民法典》第 1252 条第 1 款的规定处理。

5 挂靠施工情况下,发包人和被挂靠人之间的建设工程施工合同的效力如何认定?

挂靠施工属于违反法律、行政法规强制性规定的行为,挂靠人和被挂靠人之间的挂靠合同属于无效合同,对此无争议。问题是,发包人和被挂靠人之间的建设工程施工合同的效力应当如何确定。是否一定因为被挂靠人的虚假意思表示而导致合同无效?

最高人民法院(2019)最高法民终 1350 号民事裁定书对此问题进行了说明,该裁定书认为:“在处理无资质的企业或个人挂靠有资质的建筑企业承揽工程时,应进一步审查合同相对人是否善意、在签订协议时是否知道挂靠事实来作出相应认定。如果相对人不知晓挂靠事实,有理由相信承包人就是被挂靠人,则应优先保护善意相对人,双方所签订协议直接约束善意相对人和被挂靠人,此时挂靠人和被挂靠人之间可能形成违法转包关系,实际施工人可就案涉工程价款请求承包人和发包人承担相应的民事责任;如果相对人在签订协议时知道挂靠事实，即相对人与挂靠人、被挂靠人通谋作出虚假意思表示，则挂靠人和发包人之间可能直接形成事实上的合同权利义务关系，挂靠人可直接向发包人主张权利。即无论属于上述何种情形，均不能仅以存在挂靠关系而简单否定挂靠人享有的工程价款请求权。"

没有资质的实际施工人借用有资质的建筑施工企业名义与发包人签订建设工程施工合同，在发包人知道或者应当知道系借用资质的实际施工人进行施工的情况下，发包人与借用资质的实际施工人之间形成事实上的建设工程施工合同关系。该建设工程施工合同因违反法律的强制性规定而无效。因此，在借用资质的实际施工人与发包人之间形成事实上的建设工程施工合同关系且建设工程经验收合格的情况下，借用资质的实际施工人有权请求发包人参照合同关于工程价款的约定折价补偿。

6 借用资质的实际施工人是否有权请求发包人对其施工工程折价补偿？

最高人民法院民事审判第一庭 2021 年第 20 次专业法官会议认为，没有资质的实际施工人借用有资质的建筑施工企业的名义与发包人签订建设工程施工合同，在发包人知道或者应当知道系借用资质的实际施工人进行施工的情况下，发包人与借用资质的实际施工人之间形成事实上的建设工程施工合同关系。该建设工程施工合同因违反法律的强制性规定而无效。《民法典》第 793 条第 1 款规定："建设工程施工合同无效，但是建设工程经验收合格的，可以参照合同关于工程价款的约定折价补偿承包人。"因此，在借用资质的实际施工人与发包人之间形成事实上的建设工程施工合同关系且建设工程经验收合格的情况下，借用资质的实际施工人有权请求发包人参照合同关于工程价款的约定折价补偿。

7 合同无效，承包人请求实际施工人按照合同约定支付管理费的，是否应予支持？

最高人民法院民事审判第一庭 2021 年第 21 次专业法官会议认为，转包合同、违法分包合同及借用资质合同均违反法律的强制性规定，属于无效合同。前述合同关于实际施工人向承包人或者出借资质的企业支付管理费的约定,应为无效。实践中,有的承包人、出借资质的企业会派出财务人员等个别工作人员从发包人处收取工程款,并向实际施工人支付工程款,但不实际参与工程施工,既不投入资金,也不承担风险。实际施工人自行组织施工,自负盈亏,自担风险,承包人、出借资质的企业只收取一定比例的管理费。该管理费实质上并非承包人、出借资质的企业对建设工程施工进行管理的对价,而是一种通过转包、违法分包和出借资质违法套取利益的行为。此类管理费属于违法收益,不受法律保护。因此,合同无效,承包人或者出借资质的建筑企业请求实际施工人按照合同约定支付管理费的,不予支持。

第四节　其他实际施工人制度相关法律问题

1 建设工程经竣工验收合格后,实际施工人与发包人所签订的建设工程价款结算协议是否可以作为结算的依据?

司法实践一般观点认为,实际施工人如果和发包人已经就建设工程价款进行了结算,并签署了结算协议,若建设工程竣工,经发包人组织各方验收合格后,实际施工人依据结算文件请求支付工程价款的,法院可以将该结算协议作为工程价款的结算依据。首先,从实际施工人的制度设计来看,承认实际施工人同发包人之间结算的效力,对于保护实际施工人的利益具有重要意义;其次,实际施工人已经同发包人就工程价款进行了结算,在工程竣工验收合格的情况下,从减少诉讼、促进经济发展的角度考虑,应认定当事人结算的意思表示真实,并予以保护;最后,承认结算协议的效力更有利于节约诉讼成本,在案件审理过程中,如果能够通过其他方式确定当事人之间争议工程价款的数额,应避免简单地通过鉴定的方式对工程价款进行确认,从而尽可能地解决鉴定乱、鉴定滥的问题。

2 发包人与实际施工人直接签订建设工程施工合同，实际施工人是否可以直接向发包人主张权利？

最高人民法院《关于审理建设工程施工合同纠纷案件适用法律问题的解释(一)》第43条规定："实际施工人以转包人、违法分包人为被告起诉的，人民法院应当依法受理。实际施工人以发包人为被告主张权利的，人民法院应当追加转包人或者违法分包人为本案第三人，在查明发包人欠付转包人或者违法分包人建设工程价款的数额后，判决发包人在欠付建设工程价款范围内对实际施工人承担责任。"司法实践一般观点认为，如果发包人与实际施工人直接签订了结算协议，依照合同相对性原则，该合同对于合同双方均有拘束力，实际施工人可以直接向发包人主张权利，不受该条司法解释规定的限制。

3 转包人或违法分包人与实际施工人所签订的"背靠背"结算条款是否可以作为抗辩理由？

转包人或违法分包人在对工程进行转包或违法分包时，与实际施工人约定发包人与转包人，或者违法分包人与发包人进行结算且支付工程款后，再向实际施工人支付工程价款，即为"背靠背"结算条款。"背靠背"结算条款本身是有效的，该条款不违反法律的强制性规定。在转包或违法分包合同中，该条款将转包人或违法分包人获得发包人工程价款作为向实际施工人支付工程价款的条件，该条款的本质是转包人或违法分包人转移建设工程价款的结算风险。

该条款因转包或违法分包合同无效而自然无效，实际施工人施工的工程经竣工验收合格，法律即赋予其追索工程款的权利。例如，最高人民法院(2017)最高法民申4349号民事裁定书认为"转包合同中约定'业主付款不到位，则根据业主付款情况按比例支付'，该条款为工程实务中的'背靠背条款'，转包合同无效，'背靠背条款'亦无效。"

4 实际施工人与转包人、违法分包人签订了仲裁条款，其是否有权向法院起诉发包人追索工程款？

实际施工人与承包人约定仲裁的情况下，不能突破合同相对性向法院起诉发包人追索工程款。《民法典》第507条规定："合同不生效、无效、被撤销或者终止的，不影响合同中有关解决争议方法的条款的效力。"实际施工人与转包人、违法分包人之间的合同因实际施工人不具有相关资质、存在转包或违法分包而无效，但仲裁条款依旧有效。由于仲裁条款依旧有效，排除了法院对案件的管辖权，双方当事人产生纠纷，需要提起仲裁。若实际施工人将发包人、转包人、违法分包人作为共同被告向法院起诉，则违背了合同中仲裁条款的约定，也违反了《仲裁法》的相关规定，法院将不予受理。

5 内部承包与转包模式实际施工人、挂靠模式施工人的区别是什么？

内部承包关系有三个特征：第一，内部承包人是承包人的内部职能部门、下属分支机构及企业职工，二者存在隶属关系，承包人对内部承包人进行统一的管理和监督；第二，承包人，而非内部承包人，作为独立民事主体对外享有权利并承担义务，如对建设单位等承担施工合同的权利义务；第三，内部承包人独立核算、自负盈亏，并按照内部承包合同约定对经营利润进行分配。

区别内部承包与转包模式实际施工人、挂靠模式施工人的关键在于，内部承包的承包人必须是施工企业的内部职能部门、下属分支机构或职工，而转包、挂靠中实际施工人与施工企业之间不存在任何隶属关系或劳动关系。特别要注意的是，此处所指内部职能部门、下属分支机构，须是指施工企业原本就存在的内部职能部门、下属分支机构，如果转包、挂靠行为发生后，实际施工人再以转包人、被挂靠人名义设立项目部等机构，不能认为属于内部机构。就职工身份的认定，需依据劳动合同、发放的工资劳动报酬、社会保险缴纳记录、考勤册等认定。

例如，最高人民法院(2018)最高法民申4718号民事裁定书认为："内部承包应当体现在以下三个方面：(1)主体方面，承包人须为本单位人员，即为与本单位有合法的人事或者劳动合同、工资以及社会保险关系的人员；(2)经营投入方面，承包人以使用单位的财产为主，自己投入的财产仅占次要的地位；(3)企业管理方面，内部承包虽然是自主经营，但企业对其管理相对紧密。具体到本案，其一，褚某某与华丰建设公司的劳动关系认定，应以书面劳动合同、社保缴纳凭证、工资发放证明等予以证实，任职通知及表彰通报尚不足以认定双方的劳动关系；其二，根据《内部承包协议书》约定，褚某某不但需要按照工程决算审定价交纳5.5%的承包管理费，还需自筹资金、自负盈亏、自担责任。结合上述两点，褚某某与华丰建设公司之间并非内部承包关系。"

6 内部承包人可否依据内部承包协议起诉承包人追索工程款？

内部承包人按照内部承包协议起诉施工企业追索工程款的，需要判断该案是否属于法院民事案件的受案范畴。若内部承包人与承包人之间的隶属性大于平等性，不属于平等民事主体，则法院不应受理，已受理的裁定驳回起诉。若内部承包人与承包人之间的平等性大于隶属性，则法院应予受理。

若属于法院民事案件的受案范畴，因承包人追索的是工程款而非劳动报酬和福利，故应按照内部承包法律关系确定双方的权利义务，由内部承包合同关系中的合同主体承担付款义务，而不属于劳动争议。内部承包人为个人时，可能发生此情形。内部承包人向建设单位追索工程款的，因合同相对性原则，对建设单位承担权利义务的是承包人而非其内部承包人，故内部承包人越过施工企业直接向建设单位追索工程款的，一般不应支持；除非三方之间有明确约定，建设单位向内部承包人支付工程款并认可为向承包人支付。

7 自然人作为实际施工人能否取得规费？

规费，是指按国家法律、法规规定，由省级政府和省级有关权力部门规定必须缴纳或计取的费用。有关自然人作为实际施工人能否取得规费，法律法规及司法解释尚无明确规定。最高人民法院在(2019)最高法民申5453号裁定书中指出：

"原审判决根据'住房和城乡建设部、财政部关于印发《建筑安装工程费用项目组成》的通知'的规定，认定规费、企业管理费，缴纳义务人是企业而非自然人，马某英没有施工资质和取费资格，不应支付规费与企业管理费给马某英并无不当。"然而，依据（2019）最高法民终 1549 号民事判决书的观点，作为实际施工人的自然人能够取得劳保基金。具体又可参考（2020）最高法民终 724 号民事判决书的观点，该判决书认定，劳保基金由养老保险费、医疗保险费、失业保险费、生育保险费和工伤保险费组成。

8 自然人作为实际施工人能否取得利润？

按照《建筑安装工程费用项目组成》的规定，工程价款包括利润。最高人民法院（2019）最高法民终 1549 号民事判决书认为："对于施工利润。泾渭公司认为合同无效，武某不应当获得工程利润。在本案中，泾渭公司将案涉工程转包给没有资质的个人武某，泾渭公司对《项目施工委托书》的无效存在过错。一审中已经按照《项目施工委托书》的约定扣除了泾渭公司收取的管理费，如再扣除利润，该利润被泾渭公司获得，泾渭公司违法转包反而取得了实际施工人本应获得的利润，不仅违背《项目施工委托书》的约定，违背诚信，亦有失公平。因此泾渭公司主张扣减施工利润的上诉理由不能成立。"

9 自然人作为实际施工人能否取得企业管理费？

法律法规及司法解释对此尚无明确规定。最高人民法院（2020）最高法民终 898 号民事判决书支持了自然人取得企业管理费的请求，最高人民法院在该判决书中认定："八冶公司、八冶西宁分公司上诉认为欠付工程款中应扣除管理费、项目费及材料发票税金。本院认为，八冶公司、八冶西宁分公司为专业建筑施工企业，其将案涉工程转包给无相应建筑施工资质的个人，存在明显过错，八冶西宁分公司与李某初签订的《协议》为无效合同，其也不能举证证明实际参与了工程建设的相关管理，且未提交证据证明材料发票与本案的关联性，其该项上诉请求缺乏依据,不予支持。”

10 实际施工人因雇佣工人产生的保险费用由谁承担?

最高人民法院裁判观点认为,应当由实际施工人承担。最高人民法院(2020)最高法民申4170号民事裁定书认为:“至于10万元保险费,蔡某永作为劳务承包人与民工之间成立雇佣关系,蔡某永有义务承担该笔保险费用。”

11 实际施工人主张发包人在欠付工程价款及利息范围内承担责任的,是否应予支持?

实际施工人主张发包人在欠付工程价款及利息范围内承担责任的,法院应当支持。

最高人民法院(2020)最高法民申3929号裁定书认为:“关于银泰公司的连带责任是否包含工程款的利息。工程款利息系法定孳息,原判决依据《建设工程司法解释(一)》第二十六条规定认定银泰公司应支付案涉欠付工程款利息,并不缺乏法律依据。”

第十四章 建设工程价款优先受偿权纠纷

建设工程施工合同履行中,发包人不按约定支付给承包人工程价款,致使承包人订立合同的目的不能实现,将严重损害建筑施工企业的经营利益,特别是进城务工农民工的生存权。为此,《民法典》第 807 条设立了建设工程价款优先受偿权制度,根据此规定,发包人未按合同约定向承包人支付工程价款的,承包人可以催告发包人在合理期限内支付工程价款,发包人在合理期限内逾期支付的,承包人可以将建设工程折价或者请求法院依法拍卖,从折价或者拍卖的价款中优先受偿其工程价款。实践中,我国法院受理的建设工程价款优先受偿权纠纷数量呈逐年递增趋势,表明建设工程价款优先受偿制度确有实效,有助于施工企业最终实现权利,实现社会公平。

第一节 建设工程价款优先受偿权的性质及权利主体

1 建设工程价款优先受偿权制度的主要法律规定是什么?

建设工程价款优先受偿权主要规定在《民法典》和最高人民法院的相关司法解释中,最高人民法院对于建设工程价款优先受偿权,除在《关于审理建设工程施工合同纠纷案件适用法律问题的解释(一)》中加以规定外,还在最高人民法院的批复、答复中有所体现,建设工程优先受偿权制度已经形成了较完备的体系。

第一,《民法典》第 807 条关于建设工程价款优先受偿的规定是承包人行使优先权的根本依据。该条规定:“发包人未按照约定支付价款的,承包人可以催告发包人在合理期限内支付价款。发包人逾期不支付的,除根据建设工程的性质不宜折价、拍卖外,承包人可以与发包人协议将该工程折价,也可以请求人民法院将该工程依法拍卖。建设工程的价款就该工程折价或者拍卖的价款优先受偿。”

第二,最高人民法院《关于装修装饰工程款是否享有合同法第二百八十六条规定的优先受偿权的函复》对装修工程是否适用优先受偿权作出了规范。该复函主要内容如下:首先,装修装饰工程属于建设工程,可以适用优先受偿权的规定;其次,装修装饰工程的发包人不是该建筑物的所有权人或者承包人与该建筑物的所有权人之间没有合同关系的不适用优先受偿权制度;最后,享有优先权的承包人只能在建筑物因装修而增加价值的范围内优先受偿。

第三,最高人民法院《关于人民法院调解书中未写明建设工程款有优先受偿权应如何适用法律问题的请示的复函》明确了优先受偿权的性质为法定优先权。该复函主要内容如下:首先,建设工程款优先受偿权是一种法定优先权,无须当事人另外予以明示;其次,建设工程承包人行使优先权的期限为 6 个月,且为不变期间,不存在中止、中断或延长的情形。

第四,2011 年《全国民事审判工作会议纪要》第 26 条、第 27 条、第 29 条对优先权的行使作出了更细致的规定。其主要内容如下:首先,非因承包人的原因,建设工程未能在约定期间内竣工,承包人享有的优先受偿权不受影响;其次,承包人行使优先受偿权的期限为 6 个月,自建设工程合同约定的竣工之日起计算;再次,建设工程合同未约定竣工日期,或者由于发包人的原因,合同解除或终止履行时已经超出合同约定的竣工日期的,承包人行使优先受偿权的期限自合同解除或终止履行之日起计算;又次,发包人拖延验收及擅自使用的工程的,不能依据最高人民法院《关于审理建设工程施工合同纠纷案件适用法律问题的解释》第 14 条第 1 项、第 2 项[①]的规定,作为承包人行使建设工程价款优先受偿权期间起算点;最后,因违法分包、转包等导致建设工程合同无效,实际施工人请求行使建设工程行使优先受偿权的,不予支持。

第五,2019 年《全国法院民商事审判工作会议纪要》就建设工程价款优先受

① 此解释已失效,相关规定参见最高人民法院《关于审理建设工程施工合同纠纷案件适用法律问题的解释(一)》第 9 条第 1 项、第 2 项。

偿权作出了规定。该纪要第120条规定,债权人一般不能提起第三人撤销之诉,但该债权是法律明确给予特殊保护的债权的除外,如建设工程价款优先受偿权等。

第六,最高人民法院《关于审理建设工程施工合同纠纷案件适用法律问题的解释(一)》就建设工程价款优先权作出了全面规定,具体如下:首先,第35条规定:"与发包人订立建设工程施工合同的承包人,依据民法典第八百零七条的规定请求其承建工程的价款就工程折价或者拍卖的价款优先受偿的,人民法院应予支持。"第36条规定:"承包人根据民法典第八百零七条规定享有的建设工程价款优先受偿权优于抵押权和其他债权。"第37条规定:"装饰装修工程具备折价或者拍卖条件,装饰装修工程的承包人请求工程价款就该装饰装修工程折价或者拍卖的价款优先受偿的,人民法院应予支持。"第38条规定:"建设工程质量合格,承包人请求其承建工程的价款就工程折价或者拍卖的价款优先受偿的,人民法院应予支持。"第39条规定:"未竣工的建设工程质量合格,承包人请求其承建工程的价款就其承建工程部分折价或者拍卖的价款优先受偿的,人民法院应予支持。"第40条规定:"承包人建设工程价款优先受偿的范围依照国务院有关行政主管部门关于建设工程价款范围的规定确定。承包人就逾期支付建设工程价款的利息、违约金、损害赔偿金等主张优先受偿的,人民法院不予支持。"第41条规定:"承包人应当在合理期限内行使建设工程价款优先受偿权,但最长不得超过十八个月,自发包人应当给付建设工程价款之日起算。"第42条规定:"发包人与承包人约定放弃或者限制建设工程价款优先受偿权,损害建筑工人利益,发包人根据该约定主张承包人不享有建设工程价款优先受偿权的,人民法院不予支持。"

上述就建设工程价款优先权所作规定,是实践中建设工程价款优先权制度适用的最主要依据。

2 建设工程价款优先受偿权的性质是什么?

对于建设工程价款优先受偿权的性质,理论界有三种观点:一是法定抵押权说;二是不动产留置权说;三是法定优先权说。

持法定抵押权观点的学者认为,从建设工程款优先受偿权所具有的特征来看，建设工程价款优先受偿权具有对物的支配性、对世性、从属性，这些性质就是抵押权所具备的，并且承包人直接依据法律规定即具有该权利，因此其应被认定为法定抵押权。

持不动产留置权观点的学者认为，在客体上，留置权针对的是合法占有的动产，而承包人针对的是其正在建造或者已经建成的工程，属于不动产，故建设工程价款优先受偿权属于不动产留置权。

持法定优先权观点的学者认为，建设工程价款优先受偿权在本质上带有一定的公益色彩，法律通过明文规定的方式，直接赋予债权人对某种特定的债权享有优先于其他债权人受偿的权利。我国立法上存在法定优先权的规定，《海商法》及《民用航空法》就规定了船舶优先权和民用航空器优先权。

理论界虽对建设工程价款优先受偿权的性质有争论，但均认为建设工程价款优先权具有法定性和优先性。实践中建设工程价款优先受偿权的主要特点可归纳如下：

第一，法定性。建设工程价款优先受偿权不必经过当事人特别约定，只因施工行为产生工程质量合格产品，即成立优先权，而不以登记为生效要件。

第二，优先性。建设工程价款优先受偿权优位于其他债权，即使是有抵押物担保的债权，依旧不能与之对抗。

第三，有限性。建设工程价款优先受偿权的目的系保障承包人工程价款债权，具有担保债权实现的作用，但并不是工程价款的所有部分都能优先，对于工程款利息、违约金及损害赔偿金等，承包人不能主张优先受偿。

综合上述学说，法定优先权说最具有说服力，具有相当影响力。

3 建设工程施工合同无效，承包人是否享有建设工程价款优先受偿权？

建设工程施工合同无效，承包人仍然可能享有建设工程价款优先受偿权。首先，合同无效，但工程质量合格的，承包人可以依照《民法典》第793条的规定主张工程款。

其次，《民法典》第807条并未规定工程价款优先权的行使必须以合同有效为前提，只要不属于不宜折价、拍卖的工程，承包人均可行使该权利。

最后,最高人民法院《关于审理建设工程施工合同纠纷案件适用法律问题的解释(一)》对合同无效时承包人的优先权作出了明确。该解释第38条、第39条规定,建设工程质量合格,或未竣工的建设工程质量合格,承包人请求其承建工程的价款就工程折价或者拍卖的价款优先受偿的,法院应予支持。

4 建设工程价款优先受偿权与其他权利的优先顺位是怎样的?

依据最高人民法院《关于审理建设工程施工合同纠纷案件适用法律问题的解释(一)》第36条之规定,承包人根据《民法典》第807条的规定享有建设工程价款优先受偿权优于抵押权和其他债权。

对于承包人所享有的建设工程价款优先受偿权优于抵押权和普通债权当无异议,但该条司法解释并未涉及建设工程价款优先受偿权与普通消费者所享有的不动产物权期待权之间的顺位关系,特别是最高人民法院《关于建设工程价款优先受偿权问题的批复》被废止后,如何理解二者权利的顺位关系,值得讨论。

在此,可适用最高人民法院《关于人民法院办理执行异议和复议案件若干问题的规定》第29条的规定:"金钱债权执行中,买受人对登记在被执行的房地产开发企业名下的商品房提出异议,符合下列情形且其权利能够排除执行的,人民法院应予支持:(一)在人民法院查封之前已签订合法有效的书面买卖合同;(二)所购商品房系用于居住且买受人名下无其他用于居住的房屋;(三)已支付的价款超过合同约定总价款的百分之五十。"此条规定为的是保护消费者的生存居住权,达到此条标准的消费者可以对抗金钱债权的权利人,建设工程价款优先受偿权的权利人也属于金钱债权的权利人,故消费者的生存居住权顺位先于建设工程价款优先受偿权。

对于"所购商品房系用于居住且买受人名下无其他用于居住的房屋"如何理解,最高人民法院在2019年《全国法院民商事审判工作会议纪要》第125条规定:"'买受人名下无其他用于居住的房屋',可以理解为在案涉房屋同一设区的市或者县级市范围内商品房消费者名下没有用于居住的房屋。商品房消费者名下虽然已有1套房屋,但购买的房屋在面积上仍然属于满足基本居住需要的,可以理解为符合该规定的精神。"

综上所述，第一位是消费者的生存居住权，第二位是建设工程价款优先受偿权，第三位是抵押权，最后是普通债权。

5 承包人放弃建设工程价款优先受偿权的行为是否有效？

依据民法基本理论，建设工程价款优先受偿权属于民事权利，承包人可以放弃其享有的权利。但依据最高人民法院《关于审理建设工程施工合同纠纷案件适用法律问题的解释（一）》第42条的规定，发包人与承包人约定放弃或者限制建设工程价款优先受偿权，损害建筑工人利益，发包人根据该约定主张承包人不享有建设工程价款优先受偿权的，法院不予支持。

法律赋予承包人建设工程价款优先受偿权，同样，法律也可干预承包人放弃优先受偿权，如果放弃行使优先受偿权影响建筑工人利益，则承包人不得放弃该权利。就如何确定是否损害建筑工人利益，依据放弃行使工程价款优先权的要件，应当由主张放弃权利一方承担放弃优先受偿权并未损害建筑工人利益的举证责任，同时审查承包人整体的资产负债情况，判定放弃优先受偿权的行为是否影响了建筑工人工资支付。

6 发包人将建设工程所有权转让给第三人，承包人能否向第三人主张行使建设工程价款优先受偿权？

此问题涉及建设工程价款优先受偿权的追及效力，《民法典》及最高人民法院《关于审理建设工程施工合同纠纷案件适用法律问题的解释（一）》均未明确建设工程价款优先受偿权是否有追及力，但可依据司法解释的相关规定推断建设工程价款优先受偿权是否具有追及效力。

《民法典》第406条第1款规定：“抵押期间，抵押人可以转让抵押财产。当事人另有约定的，按照其约定。抵押财产转让的，抵押权不受影响。”该条规定了抵押权所具有的追及力。《民法典》及最高人民法院《关于审理建设工程施工合同纠纷案件适用法律问题的解释（一）》均明确了建设工程价款优先受偿权优于抵押权，且建设工程价款优先受偿权制度的立法目的就是保护弱势群体，故可以得出结论，发包人将建设工程所有权转让给第三人，承包人可以向第三人主张行使建设工程价款优先受偿权。

7 转包、分包、内部承包及挂靠条件下的施工人如果完成建设工程且工程验收合格，能否成为建设工程价款优先受偿权的权利主体？

转包、分包、内部承包及挂靠条件下的施工人，与发包人之间的关系各不相同，需要根据各自特点，依据法律关系分析法分别研究。

（1）转包模式下的施工人，根据合同相对性原则，其与发包人之间不存在直接的施工合同关系，不能成为建设工程价款优先受偿权的权利主体。

（2）分包模式下的施工人，其与发包人之间也不存在直接的施工合同关系，一般情况下不能成为建设工程价款优先受偿权的权利主体。例外情况是“甲指”，由发包人直接指定分包的施工人，如证据确凿，可视为与发包人之间存在事实上的合同关系，也可以成为建设工程价款优先受偿权的权利主体。

（3）内部承包模式下的施工人，与发包人之间没有直接的施工合同关系，根据合同相对性，承包人是建设工程价款优先受偿权的权利主体，内部承包人可以向承包人追偿。

（4）挂靠模式下，发包人、被挂靠人、施工人三方之间存在两个法律关系：一是发包人与被挂靠人之间的建设工程施工合同关系；二是被挂靠人与施工人之间的挂靠合同关系。故施工人与发包人之间不存在直接的法律关系，其不能成为建设工程价款优先受偿权的权利主体。

8 实际施工人是否有权代位向发包人主张工程价款优先受偿权？

最高人民法院《关于审理建设工程施工合同纠纷案件适用法律问题的解释（一）》第35条规定：“与发包人订立建设工程施工合同的承包人，依据民法典第八百零七条的规定请求其承建工程的价款就工程折价或者拍卖的价款优先受偿的，人民法院应予支持。”该条很明确，建设工程价款优先受偿权的权利人是与发包人订立建设工程施工合同的承包人,实际施工人没有与发包人签订合同,不能直接享有建设工程价款优先受偿权。

9 建设工程项目其他参与人能否享有建设工程价款优先受偿权?

除施工合同承包人外,建设工程项目参与人主要包括勘察人、设计人、监理人及总承包人。《民法典》第807条规定了建设工程价款优先受偿权制度,明文保护施工承包人,立法目的是保护建筑施工企业的经济利益,进而保护进城务工人员的利益,无论从法律效果还是社会效果来分析,勘察、设计、监理合同的当事人都不能成为建设工程价款优先受偿权的权利主体。

国家推行工程总承包制度。对于工程实行设计、采购、施工全面承包的工程总承包人可否享有工程价款优先受偿权,需要分情况讨论。如果设计条款价格在工程总价款中可以拆分计算,那么总承包人可以就施工部分金额享有优先受偿权,其法律依据是最高人民法院《关于审理建设工程施工合同纠纷案件适用法律问题的解释(一)》第40条的规定,该条规定的承包人建设工程价款优先受偿的范围不包含设计费。如果总承包人在投标中将设计费用分摊至清单价、合同总价当中,设计就被纳入项目工程建设物化成果当中,难以再将设计费用与施工费用区分清楚,考虑国家推行工程总承包的目的就是希望设计与施工能结合,此时承包人就全部的工程价款享有优先受偿权。

10 承包人将建设工程债权转让给第三人,第三人能否享有建设工程价款优先受偿权?

此问题涉及工程价款优先受偿权是否具有人身专属性的问题。优先受偿权能否随工程价款一并转让,我国法律及相关司法解释均未有明文规定。对于该问题需从法理上加以研究,通过分析建设工程价款优先受偿权的性质寻找答案。关于建设工程价款优先受偿权的性质,无论是法定留置权说、法定抵押权说或法定优先权说,都承认该权利的担保性质,都承认该权利附属于所担保的工程,而不属于与人身相关的权利,因此建设工程债权转让后,受让人仍享有建设工程价款优先受偿权。

司法实践一般观点认为，建设工程债权转让后，受让人也应享有优先受偿权。建设工程承包人转让其在施工中形成的债权，受让人基于债权的转让而取得工程款债权，因而其应当享有该工程款的优先受偿权。法定优先权属于担保物权，具有一定的追及效力，其功能是担保工程款优先支付，该权利依附于所担保的工程而存在，即使被担保的工程发生转让，也不影响承包人优先受偿权的行使。

最高人民法院生效判例也承认了受让人享有优先受偿权。例如，最高人民法院公报案例之一，最高人民法院（2007）民一终字第10号民事判决书认为，建设工程款具有优先受偿性质。债权受让人基于受让债权取得此项权利。鉴于该项建设工程在案件审理时尚未全部竣工，《施工合同》因发包人拖欠工程款等原因而迟延履行，工程款债权受让人的优先受偿权的行使期限应从解除合同时起算。此前承包人已提起诉讼，故不应认定其优先受偿权的行使期限已超过6个月。最高人民法院（2011）民申字第1766号民事裁定书也认为，建设工程价款优先受偿权是物权，具有追及性，是针对建设工程的。因此，项目代建模式下，承包人可以就建筑物行使建设工程价款优先受偿权

11 实际施工人是否享有建设工程价款优先受偿权？

对于实际施工人是否享有建设工程价款优先受偿权的问题，实践中的认识并不一致。就此问题，最高人民法院民事审判第一庭2021年第21次法官会议讨论认为，实际施工人不享有建设工程价款优先受偿权。该法官会议认为，建设工程价款优先受偿权，是指在发包人经承包人催告支付工程款后合理期限内仍未支付工程款时，承包人享有的与发包人协议将该工程折价或者请求法院将该工程依法拍卖，并就该工程折价或者拍卖价款优先受偿的权利。依据《民法典》第807条以及最高人民法院《关于审理建设工程施工合同纠纷案件适用法律问题的解释（一）》第35条之规定，只有与发包人订立建设工程施工合同的承包人才享有建设工程价款优先受偿权。实际施工人不属于“与发包人订立建设工程施工合同的承包人”，不享有建设工程价款优先受偿权。

⑫ 基坑支护、降水、土石方挖运工程的承包人，可否享有工程价款优先受偿权？

基坑支护、降水、土石方挖运工程本身属于建设工程必不可少的一部分，但其工作成果并没有物化为建设工程，这与基础工程、墙体工程或设备安装及装修工程均不同。对于这些工程的承包人是否能享有工程价款优先受偿权，存在一定争议。

相关裁判观点可供参考。例如，最高人民法院(2021)最高法民再188号民事判决认为："中成煤建公司施工的基坑支护、降水、土石方挖运工程，从设计到具体施工，均与总包方密切联系，与主体工程的施工严密配合，交叉进行，属于案涉海峡友谊大厦项目建设工程不可缺少的内容。在整个施工过程中，中成煤建公司投入的建筑材料和劳动力已经物化到案涉海峡友谊大厦项目整个建筑物之中，与建筑物不可分割。中成煤建公司作为与发包方鸿昌嘉泰公司订立建设工程施工合同的承包人，在未受偿工程款15398977.71元范围内有权就案涉海峡友谊大厦工程折价或者拍卖的价款优先受偿。"

第二节　建设工程价款优先权受偿范围

① 建设工程价款优先受偿权的受偿范围是什么？

最高人民法院《关于审理建设工程施工合同纠纷案件适用法律问题的解释(一)》第40条规定："承包人建设工程价款优先受偿的范围依照国务院有关行政主管部门关于建设工程价款范围的规定确定。承包人就逾期支付建设工程价款的利息、违约金、损害赔偿金等主张优先受偿的，人民法院不予支持。"该司法解释涉及的国务院有关行政主管部门关于建设工程价款范围的规定主要包括如下两个：

第一，依据《建设工程工程量清单计价规范》(GB50500－2013)第1.0.3条的规定,建设工程承发包及实施阶段的工程造价应由分部分项工程费、措施项目费、其他项目费、规费和税金组成。

第二,依据《建筑安装工程费用项目组成》(建标〔2013〕44 号)的规定,建筑安装工程费用项目按费用构成要素组成划分为人工费、材料费、施工机具使用费、企业管理费、利润、规费和税金。

根据工程界惯例,人工费、材料费、施工机具使用费,为直接工程费;直接工程费与措施项目费,为工程直接费;企业管理费、规费,为间接费。综上所述,承包人所施工工程的工程价款优先受偿权应包括工程直接费、间接费、利润、税金,但不包括损害赔偿金、违约金及利息。

2 赶工奖励款是否属于建设工程价款优先受偿权的权利受偿范围?

赶工奖是工程承发包双方在建设工程施工合同中约定,如承包人在一定的时间和质量标准内完成一定工程项目后,发包人给予承包人额外的费用。除赶工奖外,还有工程质量奖,由于承包人提高了工程经济效益,发包人支付给承包人作为奖励的款项。该款项的性质应当属于承包人的利润,按照最高人民法院《关于审理建设工程施工合同纠纷案件适用法律问题的解释(一)》第 40 条的规定,属于建设工程价款优先受偿权的权利受偿范围。

第三节 行使建设工程价款优先受偿权的程序

1 建设工程价款优先受偿权的行使条件是什么?

建设工程价款优先受偿权的行使主要有四个条件:(1)工程质量合格。工程竣工或部分完工的都可以行使工程价款优先受偿权,但工程质量必须合格,这也是工程价款支付的前提条件。(2)发包人应当支付工程价款,包括合同无效但工程质量合格等情况,或合同解除但工程已经部分完工等情形。(3)工程项目属于可以行使优先权的工程，公立学校、医院等不宜折价、拍卖的工程除外。(4)在法定期限内提出权利主张。应当自发包人应当给付建设工程价款之日起算18个月内行使权利，该期间为不变期间，不存在中断、中止、延长的情形。

2 不可以行使建设工程价款优先受偿权的工程有哪些？

不宜折价、拍卖的工程不可以行使建设工程价款优先受偿权。实践中，属于不宜折价、拍卖的工程的主要有以下两种情形：

第一，非法建筑。依据《城乡规划法》第64条的规定，非法建筑主要是指未取得建设工程规划许可证或者未按照建设工程规划许可证的进行建设的工程项目，该规定可防止非法建筑经过法院拍卖、折价而合法化。

第二，涉及公共利益及公共安全的工程。具体范围可参照《民法典》第399条规定的不得抵押的财产范围，主要有：学校、幼儿园、医疗机构等为公益目的成立的非营利法人的教育设施、医疗卫生设施和其他公益设施；国家机关设施；水电气等能源基础设施项目；铁路、公路、管道、水运、公共航空等交通运输基础设施项目；电信枢纽、通信信息网络等通信基础设施项目；防洪、灌溉、排涝、引(供)水等水利基础设施项目等。

3 承包人在行使建设工程优先受偿权时，建设工程对应的建设用地使用权应如何处理？

“房随地走，地随房走”是我国不动产交易的基本原则，《民法典》第356条、第357条规定，房屋所有权及其对应的土地使用权处分时必须一并处分，但建设工程价款优先受偿权行使的标的物是建筑物，其不及于土地使用权。实际操作中，可对建设工程和土地使用权分别进行价值评估，确定各自在房产总价值中的比例，拍卖后，再根据总价款和建筑物所占价值比例，确定承包人可以优先受偿的价款。

4 建设工程价款优先受偿权18个月的行使期限,其性质是什么?

建设工程价款优先受偿权18个月的行使期限的性质属于除斥期间。除斥期间,是指法律规定的某种民事权利有效存续的期间,有如下几个特点:(1)除斥期间是权利人依法可行使权利的期限,其本质是权利的存续期;(2)除斥期间是法律规定的不变期间,一般不发生期间中断、中止或延长问题;(3)除斥期间自权利确立之日起算;(4)除斥期间经过,所消灭的是实体权利,而不是胜诉权。因此,除斥期间的适用直接凭借法院职权,不取决于当事人的诉讼主张,即使发包人未主张18个月的时间已过,法院也要依照职权适用。

至于建设工程价款优先受偿权行使期限的起算点,实践中曾有不同的做法,如"自建设工程竣工之日或者建设工程合同约定的竣工之日起计算""自建设工程合同约定的竣工之日起计算""自合同解除或终止履行之日起计算"等。当前,就起算日期的最新规定是最高人民法院《关于审理建设工程施工合同纠纷案件适用法律问题的解释(一)》第41条,该条规定:"承包人应当在合理期限内行使建设工程价款优先受偿权,但最长不得超过十八个月,自发包人应当给付建设工程价款之日起算。"

5 "发包人应当给付建设工程价款之日"如何确定?

最高人民法院《关于审理建设工程施工合同纠纷案件适用法律问题的解释(一)》第41条规定:"承包人应当在合理期限内行使建设工程价款优先受偿权,但最长不得超过十八个月,自发包人应当给付建设工程价款之日起算。"应当给付建设工程价款之日,按以下原则确定:

第一,依照双方结算确定的应付款之日确定。这符合双方当事人的意思自治原则,但是工程承发包双方恶意串通,故意延长应付款时间,试图利用推迟优先受偿权行使期限起算点而损害抵押权人等第三人合法利益的除外。

第二,双方虽然达成结算协议,但结算协议中对应付款之日无约定的,达成结算协议之日视为应付款之日。《民法典》第 511 条规定："当事人就有关合同内容约定不明确，依据前条规定仍不能确定的，适用下列规定：……（四）履行期限不明确的，债务人可以随时履行，债权人也可以随时请求履行，但是应当给对方必要的准备时间……"

第三，当事人未达成结算协议，亦未约定工程价款支付期限的，如建设工程已竣工的，以实际竣工之日或交付使用之日作为应当支付工程款之日，起算建设工程价款优先受偿权的行使时间。最高人民法院《关于审理建设工程施工合同纠纷案件适用法律问题的解释（一）》第 9 条规定："当事人对建设工程实际竣工日期有争议的，人民法院应当分别按照以下情形予以认定：（一）建设工程经竣工验收合格的，以竣工验收合格之日为竣工日期；（二）承包人已经提交竣工验收报告，发包人拖延验收的，以承包人提交验收报告之日为竣工日期；（三）建设工程未经竣工验收，发包人擅自使用的，以转移占有建设工程之日为竣工日期。"承包人已经完成自己的义务，则有权向发包人要求支付工程款。

第四，建设工程未竣工的，自施工合同解除或终止履行之日起计算。由于发包人的原因，合同解除或终止履行时已经超出合同约定的竣工日期的，承包人行使建设工程价款优先受偿权的期限自合同解除或终止履行之日起计算。

第五，建设工程未竣工、交付及结算的，自起诉之日起计算。最高人民法院《关于审理建设工程施工合同纠纷案件适用法律问题的解释（一）》第 27 条规定："利息从应付工程价款之日开始计付。当事人对付款时间没有约定或者约定不明的，下列时间视为应付款时间：（一）建设工程已实际交付的，为交付之日；（二）建设工程没有交付的，为提交竣工结算文件之日；（三）建设工程未交付，工程价款也未结算的，为当事人起诉之日。"

6 《民法典》第 807 条规定的履行债务催告应当如何理解？其是否为行使建设工程价款优先受偿权的前置程序？

发包人不支付价款的，承包人不能立即将该工程折价、拍卖，而是应当催告发包人在合理期限内支付价款。如果在该期限内发包人已经支付了价款，承包人只能要求发包人承担支付约定的违约金或者逾期的利息、赔偿其他损失等违约责任。在催告后的合理期限内发包人仍不能支付价款的，承包人才能将该工程折价或者拍卖以优先受偿。催告是承包人行使建设工程价款优先受偿权的必经程序。

特别要注意的是，实践中承包人一般会多次请求发包人支付工程款，只要承包人向发包人主张了工程款，即履行了催告义务，承包人就达到了该项要求。司法实务中，很少有以催告程序系行使建设工程价款优先受偿权的必要程序为由，不支持承包人行使建设工程价款优先受偿权的案例。

7 承包人向法院起诉，请求判决发包人向承包人支付工程款但未提出行使建设工程价款优先受偿权，承包人可否在执行程序中直接申请行使该权利？

建设工程价款优先受偿权是一种法定优先权，但承包人如果没有在审判程序中提出请求，待胜诉后在执行程序中申请行使建设工程价款优先受偿权的，法院不会许可，主要理由如下：

首先，建设工程价款优先受偿权纠纷中，如果当事人未就建设工程折价达成协议，承包人可以向法院申请拍卖，但法院需要经过实体审查，确定承包人是否享有建设工程价款优先受偿权。最高人民法院《民事案件案由规定》中，亦将建设工程价款优先受偿权纠纷作为独立案由予以规定。

其次，工程款债权本身属于普通债权，如承包人申请行使优先受偿权，则其效力就优于抵押债权，更优于其他普通债权，为保护当事人合法权益，承包人应当就建设工程价款优先受偿权提起诉讼，而不能仅通过执行程序行使其权利。

最后，客观上建设工程价款优先受偿权纠纷争议比较复杂，需要法定程序进行审理，法院才能作出准确判断。例如，承包人是否享有建设工程价款优先受偿权、优先受偿权的范围、优先受偿权行使期限、优先受偿权是否放弃、工程是否不宜折价或拍卖等，若不通过审判程序解决这些问题，而要在执行程序中解决，执行部门不易作出准确判断。

基于以上几点，实践中，法院一般都要求当事人先通过诉讼程序确认建设工程价款优先受偿权，并且多与追索工程价款之诉一并审理。

8 如果发包人企业破产，承包人如何行使建设工程价款优先受偿权？

《企业破产法》明确了担保债权享有优先权，但未明确法定优先权是否享有优先地位。《企业破产法》第109条规定："对破产人的特定财产享有担保权的权利人，对该特定财产享有优先受偿的权利。"该条规定未明确建设工程价款优先受偿权是否具有优先地位，亦未明确建设工程价款优先受偿权是否属于担保权，但本着举重以明轻的原则，应当确认建设工程价款优先受偿权的优先地位。

最高人民法院《关于审理企业破产案件若干问题的规定》第71条第4项对此问题进行了明确，该条规定，依照法律规定存在优先权的财产不属于破产财产，但权利人放弃优先受偿权或者优先偿付特定债权剩余的部分除外。

最高人民法院亦通过公布指导性案例的方式，确认了建设工程价款优先受偿权的优先地位。最高人民法院通过公布的第73号指导案例——"通州建总集团有限公司诉安徽天宇化工有限公司别除权纠纷案"确认，承包人的权利未被破产管理人确认的，承包人可以通过提起别除权诉讼的方式确认优先受偿权，即要求享有不依照破产清算程序而优先获得清偿的权利。

上述案例的法院生效裁判认为：本案双方当事人签订的建设工程施工合同虽约定了工程竣工时间，但涉案工程因安徽天宇公司未能按合同约定支付工程款导致停工。现没有证据证明在工程停工后至法院受理破产申请前，双方签订的建设施工合同已经解除或终止履行，也没有证据证明在法院受理破产申请后，破产管理人决定继续履行合同。根据《破产法》第18条"人民法院受理破产申请后，管理人对破产申请受理前成立而债务人和对方当事人均未履行完毕的合同有权决定解除或继续履行，并通知对方当事人。管理人自破产申请受理之日起二个月未通知对方当事人，或者自收到对方当事人催告之日起三十日内未答复的，视为解除合同"之规定，涉案建设工程施工合同在法院受理破产申请后已实际解除，本案建设工程无法正常竣工。按照最高人民法院全国民事审判工作会议纪要精神，因发包人的原因，合同解除或终止履行时已经超出合同约定的竣工日期的，承包人行使优先受偿权的期限自合同解除之日起计算，安徽天宇公司要求按合同约定的竣工日期起算优先受偿权行使时间的主张，缺乏依据，不予采信。2011年8月26

日,法院裁定受理对安徽天宇公司的破产申请,2011 年 10 月 10 日通州建总公司向安徽天宇公司的破产管理人申报债权并主张工程款优先受偿权,因此,通州建总公司主张优先受偿权的时间是 2011 年 10 月 10 日。安徽天宇公司认为通州建总公司行使优先受偿权的时间超过了破产管理之日六个月,与事实不符,不予支持。①

综上所述,发包人企业破产后,承包人仍享有优先受偿权,如承包人的权利未被破产管理人确认,承包人可以通过提起别除权诉讼方式确认优先受偿权。

9 建设工程施工合同纠纷案件中,建成的房屋已办理网签,承包人是否仍有权就工程折价或者拍卖的价款优先受偿?

最高人民法院民事审判第一庭 2021 年第 21 次法官会议认为,建设工程价款优先受偿权不因工程建成的房屋已经办理商品房预售合同网签而消灭,如符合建设工程价款优先受偿权的成立要件,承包人仍有权就工程折价或者拍卖的价款优先受偿。《民法典》第 807 条规定:"发包人未按照约定支付价款的,承包人可以催告发包人在合理期限内支付价款。发包人逾期不支付的,除根据建设工程的性质不宜折价、拍卖外,承包人可以与发包人协议将该工程折价,也可以请求人民法院将该工程依法拍卖。建设工程的价款就该工程折价或者拍卖的价款优先受偿。"最高人民法院《关于审理建设工程施工合同纠纷案件适用法律问题的解释(一)》第 35 ~ 42 条进一步明确了行使建设工程价款优先受偿权的条件。由此可见,建设工程价款优先权是承包人的法定权利,在符合法律及司法解释规定的条件时,建设工程价款优先受偿权就已经成立。商品房预售合同网签是为规范商品房预售而采用的行政管理手段,并非法律规定的不动产物权设立、变更、转让和消灭的公示方式,不能产生物权变动的效力,亦不因此导致承包人原本享有的建设工程价款优先受偿权不成立或者消灭。如承包人行使建设工程价款优先受偿权时与房屋买受人发生权利冲突的,属于权利顺位问题,可另行解决。

① 参见安徽省高级人民法院民事判决书,(2014)皖民一终字第 00054 号。

⑩ 装饰装修工程承包人行使建设工程价款优先受偿权的条件是什么？

最高人民法院《关于审理建设工程施工合同纠纷案件适用法律问题的解释（一）》第37条规定："装饰装修工程具备折价或者拍卖条件，装饰装修工程的承包人请求工程价款就该装饰装修工程折价或者拍卖的价款优先受偿的，人民法院应予支持。"但依据相关法律规定，装饰装修工程承包人行使建设工程价款优先受偿权应具备如下两个条件：

第一，装修工程类型系工商业装饰装修工程，不包括住宅室内装饰装修，也不包括投资低于30万元或建筑面积少于300平方米的工商业装修。实践中，一般认为室内住宅装修工程不属于建设工程，而按承揽工程处理。

原建设部《住宅室内装饰装修管理办法》第44条"工程投资额在30万元以下或者建筑面积在300平方米以下，可以不申请办理施工许可证的非住宅装饰装修活动参照本办法执行"的规定，即表明该类工程装修参照住宅室内装饰装修管理。

第二，优先权范围限于装饰装修工程而使建筑物增加的价值范围。例如，最高人民法院《关于装修装饰工程款是否享有合同法第二百八十六条规定的优先受偿权的函复》中规定，享有优先权的承包人只能在建筑物因装修而增加价值的范围内优先受偿。

⑪ 建设工程价款优先受偿权、抵押权以及其他债权与商品房消费者权利之间的权利顺位关系是什么？

最高人民法院《关于商品房消费者权利保护问题的批复》于2023年4月20日起施行。根据该批复，建设工程价款优先受偿权、抵押权以及其他债权与商品房消费者权利之间的权利顺位关系如下：

第一，建设工程价款优先受偿权、抵押权以及其他债权之间的权利顺位关系，按照最高人民法院《关于审理建设工程施工合同纠纷案件适用法律问题的解释（一）》第36条之规定处理，即建设工程价款优先受偿权优于抵押权和其他债权。

第二，商品房消费者以居住为目的购买房屋并已支付全部价款，主张其房屋交付请求权优先于建设工程价款优先受偿权、抵押权以及其他债权的，法院应当予以支持。只支付了部分价款的商品房消费者，在一审法庭辩论终结前已实际支付剩余价款的，法院对其请求应当予以支持。

第三，在房屋不能交付且无实际交付可能的情况下，商品房消费者主张价款返还请求权优先于建设工程价款优先受偿权、抵押权以及其他债权的，法院应当予以支持。

建设工程价款优先受偿权、抵押权都具有优先性，但达到一定条件时，要保护购房消费者的权利，这体现了最高人民法院对购房消费者权利的特殊保护。

第十五章　建设工程合同纠纷的诉讼程序问题

民事诉讼管辖，是指各级法院之间以及不同地区的同级法院之间，受理第一审民事案件的职权范围和具体分工，包括法定管辖、协议管辖及裁定管辖，可以按照不同标准做多种分类。本章主要解答建设工程合同纠纷，特别是建设工程施工合同纠纷的诉讼管辖与案件受理问题。

第一节　建设工程合同纠纷案件的管辖

1　建设工程施工合同纠纷管辖的基本规定是什么？

建设工程施工合同纠纷属于专属管辖，由工程所在地法院专属管辖。最高人民法院《关于适用〈中华人民共和国民事诉讼法〉的解释》第28条第2款规定："农村土地承包经营合同纠纷、房屋租赁合同纠纷、建设工程施工合同纠纷、政策性房屋买卖合同纠纷，按照不动产纠纷确定管辖。"据此，不动产纠纷由不动产所在地法院专属管辖，建设工程施工合同纠纷被纳入不动产纠纷中，即由工程所在地的法院专属管辖。

2 除建设工程施工合同纠纷外，建设工程价款优先受偿权纠纷、建设工程分包合同纠纷等是否适用不动产专属管辖？

根据最高人民法院《民事案件案由规定》的规定，建设工程施工合同纠纷属于建设工程合同纠纷项下的一种案由。建设工程合同纠纷项下共有9类案由，分别是：（1）建设工程勘察合同纠纷；（2）建设工程设计合同纠纷；（3）建设工程施工合同纠纷；（4）建设工程价款优先受偿权纠纷；（5）建设工程分包合同纠纷；（6）建设工程监理合同纠纷；（7）装饰装修合同纠纷；（8）铁路修建合同纠纷；（9）农村建房施工合同纠纷。

按照文义解释，最高人民法院《关于适用〈中华人民共和国民事诉讼法〉的解释》第28条所指的建设工程施工合同纠纷，为第四级案由的建设工程施工合同纠纷，该纠纷为专属管辖。建设工程价款优先受偿权纠纷、建设工程分包合同纠纷等其他8类案由则属于一般的合同纠纷，由被告住所地或合同履行地法院管辖，或者协议管辖。最高人民法院《关于适用〈中华人民共和国民事诉讼法〉的解释》第28条第2款规定建设工程施工合同纠纷适用不动产纠纷专属管辖，主要是考虑建设工程施工合同纠纷涉及造价鉴定、质量鉴定、工程价款优先受偿、执行拍卖等情况，由工程所在地法院管辖更有利于案件的审理与执行。

同理，建设工程价款优先受偿权纠纷、建设工程分包合同纠纷、装饰装修合同、铁路修建合同、农村建房施工合同，同样是以工程施工和工程价款支付为合同主要权利义务，这些案件是否也适用由不动产所在地法院专属管辖的规定？答案是肯定的。

最高人民法院（2017）最高法民辖30号民事裁定书认定："《最高人民法院关于适用〈中华人民共和国民事诉讼法〉的解释》第二十八条第二款规定'农村土地承包经营合同纠纷、房屋租赁合同纠纷、建设工程施工合同纠纷、政策性房屋买卖合同纠纷，按照不动产纠纷确定管辖。'对该项涉及的建设工程施工合同纠纷的理解，应不限于《民事案件案由规定》的建设工程合同项下的第三级、第四级案由'建设工程施工合同纠纷'，还包括该项下的建设工程施工相关案件：建设工程施工合同纠纷、建设工程价款优先受偿权纠纷、建设工程分包合同纠纷、建设工程监理合同纠纷、装饰装修合同纠纷、铁路修建合同纠纷、农村建房施工合同纠纷。本案中,中建二局第一公司将其总承包工程中的外墙涂料工程分包给美达芙公司,双方形成的系建设工程分包合同关系。虽然双方当事人在《元海晟庭项目外墙涂料工程施工专业分包合同》中约定由北京市丰台区人民法院管辖,但根据《中华人民共和国民事诉讼法》第三十四条[①]的规定,该约定违反专属管辖原则,应认定无效。本案应根据《最高人民法院关于适用〈中华人民共和国民事诉讼法〉的解释》第二十八条第二款的规定,按照不动产纠纷确定管辖。"

由此可知,最高人民法院认为,除建设工程勘察合同纠纷及建设工程设计合同纠纷外,与建设工程施工合同并列的其他几类案由均适用不动产专属管辖的规定。

3 建设工程投标保证金纠纷适用的管辖原则什么?

投标保证金,是指在招标、投标活动中,投标人按照招标文件的要求向招标人出具的,以一定金额表示的投标责任担保。投标保证金除现金外,还可以是银行出具的银行保函、保兑支票、银行汇票或现金支票等。投标保证金的主要目的在于确保投标人在提交投标文件后不得在投标有效期内随意撤回、撤销投标,中标后不得无正当理由不提交履约保证金或不与招标人依照中标文件签订合同。否则,招标人有权不返还其提交的投标保证金。

就工程投标保证金纠纷的管辖原则存在以下三种观点:第一种观点认为,应适用专属管辖,因该纠纷的基础法律关系是建设工程施工合同;第二种观点认为,工程投标保证金纠纷产生于招标投标阶段,工程并未施工,适用一般合同纠纷原则;第三种观点认为,应当结合工程进度和案情,确定案件性质,从而确定管辖原则。笔者认为,第三种观点比较恰当,主要理由如下:

建设工程施工合同纠纷本质上属于合同纠纷,应当适用合同纠纷的管辖原则。最高人民法院《关于适用〈中华人民共和国民事诉讼法〉的解释》第 28 条第 2 款突破不动产纠纷适用专属管辖的一般性原则,将建设工程施工合同纠纷也规定

---

① 本案中适用的是 2017 年修正的《民事诉讼法》,相关规定参见 2021 年修正的《民事诉讼法》第 35 条。

为适用不动产纠纷专属管辖,主要目的为便于当事人诉讼、便于法院行使审判权及保证案件的公正审判。因为建设工程施工合同纠纷往往涉及造价鉴定、质量鉴定、优先受偿行使、执行拍卖等情况,由工程所在地法院管辖,有利于案件的审理与执行。

工程投标保证金适用于建设工程招投标阶段,施工合同尚未正式签订,当事人因招投标事项而产生的工程投标保证金返还等纠纷,还不涉及工程本身的问题,故应按一般合同纠纷确定管辖,如涉及票据,可按票据纠纷管辖原则处理。另外,如工程已经实际开工,可根据案情,确定招投标的纠纷是否已经转化为建设工程施工合同纠纷,如当事人同意投标保证金转为履约保证金等,或涉及合同双方权利义务等问题,则应适用专属管辖的规定。

4 建设工程分包合同纠纷和劳务合同纠纷的区别是什么?如何确定二者的管辖法院?

劳务分包是将简单劳动从复杂的工程施工劳动中分离出来单独进行承包施工的劳动,与专业分包合同一样,均与建设工程施工合同形成总分合同关系。其与劳务合同的区别在于,劳务分包关系中的劳务分包人需要组织建筑工人施工,且建筑工人与劳务分包人形成劳务合同关系;而劳务合同关系中的承包人组织建筑工人施工,且建筑工人与承包人形成劳务合同关系。劳务分包与专业分包一样需要资质,但随着改革的深入,对劳务分包资质的要求逐渐放宽。

实践中,对于二者的区分有现实意义,建设工程分包合同作为建设工程施工合同的一种,适用最高人民法院《关于审理建设工程施工合同纠纷案件适用法律问题的解释(一)》,其管辖属于专属管辖,而劳务合同纠纷只适用一般合同纠纷诉讼管辖原则。

5 装饰装修合同是否属于建设工程施工合同?其纠纷管辖法院如何确定?

依照《建筑法》《建设工程质量管理条例》等法律法规的规定,装饰装修合同的性质属于建设工程合同。但依据住房和城乡建设部《住宅室内装饰装修管理办法》的规定，有两类装饰装修活动无须办理施工许可证，由各方当事人协商一致即可施工，一是住宅室内装饰装修，二是工程投资额在30万元以下或者建筑面积在300平方米以下的非住宅装饰装修活动。此两类装饰装修合同纠纷的性质为承揽合同纠纷，其管辖依照一般合同纠纷原则确定，也不适用最高人民法院《关于审理建设工程施工合同纠纷案件适用法律问题的解释（一）》的相关规定。其他装饰装修合同纠纷则适用专属管辖，且适用建设工程合同纠纷相关规定。

6 最高人民法院《关于审理建设工程施工合同纠纷案件适用法律问题的解释（一）》第44条规定的实际施工人提起代位权诉讼如何确定管辖法院？

最高人民法院《关于审理建设工程施工合同纠纷案件适用法律问题的解释（一）》第44条规定："实际施工人依据民法典第五百三十五条规定，以转包人或者违法分包人怠于向发包人行使到期债权或者与该债权有关的从权利，影响其到期债权实现，提起代位权诉讼的，人民法院应予支持。"法律和司法解释并未直接规定实际施工人据此条规定提起代位权诉讼的管辖法院如何确定，实践中，需结合相关法律法规及案情予以确定。

依据民事诉讼的一般原则，债权人依照《民法典》第535条的规定提起代位权诉讼的，应当由被告住所地法院管辖。同时，依据最高人民法院《关于适用〈中华人民共和国民事诉讼法〉的解释》第28条的规定，建设工程施工合同纠纷按照不动产纠纷确定管辖，即建设工程施工合同纠纷为专属管辖。实际施工人提起代位权诉讼，是由被告所在地法院管辖还是不动产所在地法院管辖，取决于实际施工人所代为的基础法律关系。

依据《民法典》第535条的规定，代位权诉讼是债权人以自己的名义代位行使债务人对相对人的权利。如果转包人或违法分包人对发包人怠于行使到期的工程款债权，实际施工人通过代位行使诉权主张工程款，则该代位权诉讼应适用建设工程施工合同纠纷专属管辖原则，由建设工程所在地法院管辖；如果转包人或违法分包人对发包人怠于行使的债权并非工程款，而是民间借贷、贷款等其他种类债权，则应由被告所在地法院管辖。

7 法院是否可以下放管辖权？当事人又该如何应对？

《民事诉讼法》第38条规定了上级法院可以将管辖权案件下放给下级法院，是为管辖权的下放性转移。法院下放管辖权，不仅可能在建设工程施工合同纠纷案件中存在，也可能在其他类型案件中存在。建设工程施工合同纠纷案件中，发包人住所地一般与建设工程所在地相同，实践中个别中级法院出于各种考虑，未严格执行《民事诉讼法》第39条关于管辖权案件下放性转移的规定，将建设工程施工合同纠纷管辖权下放给了基层法院，既由其掌控了案件的终审权。对此，当事人可能不服，但管辖权转移的性质属于法院的一项裁量权，标准并不具体，当事人只能通过与法院协商、沟通的方式解决，若不能解决，可以向上级法院申诉。

8 建设工程施工合同纠纷当事人是否可以协议管辖方式确定管辖法院，或以约定选择仲裁的方式排除法院的专属管辖？

专属管辖，是指法律强制规定某类案件只能由特定法院管辖，具有强制性，其他法院无管辖权，也不允许当事人协议变更管辖，其法律依据是《民事诉讼法》第35条，该条规定："合同或者其他财产权益纠纷的当事人可以书面协议选择被告住所地、合同履行地、合同签订地、原告住所地、标的物所在地等与争议有实际联系的地点的人民法院管辖，但不得违反本法对级别管辖和专属管辖的规定。"因建设工程施工合同纠纷属于专属管辖，故协议管辖不能排除专属管辖。

当事人如约定选择以仲裁方式解决建设工程施工合同纠纷，则排除了法院对案件的管辖权。需要特别注意的是，专属管辖是法院管辖独有的制度，仲裁没有专属管辖规定，即双方当事人不一定必须约定以工程所在地的仲裁委员会来审理其案件，其仲裁协议或仲裁条款只要符合《仲裁法》的相关规定，即发生法律效力。

9 发包人和承包人在合同中约定双方既选择仲裁机构仲裁也可以选择法院起诉的，如何确定审理机构？

最高人民法院《关于适用〈中华人民共和国仲裁法〉若干问题的解释》第7条

明确规定,当事人约定争议可以向仲裁机构申请仲裁也可以向法院起诉的,仲裁协议无效。因此,由法院按照专属管辖原则进行管辖。根据最高人民法院《关于适用〈中华人民共和国民事诉讼法〉的解释》第 28 条的规定,建设工程施工合同纠纷属于专属管辖,此种情况下,当事人应按照专属管辖的规定向建设工程所在地法院起诉。

10 原告通过增加或减少诉讼请求金额的方式规避级别管辖,另一方当事人如何进行应对?

增加或变更诉讼请求是《民事诉讼法》赋予当事人的一项权利,原告有权行使此项权利。但实践中,建设工程施工合同的标的额可能比较大,按照争议标的额,诉讼应由上一级法院受理,但原告出于各种考虑,起诉时故意将争议标的额降低到下一级法院的级别管辖权限内,等到下一级法院开庭审理时,原告再要求增加或者变更诉讼请求,从而达到规避上一级法院受理的目的。

此情形在学理上被称为后发的级别管辖错误,对此,我国有相应的规定。最高人民法院《关于审理民事级别管辖异议案件若干问题的规定》第 1 条规定:"被告在提交答辩状期间提出管辖权异议,认为受诉人民法院违反级别管辖规定,案件应当由上级人民法院或者下级人民法院管辖的,受诉人民法院应当审查,并在受理异议之日起十五日内作出裁定:(一)异议不成立的,裁定驳回;(二)异议成立的,裁定移送有管辖权的人民法院。"因此,面对原告规避级别管辖的行为,另一方当事人应合理利用管辖权异议制度来保障自己的合法权益。

11 如果承包人与实际施工人在合同中约定了仲裁条款,实际施工人还能否将承包人、发包人作为共同被告诉至法院?

实际施工人主要有三种模式:转包模式、违法分包模式和挂靠模式。这三种模式下承包人与实际施工人所签合同均无效,但合同无效不影响合同中争议解决条款的效力,如果双方当事人所签订的仲裁条款符合《仲裁法》的规定,则仲裁协议有效。在此情况下,实际施工人不得将承包人、发包人作为共同被告诉至法院,否则即违背了其与承包人的仲裁约定。

例如，最高人民法院（2014）民申字第 1591 号民事裁定书认为，本案中，实际施工人甘肃杰出建筑公司主张工程价款的基础法律关系是其与承包人中交公路公司之间的合同关系，而双方在合同中约定了仲裁条款，排除了法院管辖权。实际施工人杰出建筑公司将发包人兰渝铁路公司、承包人中交公路公司作为共同被告起诉至甘肃省陇南市中级人民法院，违背了杰出建筑公司与中交公路公司通过仲裁处理双方争议的约定。

另外，在实际施工人与承包人签订有仲裁协议的情况下，实际施工人能否依据最高人民法院《关于审理建设工程施工合同纠纷案件适用法律问题的解释（一）》第 43 条之规定起诉发包人？答案是否定的。依据该条司法解释，实际施工人以发包人为被告的，法院应当追加转包人或违法分包人为第三人，以查明案件事实。转包人或违法分包人作为第三人，其与实际施工人之间的债权债务关系被法院审查，违背了实际施工人与承包人所签订的仲裁协议，实际施工人与承包人的纠纷应当由仲裁机构审查。

12 发包人与承包人约定了合法有效的仲裁条款，实际施工人可否向法院起诉发包人追索工程款？

对于实际施工人是否受发包人与承包人在合同中约定的有效仲裁条款的约束，法律及司法解释均未作出直接规定，现根据《民事诉讼法》《仲裁法》及相关司法解释的规定，作如下分析。

最高人民法院《关于审理建设工程施工合同纠纷案件适用法律问题的解释（一）》赋予了实际施工人在转包、违法分包模式下向发包人追索工程款的两种路径。第一种路径规定在第 43 条，该条突破合同相对性原则，赋予实际施工人直接向发包人起诉的权利；第二种路径规定在第 44 条，实际施工人可行使代位权，向发包人主张权利。

如果实际施工人依据该解释第 44 条的规定，以行使代位权的方式向发包人主张权利，其不能向法院起诉发包人。实际施工人行使代位权，应视为承包人与发包人之间法律关系的承继，基于代位请求权的性质，需受发包人与承包人之间仲裁条款的约束。最高人民法院生效判决也支持了这一认定。最高人民法院（2013）民提字第 148 号民事裁定书认为，实际施工人对发包人享有的权利范围视为承包人对发包人法律关系的承继,基于代位请求权的性质,需受发包人与承包人之间仲裁条款的约束。

实际施工人以第一种路径直接向发包人主张权利,亦不能向法院提起诉讼。最高人民法院《关于审理建设工程施工合同纠纷案件适用法律问题的解释(一)》第43条第2款规定:"实际施工人以发包人为被告主张权利的,人民法院应当追加转包人或者违法分包人为本案第三人,在查明发包人欠付转包人或者违法分包人建设工程价款的数额后,判决发包人在欠付建设工程价款范围内对实际施工人承担责任。"该条强制规定,法院在审判中要追加转包人或者违法分包人为第三人,并查明欠款数额。若发包人与承包人签订了有效的仲裁协议,排除了法院的管辖,则法院无权再处理发包人与承包人之间的债权债务,此种情况下,该解释第43条不能适用,即实际施工人无权直接向发包人起诉索取工程款。最高人民法院生效判决也支持了这一认定,最高人民法院(2015)民一终字第170号民事裁定书认为,发包人与承包人约定了仲裁条款,则实际施工人不可对发包人提起诉讼,可单独起诉承包人。

综上所述,实务中,如果发包人与承包人在合同中约定的仲裁条款有效,实际施工人无论是依据最高人民法院《关于审理建设工程施工合同纠纷案件适用法律问题的解释(一)》第43条还是第44条的规定,法院均无管辖权。实际施工人此时应单独起诉承包人主张工程价款。

13 承包人与发包人所签施工合同约定了合法有效的仲裁条款,双方又签订《还款协议书》约定偿付工程欠款数额及期限,发生纠纷后如何维护当事人的合法权益?

司法实践一般观点认为,仲裁条款具有独立性。《仲裁法》第19条第1款规定:"仲裁协议独立存在,合同的变更、解除、终止或者无效,不影响仲裁协议的效力。"该规定充分体现了仲裁条款在民事合同中具有的独立性。工程结算后,施工合同双方对发包人欠付承包人工程款数额达成一致,即工程欠款数额已成为一个定数。双方签订的《还款协议书》是为履行施工主合同签订的,体现了工程结算的结果,其性质为补充协议,属于施工合同的一部分,是对施工主合同的补充、细化。同时,《还款协议书》是对从签约到结算的前期履行行为作一了断,对后期确认欠款数额、还款时间、还款方式等内容作出约定。一般而言，《还款协议书》的内容主要是发包人按约定还钱，《还款协议书》具有补充协议的性质。据此，施工主合同约定的仲裁条款适用于由《还款补充协议》发生纠纷的案件。

14 建设工程勘察合同纠纷、建设工程设计合同纠纷是否应适用不动产专属管辖？

建设工程勘察合同纠纷、建设工程设计合同纠纷也涉及对施工现场的勘察，需要设计人员到施工现场实际考察并交底，是否建设工程勘察设计合同纠纷也适用不动产专属管辖？最高人民法院在（2021）最高法民辖 16 号民事裁定书中认为："虽然建设工程勘察合同、建设工程设计合同的履行与工地有一定的联系，如设计合同，设计工作必须从工地勘察开始，但设计工作主体实际是在设计单位内完成；勘察合同的履行尽管数据采集等大部分工作在工地进行，但后期作图、报告制作等也是在承揽单位完成，故建设工程勘察合同纠纷、建设工程设计合同纠纷不应适用不动产专属管辖。"

第二节 建设工程合同纠纷案件的起诉与受理

1 根据立案登记制，当事人因施工合同纠纷起诉时应准备哪些起诉材料？

根据最高人民法院《关于全面深化人民法院改革的意见——人民法院第四个五年改革纲要（2014 - 2018）》的要求，法院变立案审查制为立案登记制，对法院依法应该受理的案件，做到有案必立、有诉必理，保障当事人诉权。所以，原则上全部的民事纠纷，包括施工合同纠纷，法院都应当立案。根据 2015 年 5 月 1 日起施行的最高人民法院《关于人民法院登记立案若干问题的规定》的规定，建设工程施工合同纠纷案件起诉时一般应提交如下材料：

（1）应提交由本人签名或盖章的起诉状正本一份，并按对方当事人人数提交副本。

(2)起诉状应当记明下列事项:①当事人的姓名、性别、年龄、民族、职业、工作单位和住所、通信方式,法人或者其他组织的名称、住所和法定代表人或者主要负责人的姓名、职务以及通信方式;②诉讼请求和所根据的事实与理由;③证据和证据来源、证人姓名和住所。

(3)原告为自然人的,应提交身份证明材料复印件;原告为法人或个体工商户的,应提交营业执照副本复印件,其他组织应提交证明其有效成立的法律文件复印件。法人应提交年检证明,法人或其他组织的代表人或主要负责人应提交职务证明原件、身份证明复印件。

(4)清算组(人)、信托监察人、遗产管理人、遗嘱执行人、失踪人财产代管人代权利主体起诉的,应提交具有上述身份的证明材料复印件。

(5)诉讼代表人提起诉讼的,除提交全部原告身份证明材料复印件外,还应当提交其他共同原告推选其为诉讼代表人的证明材料。

(6)法定代理人应提交本人的身份证明材料复印件以及其与原告关系的证明材料复印件;委托代理人应提交身份证明材料复印件、授权明确的授权委托书、律师事务所或受托人接受委托的证明、函件。

同时,根据最高人民法院《关于人民法院登记立案若干问题的规定》第 10 条的规定,法院对下列起诉不予登记立案:(1)违法起诉或者不符合法律规定的;(2)涉及危害国家主权和领土完整的;(3)危害国家安全的;(4)破坏国家统一和民族团结的;(5)破坏国家宗教政策的;(6)所诉事项不属于法院主管的。所以,建设工程施合同纠纷的当事人应当在起诉前准备好相应的材料,并确保不影响国家利益和民族利益。

2 法院对应当立案的案件不予立案,当事人如何救济?

如法院工作人员存在在立案工作中不接收诉状、接收诉状后不出具书面凭证、不一次性告知当事人补正诉状内容,以及有案不立、拖延立案、干扰立案、既不立案又不作出裁定或者决定等行为,当事人可以寻求救济。

依据最高人民法院《关于人民法院登记立案若干问题的规定》第 13 条的规定,对立案工作中存在的不接收诉状、接收诉状后不出具书面凭证,不一次性告知当事人补正诉状内容,以及有案不立、拖延立案、干扰立案、既不立案又不作出裁定或者决定等违法违纪情形,当事人可以向受诉法院或者上级法院投诉。法院应当在受理投诉之日起15日内查明事实,并将情况反馈当事人。发现违法违纪行为的,依法依纪追究相关人员责任;构成犯罪的,依法追究刑事责任。

3 缺乏“四证”的工程项目的建设工程施工合同纠纷,法院是否受理?

缺乏“四证”的工程,是指发包人未取得建设用地使用权证、建设用地规划许可证、建筑工程规划许可证、施工许可证等相关证件而开工建设形成的建设工程。

最高人民法院《关于审理建设工程施工合同纠纷案件适用法律问题的解释(一)》第3条规定:“当事人以发包人未取得建设工程规划许可证等规划审批手续为由,请求确认建设工程施工合同无效的,人民法院应予支持,但发包人在起诉前取得建设工程规划许可证等规划审批手续的除外。发包人能够办理审批手续而未办理,并以未办理审批手续为由请求确认建设工程施工合同无效的,人民法院不予支持。”根据该条规定,最高人民法院对此类案件的态度是,应该受理并予以实体处理,但要对此类建设工程的施工合同的效力进行综合评价。

4 内部承包施工合同纠纷,法院是否受理?

内部承包施工合同纠纷属于民事纠纷。《民法典》第2条规定:“民法调整平等主体的自然人、法人和非法人组织之间的人身关系和财产关系。”据此,对于内部承包施工合同纠纷案件,应对双方当事人权利义务的隶属性与平等性进行比较判断,若隶属性大于平等性,则双方当事人不属于平等主体,一方当事人要按照另一方当事人的意志而行为,则该纠纷不属于法院建设工程合同民事案件受案范畴,可能属于劳动人事争议纠纷,可以先进行劳动人事争议仲裁;反之,若平等性大于隶属性,则属于民事案件受案范畴,法院应当受理。

5 建设工程施工合同当事人就同一工程价款分割起诉，是否构成“一事不再理”？应当如何处理？

建设工程施工合同的承包人就同一工程价款分割成两次起诉，在第一次诉讼作出生效判决后，再以工程款实际数额超出第一次诉讼请求为由，就超出的数额部分另行提起第二次诉讼，属于对同一争议事实再次起诉，违反了“一事不再理”的民事诉讼原则，应当裁定驳起诉。

从另一个角度来理解，建设工程承包人对同一工程价款数额分割成两次起诉，也涉嫌通过分割减少诉讼标的额来规避法院级别管辖，可能造成司法资源的浪费。

值得注意的是，实践中有承包人追讨工程款案判决生效后，再就工程款利息单独起诉，则不违反“一事不再理”，只要未明确表示放弃另案追索工程款利息的权利，该诉中法院亦未对利息进行实体上的处理，承包人再单独就利息起诉，不构成重复起诉。

6 如何应对建设工程施工合同纠纷中的虚假诉讼？

原告与被告诉讼与答辩高度一致的案件，即涉嫌虚假诉讼。当事人通过虚假诉讼，以表面合法的方式转移财产，进而侵害国家、社会或第三人的利益，对此行为应当禁止。建设工程施工合同纠纷虚假诉讼，比较多见的是当事人利用建设工程价款优先受偿制度恶意串通，扩大工程款数额，排除其他人债权人的合法权益的情形。若有上述情形，法院不应受理，已受理的应裁定驳回起诉，必要时可对当事人以妨碍民事诉讼为由采取措施进行处罚，涉及刑事犯罪的，应移交有关机关处理。

7 建设工程施工合同结算中的虚假诉讼有哪些？应当怎样应对？

建设工程施工合同结算中的虚假诉讼主要涉及建设工程价款优先受偿权，承发包双方通过优先权虚假诉讼影响银行等抵押权人及购房业人的利益。司法实践的一般观点认为,建设工程优先受偿权的受偿顺位低于消费者不动产物权期待权,高于抵押权及其他普通债权。实践中,有些发包人为排除抵押权人及其他普通债权人的权利,与承包人恶意串通,制造虚假诉讼,在实践中主要通过虚构施工主体、虚构工程款结算数额或虚构追偿期等方式进行。

此类虚假诉讼,由于当事人就是工程承发包双方,在双方相互配合的情况下,法院不易判断。例如,当事人承认的不利于其一方的事实可以被确认,承发包双方可能利用此制度达到目的。辨别是否属于建设工程施工合同虚假诉讼,可以重点关注以下案件事实:(1)工程是否通过招投标程序发包;(2)施工合同备案的当事人;(3)施工许可证登记的主体;(4)现场施工标志牌的主要内容;(5)转包或分包情况;(6)监理单位;(7)开竣工日期;(8)设计单位情况;(9)约定的施工范围和实际的施工范围的异同;(10)有无设计变更;(11)主材供应人;(12)项目经理姓名及是否更换;(13)隐蔽工程验收情况;(14)四方过程验收和竣工验收情况;(15)预付款、进度款及结算款的支付情况;(16)治安监督站过程监督和质量监督报告的出具情况。经过严格的发问和调查,有利于查明是否存在虚假诉讼。

第三节　建设工程合同纠纷的诉讼时效及除斥期间

1　建设工程施工合同纠纷涉及的除斥期间是指什么?

除斥期间,又称预定期间、预备期间,是指法律规定的某种民事权利有效存续的期间。除斥期间属于法律事实,权利人在法律规定的期限内不行使其权利,其权利即消失。除斥期间与诉讼时效有本质不同,超过诉讼时效而权利人未主张权利,则权利人丧失胜诉权,其权利成为自然权利;而除斥期间经过后,权利人丧失实体权利。建设工程施工合同涉及的除斥期间,主要针对可撤销的建设工程施工合同以及建设工程价款优先受偿权。

就可撤销的合同,依据《民法典》第152条的规定,有下列情形之一的,撤销权消灭:(1)当事人自知道或者应当知道撤销事由之日起一年内、重大误解的当事人自知道或者应当知道撤销事由之日起 90 日内没有行使撤销权;(2)当事人受胁迫,自胁迫行为终止之日起一年内没有行使撤销权;(3)当事人知道撤销事由后明确表示或者以自己的行为表明放弃撤销权;(4)当事人自民事法律行为发生之日起 5 年内没有行使撤销权的,撤销权消灭。

就建设工程价款优先受偿权,权利人应在知道或应当知道撤销事由 18 个月内起诉主张行使撤销权,承包方向法院提起要求发包方支付工程款的诉求时,比较有利的方式是同时提起优先受偿权请求,以免延误工程价款优先受偿权的行使期限。

2 建设工程价款分期支付,是否分别计算每笔进度款的诉讼时效?

按支付阶段不同,工程价款通常可分为预付款、进度款、竣工结算款和质保金四种。就每一阶段的工程款,当事人还可以约定分期支付,如进度款可以约定按月支付或里程碑支付。考虑工程施工通常延续时间较长,在发包人分多次支付工程款的情况下,应当如何计算诉讼时效?

《民法典》第 189 条规定:"当事人约定同一债务分期履行的,诉讼时效期间自最后一期履行期限届满之日起计算。"分期支付的工程价款属于同一债务,是承包人履行施工义务的对价,进度款分期支付属于该整体债务的分期履行,诉讼时效期间自最后一期工程款即结算款履行期限届满之日起计算。

3 承包人工期违约,其违约金诉讼时效起算点如何确定?

工期违约金的诉讼时效起算点常常成为建设工程施工合同纠纷双方争议的焦点。工期违约发生在施工过程中,施工本身可能就延续了较长的时间,再经过工程竣工验收、工程结算,最终双方在解决工期纠纷时,可能距离发生工期延误事件发生的时间已超过三年,再加上还要判断工期延误事件是否真正造成了工期延误,故该问题还是比较复杂的。一般情况下,若竣工结算用时较长,承包人会主张以竣工验收合格之日作为诉讼时效起算点,发包人则主张以竣工结算完成之日起算,前者的诉讼时效已经经过,后者则未超过诉讼时效。

《民法典》第188条规定:"向人民法院请求保护民事权利的诉讼时效期间为三年。法律另有规定的,依照其规定。诉讼时效期间自权利人知道或者应当知道权利受到损害以及义务人之日起计算。法律另有规定的,依照其规定……"竣工验收合格,表明工程已经处于完工结束状态,工程最终是否延误,从该时间点可以作出很好的判断,故工期违约金的诉讼时效应自竣工验收合格之日起计算。

4 工程验收由于非当事人原因无法进行时,施工人请求支付该尾款的诉讼时效如何计算?

如果承发包双方在施工合同中约定工程尾款待验收通过后支付,但工程验收因各种原因客观上无法进行,承包人请求支付该尾款的诉讼时效期间,应自其知道或者应当知道工程验收客观上无法进行时起计算。

司法实践一般观点认为,工程尾款待工程验收通过后支付的约定,表明施工方对工程尾款享有的权利属于附条件请求权。当工程验收客观上已经无法进行时,应认定合同所约定的条件无法成就。施工方请求建设方支付该工程尾款的诉讼时效期间,应自其知道或者应当知道条件无法成就时起计算。

5 当事人在诉讼中对建设工程施工合同的效力问题未提出主张或抗辩,法院应发现合同无效的,应当如何处理?

最高人民法院在2019年11月8日发布的《全国法院民商事审判工作会议纪要》中明确规定,在双务合同中,要防止机械适用"不告不理"原则,应行使释明权,向原告释明变更或增加诉讼请求,或向被告释明提出同时履行抗辩,尽可能一次性地解决纠纷。为此法院在审理合同纠纷案件过程中,要依职权审查合同是否存在无效的情形,注意无效与可撤销、未生效、效力待定等合同效力形态之间的区别,准确认定合同效力,并根据效力的不同情形,结合当事人的诉讼请求,确定相应的民事责任。

合同的效力作为法律评价当事人各方合意的法律效果,存在三种形态:第一,法律对当事人各方的合意予以肯定的评价时,发生当事人预期的法律后果,当事人各方需要遵守合同条款所确定的权利义务,既为"法锁";第二,法律对当事人各方的合意予以彻底否定性评价时,发生合同无效的后果,当事人各方承受法定的权利义务而不是约定的权利义务;第三,法律对当事人各方的合意予以相对否定性评价时,发生合同撤销或者效力待定的效果,法律把决定权有条件地赋予权利人或者代理人,由其决定是否撤销合同或者是否追认合同。上述观点亦得到最高人民法院生效判决的认可,最高人民法院(2016)最高法民终522号民事判决书认为,合同的效力是合同对当事人所具有的法律拘束力,是基于对国家利益、社会公共利益的保护而对当事人的合意进行法律上的评价。合同效力问题关涉合同的价值判断,对合同效力和性质的认定不必基于当事人的请求,法院可依职权主动进行审查,法院对合同效力和性质的认定,并不违反"不告不理"的民事诉讼原则。

第四节　建设工程施工合同财产保全及证据保全

1 建设工程施工合同纠纷案件适用诉讼保全的相关法律规定是什么?

诉讼保全,是指法院对于可能因当事人一方行为或者其他原因,使判决不能执行或难以执行的案件,在对该案判决前,依法对诉讼标的物或与本案有关的财物采取的强制性措施。法院在决定采取诉讼保全措施前,可令申请人提供担保,拒绝提供担保的,驳回诉讼保全申请。在当事人提起诉讼前,因情况紧急,不立即申请财产保全将会使其合法权益受到难以弥补的损害的,可向法院申请诉前财产保全。财产保全措施包括冻结银行账户、查封房屋等实物资产及应收账款、股权、知识产权等资产。

根据最高人民法院《关于人民法院办理财产保全案件若干问题的规定》第9条的规定,结合建设工程施工实践,建设工程施工合同纠纷中,对案件事实清楚、权利义务关系明确,发生保全错误可能性较小的案件可以免除担保。此外,申请保全人为商业银行、保险公司等由金融监管部门批准设立的,具有独立偿付债务能力的金融机构及其分支机构的,也可以免除担保。

2 承包人申请诉讼财产保全,但不掌握发包人具体财产状况的,应如何救济?

承包人可以向已经建立网络执行查控系统的执行法院书面申请,通过该系统查询被保全人的财产。最高人民法院《关于人民法院办理财产保全案件若干问题的规定》第10条规定:“当事人、利害关系人申请财产保全,应当向人民法院提供明确的被保全财产信息。当事人在诉讼中申请财产保全,确因客观原因不能提供明确的被保全财产信息,但提供了具体财产线索的,人民法院可以依法裁定采取财产保全措施。”第11条规定:“人民法院依照本规定第十条第二款规定作出保全裁定的,在该裁定执行过程中,申请保全人可以向已经建立网络执行查控系统的执行法院,书面申请通过该系统查询被保全人的财产。申请保全人提出查询申请的,执行法院可以利用网络执行查控系统,对裁定保全的财产或者保全数额范围内的财产进行查询,并采取相应的查封、扣押、冻结措施。人民法院利用网络执行查控系统未查询到可供保全财产的,应当书面告知申请保全人。”

3 申请保全人、被保全人对保全裁定或者驳回申请裁定不服的,可否上诉?

最高人民法院《关于人民法院办理财产保全案件若干问题的规定》第25条规定:“申请保全人、被保全人对保全裁定或者驳回申请裁定不服的,可以自裁定书送达之日起五日内向作出裁定的人民法院申请复议一次。人民法院应当自收到复议申请后十日内审查。对保全裁定不服申请复议的,人民法院经审查,理由成立的,裁定撤销或变更;理由不成立的,裁定驳回。对驳回申请裁定不服申请复议的,人民法院经审查,理由成立的,裁定撤销,并采取保全措施;理由不成立的,裁定驳回。”

根据此条规定,申请保全人、被保全人对保全裁定或者驳回申请裁定不服的,不能上诉,可以自裁定书送达之日起5日内向作出裁定的法院申请复议一次。

4 财产被保全期间，被保全人能否出售被保全财产？

财产被保全期间，被保全人可以出售保全财产，但应当经过法院审查并由法院控制相应的价款。最高人民法院《关于人民法院办理财产保全案件若干问题的规定》第20条规定："财产保全期间，被保全人请求对被保全财产自行处分，人民法院经审查，认为不损害申请保全人和其他执行债权人合法权益的，可以准许，但应当监督被保全人按照合理价格在指定期限内处分，并控制相应价款。被保全人请求对作为争议标的的被保全财产自行处分的，须经申请保全人同意。人民法院准许被保全人自行处分被保全财产的，应当通知申请保全人；申请保全人不同意的，可以依照民事诉讼法第二百二十五条规定提出异议。"

5 被保全人是否有权要求查封不动产替代冻结的银行存款账户？

被申请人有多项财产可供保全的，在能够实现保全目的的情况下，法院应当选择对其生产经营活动影响较小的财产进行保全；已经保全冻结账户，企业要求解冻账户查封不动产的，可予以支持。

例如，最高人民法院(2018)最高法执监105号执行裁定书认为，诉讼保全不同于执行程序，因当事人一方的行为或者其他原因，可能使判决不能执行或难以执行时，对方当事人可以申请诉讼保全，其目的是保证将来作出的判决得以执行，或为了避免财产遭受损失。而执行程序是在当事人双方权利义务已为法院生效的法律文书所确认，应以便捷、高效的方式兑现生效法律文书确定的权利义务。二者在目的上有所不同。因此，在进行诉讼保全时，双方当事人权利义务尚处于待定状态，应尽量采取对当事人经营影响较小的方式。本案中，被保全人为房地产开发公司，其资金账户对其维持正常生产经营非常重要，一旦资金链断裂，不仅将导致开发商无法经营，相关的小业主、材料商的利益也会受到极大影响，因此，执行法院应非常谨慎地对现金账户采取保全措施。在房地产开发公司尚有房产可供保全，且提出可用保函来解冻一部分账户时，法院应予充分考虑，在能够实现保全目的的情况下，尽量采取对企业经营影响较小的方式。

6 被保全的土地、房屋等不动产的价值高于保全裁定载明金额的,当事人如何救济?

被保全的土地、房屋等不动产的整体价值明显高于保全裁定载明金额的,当事人可向法院提出申请解除或变更保全措施。最高人民法院《关于人民法院办理财产保全案件若干问题的规定》第15条规定:"人民法院应当依据财产保全裁定采取相应的查封、扣押、冻结措施。可供保全的土地、房屋等不动产的整体价值明显高于保全裁定载明金额的,人民法院应当对该不动产的相应价值部分采取查封、扣押、冻结措施,但该不动产在使用上不可分或者分割会严重减损其价值的除外。对银行账户内资金采取冻结措施的,人民法院应当明确具体的冻结数额。"

7 法律对于财产保全的期限的规定是什么?申请人在保全期限届满前如何保护自己的权利?

最高人民法院《关于适用〈中华人民共和国民事诉讼法〉的解释》对保全期限进行了明确界定,法院冻结被执行人的银行存款的期限不得超过1年,查封、扣押动产的期限不得超过2年,查封不动产、冻结其他财产的期限不得超过3年。保全期限到期前,申请执行人可以申请延长保全期限,申请人申请延期的,法院应当在查封、扣押、冻结期限届满前办理续行查封、扣押、冻结手续,续行期限不得超过前述规定的期限。

最高人民法院《关于人民法院办理财产保全案件若干问题的规定》对续行财产保全的期限和逾期申请或不申请的后果作出了规定,申请保全人申请续行财产保全的,应当在保全期限届满7日前向法院提出;逾期申请或者不申请的,自行承担不能续行保全的法律后果。

8 第三人能否就诉讼保全提起执行异议之诉?

诉讼保全发生在诉讼过程中,此时,执行程序并未开始,但第三人也可提起执行异议之诉。最高人民法院《关于人民法院办理财产保全案件若干问题的规定》第27条规定："人民法院对诉讼争议标的以外的财产进行保全，案外人对保全裁定或者保全裁定实施过程中的执行行为不服，基于实体权利对被保全财产提出书面异议的，人民法院应当依照民事诉讼法第二百二十七条规定审查处理并作出裁定。案外人、申请保全人对该裁定不服的，可以自裁定送达之日起十五日内向人民法院提起执行异议之诉。人民法院裁定案外人异议成立后，申请保全人在法律规定的期间内未提起执行异议之诉的，人民法院应当自起诉期限届满之日起七日内对该被保全财产解除保全。"

9 当事人向法院起诉或向仲裁机构申请追索工程款，应承担的举证责任是什么？

当事人起诉追索工程款，主要应承担以下五个方面的举证责任：(1)实际承包人进行了涉案工程的建设，履行了工程建设相关职能或职责；(2)承包人在工程建设中的法律地位，即其是以何种身份参与的涉案工程建设，实践中可以是总包、分包、劳务分包、专业分包或实际施工人；(3)当事人具体完工的工程内容及工程量；(4)当事人已完工工程的应付价款，或计价方式、依据及结算依据；(5)付款条件已经成就，如当事人完成的工程质量经过验收合格，价款支付时间届满或其他相应的条件已经具备。